李浩然 著

哲学进化论

一场关于世界、意识、道德的无止境追问

THE EVOLUTION OF PHILOSOPHY
AN ODYSSEY THROUGH THE WORLD, CONSCIOUSNESS, AND MORALITY

天地出版社 | TIANDI PRESS

图书在版编目（CIP）数据

哲学进化论：一场关于世界、意识、道德的无止境追问 / 李浩然著 . — 成都：天地出版社，2024.3
ISBN 978-7-5455-7972-7

Ⅰ.①哲… Ⅱ.①李… Ⅲ.①哲学—通俗读物 Ⅳ.①B-49

中国国家版本馆CIP数据核字（2023）第192155号

ZHEXUE JINHUALUN：YI CHANG GUANYU SHIJIE YISHI DAODE DE WUZHIJING ZHUIWEN

哲学进化论：一场关于世界、意识、道德的无止境追问

出 品 人	陈小雨　杨　政
作　　者	李浩然
责任编辑	孙　裕
责任校对	杨金原
封面设计	周伟伟
责任印制	王学锋

出版发行	天地出版社
	（成都市锦江区三色路238号　邮政编码：610023）
	（北京市方庄芳群园3区3号　邮政编码：100078）
网　　址	http://www.tiandiph.com
电子邮箱	tianditg@163.com
经　　销	新华文轩出版传媒股份有限公司

印　　刷	北京文昌阁彩色印刷有限责任公司
版　　次	2024年3月第1版
印　　次	2024年3月第1次印刷
开　　本	880mm×1230mm　1/32
印　　张	12.5
字　　数	288千字
定　　价	78.00元
书　　号	ISBN 978-7-5455-7972-7

版权所有◆违者必究

咨询电话：（028）86361282（总编室）
购书热线：（010）67693207（营销中心）

如有印装错误，请与本社联系调换

目　录

导　论　哲学无法概论
饭桌上的好奇：什么是哲学　　　　　　　　　　　　001
逻辑思维的开始：概念、判断与推理　　　　　　　　005
为什么哲学不能被定义：内涵、归属与逻辑的起点　　010
哲学其实什么也不是：向"高维度的思想阵地"跨越　　014

第一编　哲学：追问智慧之名

第一章　哲学的本义
技术知识，那不是哲学：机心与智慧的区别　　　　　022
做生活的观众：智慧、灵魂与哲学家　　　　　　　　027
追寻灵魂真理：哲学，从"爱智慧"开始　　　　　　034

第二章　哲学的命名
舶来的"哲学"：西周与日本的"东洋哲学"　　　　039
从抵牾到受容：中国接受西方哲学的五个阶段　　　　046

哲学作为理解方式：对"中国哲学合法性"问题的回应　　052

第三章　哲学的诞生

　　对世界的双重认识：经验世界与本质世界　　057

　　构建本质世界：个物崇拜、巫术、宗教　　062

　　诸神跌落人间：从宗教到哲学　　068

　　从天命到德性：中国哲学如何诞生　　077

■ 第二编　世界：最初的思考

第四章　探讨世界本质的哲学

　　是水吗，是火吗：古希腊哲学家眼中的万物本原　　090

　　藏在特征之下的本质：实体与亚里士多德的"质形论"　　100

　　本质能与事物分离吗：柏拉图的"理型论"　　110

第五章　探讨万物运转的哲学

　　中国也有本原说：五行生克　　118

　　万物变化的认识系统：八卦　　123

　　原力的觉醒：《老子》与《易传》中的阴阳　　131

　　基质与属性：天人感应下的阴阳　　141

　　万物化生的本体：宋学中的理气论　　148

第三编 意识：自我的认知过程

第六章 观念与经验中的哲学

感官无法触达的世界：古希腊哲学的认识论 … 162

知识源自天赋观念：近代唯理派的认识论 … 180

用感知连接世界：近代经验派的认识论 … 190

信仰的归信仰，知识的归知识：康德的认识论 … 200

第七章 心灵与意识中的哲学

从圣人生知，到格物致知：儒家的认识论 … 215

人不需要钻研世界：道家的认识论 … 234

觉悟世间的虚妄不实：佛教的认识论 … 242

第四编 道德：人之为人的关键

第八章 道德中的哲学

人之为人，需要的是什么：道德 … 264

下意识的道德判断未必准确：义务论与后果论 … 272

撞向工人，但不能推下胖子：电车难题中的道德选择 … 279

是什么决定了我们的道德直觉：道德场景 … 283

每个选择都有遗憾：道德两难与善的现实性 … 291

第九章 情感中的哲学

别人看不见，还要遵守道德吗：美德伦理学 … 303

  仁爱源于恻隐之心：孔孟对美德的说明　　309

  君王可以放走犯罪的父亲吗：爱有差等引发的道德问题　　317

  人之为人，可以不要道德吗：魏晋风流与道德消解　　325

  存在永恒的道德吗：顺应自然与习俗错认　　332

第十章　政治中的哲学

  如何过上最好的公共生活：政治哲学的核心问题　　342

  他人是地狱吗：群体生活与权力　　346

  权力从何而来：神授与契约　　348

  权力应该如何运作：正义、城邦秩序与分配原则　　355

  权力应该交给谁：哲人王、圣人王与乌托邦　　362

  打造稳固的现实政治：公共权力与制约机制　　373

结　语　哲学的追问永无止境　　388

后　记　　391

导　论

哲学无法概论

■ 饭桌上的好奇：什么是哲学

"什么是哲学？"

在各种聚会上，当亲人朋友或者第一次交谈的陌生人得知我以哲学为业之后，他们往往会问这样一个问题。如果他们把这种好奇心坚持到底，说不定也会成为优秀的哲学家——但显然，这只是在社交场合上一种与人热络的方式。大部分如此提问的人并不真正关心哲学。

但是，出于对提问者的尊重，我仍需在极短暂的时间内给出一个认真且不乏味的回答。而必须承认的是，一个学者的认真往往很难与众人的乐趣相投。

当我站在专业的角度，稍微尝试指出对哲学进行定义的危险时，提问者的脸上便会隐约显现出失望的表情。不过这种失望倒并非由于一次求知的失败，而是由于突如其来的冷场，导致对话无法顺利进行下去（这里所说的"顺利进行"，是指在了解哲学的定义之后，继续询问我"何时晋升教授"以及"还有时间生宝宝吗"等问题）。

现在你也许和那些提问的人一样，有着相同的困惑：为什么我不能像黑格尔写《小逻辑》时那样，直接回答哲学就是"关于事物的思考的研究"呢？即使我不具有黑格尔那般的总结能力，起码也可以像西塞罗一样，充满感情地说："哦，哲学！生活的向导，美德的发掘者，恶行的驱逐者！"为什么我要绕开这些似乎可行的回答，而去纠缠问题本身呢？

这是因为，我认为面对不了解哲学的人，定义哲学使之了解，不如展现哲学使之了解；而我想展现的内容正是：哲学不能被定义。

为了清楚地表达这一内容，我们不妨再把上述提问场景具象化且理想化一些：某次我与朋友甲聚会，朋友甲另外带上了自己的朋友乙，向他介绍我任教于某某大学哲学系。在简单的寒暄之后，我们三人决定去附近新开的徽菜馆吃饭。酒过三巡，我们觉得有几道菜肴确实味道不错，相互之间的话题也多了起来。

当谈话的内容开始和我有关时，乙先和我碰了一下杯，然后问道："究竟什么是哲学？"

之所以还原这样一个具象的场景，是为了说明，当我们回答一个问题时，需要考虑的不仅是提问对象的那个问句，还要考虑问题得以产生的前在逻辑以及问题出现的语境。这样一来，对一个问题的思索便转化为对含有以下三个方面的问题体的思索：

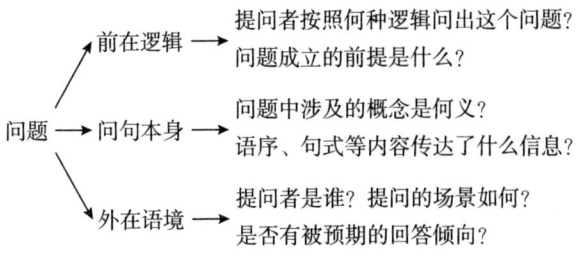

图示1　从问题到问题体

把这三个方面套用到乙对我的提问中，就可以得到下面这些信息：

第一，从前在逻辑来看，当提问者对哲学的定义做出提问时，他必然在一定程度上知道提问的对象"哲学"。这里所说的"知道"，下限可以是只听说过哲学的名称而对它的内涵一无所知，上限可以是了解哲学的绝大部分内容而只对它的某些细节不清楚。并且——特别需要注意的是——既然提问者希望听到哲学的定义，那么在他的逻辑中，哲学必然是可被定义的。

第二，从问句本身来看，"是"作为系词，说明这是一个关于定义的提问。问题包含的核心概念是"哲学"，且问题的真正主词也是"哲学"；而提问的内容，也就是对哲学的定义，应作为"哲学"的谓词出现。

第三，从外在语境来看，提问者是我朋友的朋友，说明此人的兴趣爱好、性格习惯以及认知水平与我相似的可能性很大。提问是在愉悦的会餐场景中，这种"愉悦"客观上由酒肴引起，主观上需要我们通过交互活动（聊天）来保持。至于提问者预期的回答，很可能是想通过当面向哲学工作者提问来获得一种权威而独家的观点。

于是，综合以上信息，我需要给出一个有专业见解和独到立场的、不破坏对话氛围的、与乙对哲学已知内容不重复的、关于哲学定义的回答。这个回答，并不一定是对哲学定义的直接回答。事实上，对于大部分本身有问题的问题来说，直接回答都是不必要的。所以在思考一个问题的答案之前，需要审慎地检查这个问题是否能够成立。拿乙问的这个问题来说，它的前提"哲学可被定义"并非绝对正确的判断，而这个使得问题不能完美成立的判断既是乙不知道的内容，又是我通过专业知识得出的独到结论。所以，我决定把它作为对乙的回应。于是我呷下一口酒，回答道：

"哲学是否能被定义，这个问题本身就是哲学。"

至于这个回应是否能维持愉快的谈话，我必须坦白，在这个假定场景之外的现实生活中，即使我做出了相当的努力，结局也不一定会如愿以偿。不过一个问题体中会包含很多信息，这些信息也会有对应的要求，在一些情况下，要求与要求之间会有矛盾（比如"认真"会和"不乏味"相矛盾），当无法兼顾这些要求时，我们的回应就必须针对问题中的关键要求，而舍弃其他要求。对于乙的提问，我认为答案的专业性比答案的宜人性更重要，这也是为什么在实际场景中，我对于"哲学是什么"的回答听上去不那么宜人。但"宜人"终究是一种主观的感受，如果实际向我发问的人能够像乙一样，对知识本身更感兴趣的话，那么知性和感性同时得到满足也就不是什么难事，我也会因此再详细讲讲为何给哲学定义是不妥当的。

现在，我恳请作为读者的你假装是乙，给我这样一个机会。

■ 逻辑思维的开始：概念、判断与推理

从猿人到智人再到现代人的进化过程中，一个本质性的突破就是语言系统的出现。尽管现在我们还无法完全解释语言究竟是如何产生的，但可以确定的是，二十几万年前，当某个智人望着远方的一片果树发出了一些尖锐的声音，他的同伴理解了这些声音的含义，手舞足蹈起来，此时，世界开始转变为我们认知的对象，人类思维的历史也正式开始了。但并不是说在语言出现之前，人类没有思维，而是说语言的出现形塑了我们思维的规律性，这种有规律的思维又被称为逻辑思维。至于那些没有规律、超越逻辑的思维，不仅在语言出现之前就已存在，即使在语言多元并存的今天也依然占据我们精神世界的一席之地——比如禅宗所说的"顿悟"、基督教所说的"神启"，都可以算是其中的代表——但正是由于这种思维具有非逻辑性，试图理解或者谈论它们就不是一件容易的事情。

单就可被理解的逻辑思维来看，它有三种基本的形式：概念、判断和推理。这些是我们认识世界、传递信息时不可或缺的思考方式。

概念是一种表述，它使一个或一组简明的词语直接与事物的本质属性相关联，这样我们通过概念就可以去指涉某个事物。比如中文里的"盐"和"侏罗纪公园"，作为概念，它们分别可以指涉本质为

"金属离子或铵根离子与酸根离子组成的化合物"与"有通过基因技术复生的恐龙可以参观并与之互动的娱乐性公园"的两种事物。不过，当我们仅能写出"土""卜""皿"组合的字形和发出"yán"的声音时，"盐"还不是概念，只有我们认识到"盐是一种离子型化合物"时，"盐"才作为概念存在。这就说明在我们使用概念之前，必须使用判断来获得对事物的根本认识才行。

判断是一种认定，它分析出某个或多个事物是否（在某种程度上）具有某种性质或与他者具有某种关系。比如"盐是离子型化合物"与"侏罗纪公园是一个令人流连忘返的地方"都是判断，且分别指出了"离子型化合物"和"令人流连忘返"两种性质。然而在我们使用判断去指出事物性质的过程中，某些原因常会让分析发生错误，导致并不是所有的判断都符合事实。就侏罗纪公园的例子来说，"令人流连忘返"只是恐龙从笼子里走出来之前的判断，有时候我们得出的判断只是几乎可被视为真相的猜测。这也为我们留下线索，暗示着在进行判断之前，人需要使用推理来尽量保证分析是正确的。

推理是一种论证，它通过某些已知的前提推导出未知的结论，只是这种从已知到未知的智识活动常常需要遵守一些规则才能使结果真实有效，其中最常见的一个规则是考察推理中的某个成分是否是"周延"的。当一个概念所指涉的全部范围（"外延"）都被考虑到时，我们就可以说它是"周延"的。比如当我们说"任何一家侏罗纪公园都是危险的地方"时，由于"侏罗纪公园"之前有"任何"这样的表述，所以它是周延的。但"危险的地方"却不是周延的，所以当我们以此推理说"所有危险的地方都是侏罗纪公园"时，便会得出错误的结论——显然，危险的地方太多了，说这句话的人肯定没有去过史蒂芬·金笔下的城堡岩镇。

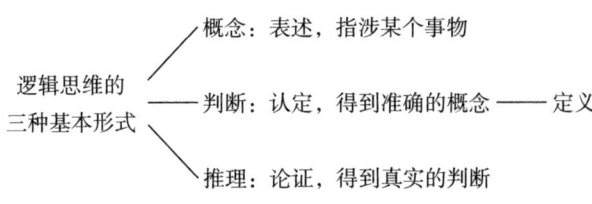

图示2　逻辑思维的三种基本形式

在以上的说明中，我们知道了一个正确的推理可以保证得出一个真实的判断，而一个真实的判断又可以保证得出一个准确的概念。但反过来我们会发现，判断就是由概念构成的，推理又是由判断构成的，所以在使用推理得出一个期望的概念时，我们已然在使用着一些概念，而如果想保证这些概念能够正确使用，似乎又要考察得出这些概念的判断和推理是否正确，这样下去我们的思维便一直无法找到一个可靠的起点。这就像某个人要弄清自己的生命来源，他就不得不从自身上溯到自己的父亲、祖父、曾祖，以至于陷入茫茫的繁衍链条而没有结果。

不过，倘若这个人把自己的烦恼讲给国外笃信耶稣的朋友或者生活在中国山村的长辈，前者也许会告诉他，所有人的祖先都是亚当和夏娃，后者也许会告诉他，所有人都是女娲用泥土创造的——虽然这种宗教或神话的解答并不让人十分满意，但它们至少展开了某种想象，使得一个没有尽头的追问就此而止。

那么我们是否也可以发动思绪，在概念、判断、推理的不断倒推中把某个环节规定为不可再被追问的要素呢？当然可以，而且早在两千三百多年前就已经有人这么做了，这个人叫亚里士多德。

你可能或多或少听过这个名字，不过我并不打算对这位哲学家的生平进行介绍，因为我们正在谈论着关键问题，我要直接告诉你亚里士多德做了什么：他为概念寻找到了十位祖先。换句话说，通过对意义的不断提炼，亚里士多德规定了十个概念作为其他所有概念的起点。他认为当我们谈论某事物时，这个事物可被称为"主词"，而对这个事物的谈论可被称为"谓词"；无论我们使用了什么概念去谈论一个对象，或者用亚里士多德的话说，无论谓词如何"述谓"主词，都是从十个方面着手的。所以，如果把这十个方面所含有的意义各自对应一个概念，那么这十个概念就是所有概念的起点了。这些最高的、作为起点的概念被亚里士多德称作"范畴"。

现在，你一定有些好奇，想知道亚里士多德的"十范畴"究竟是哪些吧？我保证，当我说出来之后，你一定会有些失望，但更多的还是疑惑——这"十范畴"是：实体、数量、性质、关系、地点、时间、姿势、状况、活动、遭受——你可能会觉得其中的某些范畴怎么看也不像是概念的起点。造成这种印象的原因，一方面是翻译上的隔阂（如果把"遭受"译成"被动"会让人感觉更好理解的话，也可以使用后者），另一方面是抽象思维的跳跃。为了减少这种不适，我们可以举例进行实际的验证。

比如，当我们说"洛基是神""洛基化身为二""洛基很狡猾，也比雷神更聪明""洛基昨天还在阿斯加德的牢狱中躺着""洛基满怀信心，却被识破"时，作为谓词概念的"神""化身""二""狡猾""更聪明""昨天""阿斯加德的牢狱中""躺着""满怀信心"和"被识破"就分别是实体、活动、数量、性质、关系、时间、地点、姿势、状况和遭受的下属概念。

或许有人会想，难道真的不能再找到一个范畴，使得我们对洛基（或者随便什么对象）的讨论不在这十个范畴中吗？当然可以，而且早在两百多年前就已经有人这么做了；虽然他没法在荧屏上欣赏洛基的魅力，但却指出了亚里士多德十范畴的确立是偶然且不全面的，这个人叫康德。

康德认为我们对事物的谈论反映着我们对事物的认识和思考，这个认识和思考可被视作一种能力，康德称其为"知性"。如果想知道我们用概念去谈论事物的时候都会从哪些方面入手，需要做的就是考察知性能力的运行机制。在对知性的机能做出详尽分析后，康德得出结论：人的认识范畴有十二个。由于这十二个范畴在字面上会令人更加抓狂，所以我并不打算在此列举。不过我们可以稍作停顿，先说一下亚里士多德和康德寻找范畴时的一个很大的不同点：前者从概念本身出发，看概念可能在哪些方面表达意思；后者是从创造概念的人的知性能力出发，看知性能力可能在哪些方面运作。这个不同点实际上让"寻找概念的起点"这一任务偷偷变成了"寻找认识的形式"。

亚里士多德：　　概念本身　──　寻找概念的起点

康德：　　人的知性能力　──　寻找认识的形式

图示3　对范畴的两种认识

不过这个不同点并不影响我们得出这样一个结论：亚里士多德和康德的努力说明我们能以某些方式确定逻辑思维的起点，从而保证概念、判断和推理在这一问题上的有效性。而只有这三者有效的时候，通过推理活动得出判断、去定义某个概念才是可能的。

但如果是这样，为什么我又会在前面说，"哲学可被定义"并不正确呢？

■ 为什么哲学不能被定义：内涵、归属与逻辑的起点

从上述对逻辑思维三种形式的描述可知，"定义"也是一种判断。与其他判断稍有不同的是，它必须要解释被定义者的本质性内涵。所以同样作为判断，"龙是会飞的"就不是定义；"龙是东亚古代神话中体形硕长、象征祥瑞的神兽"，这才是定义。不仅如此，定义还要揭示被定义者的归属：如果不说明龙是"神兽"，我们就不知道龙是动物还是人，是工艺品还是建筑物。在逻辑学中，把被定义者的本质性内涵称作"种差"，把被定义者的归属称作"邻近的属"，因此每一个定义都是由种差加上邻近的属构成的。所谓"种差"，是指同一归属下不同种类在内涵上的差别。只有突出被定义者与其他种类的差异，定义才能成功。

$$定义 = 种差（本质性内涵） + 邻近的属（归属）$$

图示4　什么是定义

在"龙"的定义中，归属显然是"神兽"。《山海经》中记载了一种生长在水中、样子像雕头上长角、能发出婴儿般叫声的吃人神兽，叫蛊雕，但它既没有硕长的体形，也不象征祥瑞；还有古希腊传说中被赫拉克勒斯杀死的九头蛇海德拉（Hydra）也可以算作神兽，但它并不在东

亚的古代神话中。所以，东亚古代神话中体形硕长、象征祥瑞就是将龙与其他神兽区别开的"种差"。所谓"邻近的属"，是指可以把被定义者囊括在内的指涉范围最小的归属。比如"神兽"和"生命体"都可以作为龙的归属，但前者的指涉范围更小，所以定义就更精确。

在明白了定义是怎么一回事之后，让我们放下对传统学术的盲目信任，问自己这样一个问题：定义真的起到作用了吗？这个问题实际是在问：我们真的能通过定义认识某个事物吗？

不可否认，通过定义我们一定可以或多或少地了解一个事物，但是你是否觉得，这种了解对于彻底认识一个事物还远远不够？比如，通过定义我们知道了龙的某些内涵，但它并不足以让一个从未听说过东方龙的西方人从一堆中国上古神兽的图片中准确地挑出画着龙的那张图片。即使是中国人，大部分人在听了关于龙的定义后，也未必能清楚地分辨虺、蛟、龙这些相似的种类（《述异记》里说："虺五百年化为蛟，蛟千年化为龙。"）。而对于一些如"结构主义""磁盘阵列""腺苷三磷酸""谐振过电压"这样的术语，非专业人士即使读了定义也仍然会一头雾水，不知道它们说的是什么。

与之相反但同样证明定义不可靠的情况是，对于我们已经了解的事物，它们的定义反而会引起大家的困惑。比如《新华字典》里对于"人"的定义是："能制造工具并能使用工具进行劳动的高等动物。"假使有某个不幸的人从出生起就患上某种严重的疾病，致使他既不能制造工具也不能使用工具进行劳动，那么按照这个定义，他将蒙受最严重的不幸，即丧失成为"人"的资格。

以上这些内容已经说明，定义并不像我们预想的那样真的能揭示出某物是什么，其原因就在于：定义必须是一个语意简明、逻辑清晰的判断；但当用这样的判断去诠释本身十分复杂的事物时，定义就会失效。在上述的例子中，术语其实不算是"本身复杂"的事物，它的复杂之处在于，解释它的定义中依然存在着有待解释的术语，这是隔行如隔山的专业性造成的。所以对专业人士来说，理解一个术语定义并没有问题。真正"本身复杂"的事物，是说其含义存在着开放的包容性，使得某些彼此对立的或未知的要素存在于它的内涵中。

拿龙的例子来说，它本身是人想象的产物，随着不同时代审美意识的变化，其形象自然也会有所变化。比如现在西安博物院收藏的鎏金铜走龙，其外形就是兽形，而不是我们熟悉的蛇形。除此之外，龙还有有角无角、有翼无翼等外形上的诸多不同。这些不同提醒着我们，龙并不是一种被确定了的神兽，所以对它定义就很难。而对于确定存在的我们来说，为"人"下定义同样困难，因为直到今天我们还在不断地认识自己，"人性"的内容也在不断丰富。因此，制造一把锤子并用它砸开核桃这件事还远不能告诉我们"人"的含义，那些舍生取义的伟大、过河拆桥的邪恶、未雨绸缪的智慧、苟且偷安的懦弱以及更多正在发现的和未被发现的内容都在讲述着人之为人的故事。

和龙与人一样，哲学也是一个复杂的东西，尝试定义"哲学"并不是一个明智的选择，因为像"种差加邻近的属"这样的规定完全对它无效。首先，哲学并不存在什么邻近的属，它甚至连"远方的属"都很难找到。如果你说它是一门学科，那么我可以告诉你，在中世纪最早划分学科的大学出现之前，哲学就已存在了。如果你说它是一门古老的学问，那么我可以告诉你，在知识之外，对身体的修炼同样属于哲学，比如古代印度的瑜伽、宋明理学中的静坐。如果你说它是同时包括知识与实践的智慧，那么我可以告诉你，在禅宗的哲学中，知识和实践都是不被看好的,当下瞬间的灵明觉悟才是通向大道真理的途径,而在道家哲学中,甚至"智慧"都是应该被抛弃的,比如今本《老子》中便载有"绝圣弃智,民利百倍"这样的话。

至于哲学的种差,则更是难以成立的说法,当某人想找到哲学与科学、宗教、经济、艺术的差别时,他显然不知道这些知识门类已经和哲学如胶似漆地结合并诞下了科学哲学、宗教哲学、经济哲学、艺术哲学等诸多交叉领域。另一个常被人忽视的事实是,很多非哲学专业的人在获得最高学衔的时候,被授予的是哲学博士学位,意指他们在本专业已经具备了相当卓越的理论探究能力和学术实践能力。所以"哲学博士"的称谓虽然不表明获得者的哲学水平有多高,却暗含了"当在某一领域取得突破性进展时往往已经进入到了哲学的范围"这一意思,这也从侧面反映了哲学与各个领域那种难以截然区分的关联。

然而,哲学不可被定义的原因又不仅仅在于它没有种差和归属。与其说哲学是定义无法作用的对象,不如说哲学是决定并影响定义的存在,这也是哲学与"龙"和"人"不同的地方。上面已经说过,定义是一种判断,判断作为三种逻辑形式之一,它的有效性在根本上来自概念的起点,也就是范畴的存在。不过,上面没提到的是,当对逻辑思维有效性进行考察时,我们就已经进入了哲学的王国。为概念找到起点的亚里士多德和康德都是公认的哲学家,他们所做的事情,即寻找某种原初性的理则,就是哲学工作的内容之一。只不过在他们二人看来,作为概念起点的范畴是存在的,所以逻辑思维成立,定义也成立。

但在另一些哲学家看来,这样的范畴未必存在,而我们使用各种概念所组成的语言也是没有意义的。比如毛特纳认为,我们完全没有必要讲话,最好彻底保持沉默,因为人根本不能用逻辑思维来认识世界（但可以用情感来把握）。又比如维特根斯坦在后期的学术生涯中认为，概念之间只有相似性而没有本质上的同一性，他用"家族相似"（family resemblance）这个术语概括自己的这个看法，也就是说，概念之间就好像家庭成员一样，两两之间都分享着相似性，这两者的相似性和那两者的相似性是不同的。这样一来，任何概念都无法成为其他概念的祖先，即无法成为（亚里士多德或康德所说的）揭示某一类概念普遍本质的范畴。

毛特纳和维特根斯坦都认为，"哲学就是语言批判"。这里的"语言"所指的大部分内容就是用概念、判断、推理去表达的逻辑语言（那些非逻辑的胡言乱语同样也是哲学不能容忍的对象），而"语言批判"也正是我们这部分内容一直在进行的活动，倒不是说我赞同毛特纳和维特根斯坦而反对亚里士多德和康德，而是说在使用定义之前，要有意识地像这四位哲人一样，对这种逻辑思维形式进行反思。这个反思的结果便是，定义本身的成立与否还要靠哲学给出答案，所以再试图用定义去解明哲学就是不可行的。

综上，我们可以总结"哲学不能被定义"的原因如下：

表面上，哲学无法确定自己的种差和邻近的属。

实际上，作为逻辑思维形式的定义能否成立尚且需要哲学论断。

■ 哲学其实什么也不是：向"高维度的思想阵地"跨越

现在，如果你还记得的话，我们可以重新回到本书最开始描述的饭局场景中。对于那个酒过三巡后的提问，我的回答是："哲学是否能被定义，这个问题本身就是哲学。"——此刻你已经充分理解了这句话的含义——我的意思是说，使用定义是无法阐明哲学的，对可否使用定义的思考倒是能体现哲学的某些内容。

不过，既然我能把我想回答的内容概括为以上这句话，为什么在面对提问时，我不直接回答这句话呢？这是因为，只有当我们一起经历了上述所有的讨论之后，才能切实地理解这个回答的含义；在没有进行任何思考活动的情况下，对这句话的理解只能是字面意义上的。而这句话在字面上所传达的信息，又远不能让提问者真的明白哲学对"定义"这个行为所代表的逻辑思维的超越性。无论是"切实地理解"还是"真的明白"，这里所指的都是，我们收获的信息比语言或文字本身所传达的更多。这个收获，如我刚才所言，是通过一系列思考完成的。这种思考可不是被动地对语言文字信息进行解码（也就是听懂某句话或看懂某句话），而是主动地向高维度的思想阵地进行跨越。

我敢说，在字面上你完全能理解"高维度的思想阵地"，但由于我们还没有进行更多的相关讨论，这个表达尚不能让人"切实地理解"。所以接下来，我打算谈谈"高维度的思想阵地"是怎么一回事。

我们已经谈到，对于询问"什么是哲学"的人，直接告诉他"哲学不能被定义"并不是一个好的回答。而我之所以认为自己的回答是好的，是因为在"哲学是否能被定义，这个问题本身就是哲学"这句话中没有给出任何新的信息。我只是告诉提问者，问题就是答案——这显然不符合逻辑，尤其不符合问句逻辑，因为在这个回答中根本没有与问题对应的答案。但是，这样的回答又是必要的，因为只有通过逻辑上的矛盾，才能让人认识到逻辑本身的问题。

这个逻辑本身的问题体现在，当面对一个未知的事物时，我们总是习惯性地问:"它是什么?"并且期待着一些信息在这个时候走过来拍拍我们的肩膀说:"我就是答案。"换句话说,我们对一个事物的理解,总是靠着"是什么"这样的思维来完成。这种定义或是类似定义的思维定式有一个问题,那就是,它理解不了"什么都不是"的事物。"什么都不是"是一个多少有些挑战我们日常思考的表述,人们很难想象这个世界上有东西"什么都不是",但这绝非不可能。一千八百多年前印度佛教中观学派的创始人龙树就把佛法看作是"什么都不是"的事物,他的论述尤其值得我们注意。

在《中论》中,龙树说道:

一切实非实。亦实亦非实。非实非非实。是名诸佛法。

在这四句话中,前三句表达了如下四个命题:

命题1(第一句):一切都是真如实性。
命题2(第一句):一切都不是真如实性。
命题3(第二句):一切既是真如实性又不是真如实性。
命题4(第三句):一切既不是真如实性也不是非真如实性。

第一句"一切实非实"实际上是"一切实"和"一切非实"的组合表达,所以它可以拆解为两个命题,这种看法已经被日本的梶山雄一等学者广泛认同。另外需要说明的是,"真如实性"是佛教术语,为了不过多引起理解上的困难,我们可以暂时不必理会它是什么意思。我们只需要知道,在命题1中,龙树说所有东西都是真如实性的,在命题2中，龙树立刻提出了相反的意见，说所有东西都不是真如实性的，这就说明命题1和命题2是完全相反的判断，二者不能同时成立。但是，命题3恰恰又是命题1和命题2的结合，这就使得命题3违反了逻辑上的矛盾律（某物不能既是甲又不是甲）。而命题4的后半部分"不是非真如实性"实际上是一个双重否定表达，它相当于一个肯定表达，即"是真如实性"。这样一来，命题4就等于"一切既不是真如实性也是真如实性"，这几乎和命题3没有区别，也违反了矛盾律。

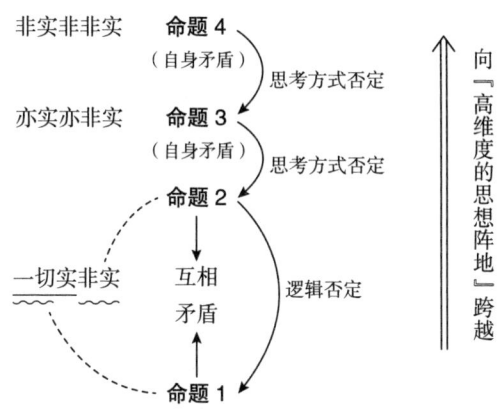

图示5　向"高维度的思想阵地"跨越

所以龙树的这三句话，是由两个互相矛盾的命题和两个自身矛盾的命题组成的，他究竟想表达什么意思呢？根据同样属于古代印度佛教中观学派的青目、月称等人的解释，龙树表达不同的内容是为了教化不同根器的众生。换句话说，这四个命题分别对应着不同层次的思维能力。其中，最低层次的思维能力是做出一个判断。比之高级的层次的思维能力是认识到这个判断并不正确。更高级的层次的思维能力是认识到"由于层次不同，认为这个判断正确和不正确都是对的，如果只认为层次低的判断就不正确反而是错的"。最高的层次的思维能力是认识到"不加区分地综合对立意见而认为各层次判断都是对的，这是不正确的，因为也许大家在各自的层次上的判断都是错的"。

在这四个层次中，我们可以发现思维能力的上升是通过对已有思维不断加以否定来完成的。其中命题2对命题1的否定是逻辑上的否定（从"是"到"不是"），虽然二者属于不同层次的思维，但仍在同一维度。命题3对命题2，命题4对命题3是思考方式上的否定（命题3认为单层次的思维不正确，命题4认为综合式的思维不正确），这便是不同维度上的思维。所以，思维层次的上升是通过对思考内容的批判来完成的，而思维维度的上升是通过对思考本身的批判来完成的，后者就是我之前提到的向"高维度的思想阵地"进行跨越。龙树认为，当一个人既能看到思维片面性的问题，又能看到思维全面性的问题，即，当思维既不是片面的也不是全面的，这时才可能认识真正的佛法。这样的思维，便是对上述"什么都不是"的把握。

"什么都不是"是通过对思维各层次和各维度的"是"进行扬弃而实现的。当能够接受"什么都不是"这个表述时，对于认识复杂事物，我们才不会寄希望于通过问"是什么"来获得一次性的解答，而是会通过问"不是什么"来获得一种累积的认识。这种累积虽然不会让我们有豁然开朗的快乐，但却能让我们离事情的真相越来越近，同时让我们的思维愈发高级。正因如此，那些冠冕堂皇的定义从未捕捉到真正的哲学，但从这些定义的"不是"以及定义本身的"不是"中，我们反而会发现哲学留下的线索。也就是说，当开始明白哲学不是什么的时候，我们的哲学之旅就正式开始了。

第一编

哲学：追问智慧之名

第一章

哲学的本义

在导论部分，我们谈到了无法概论的哲学"什么也不是"。作为对"哲学是什么"的回应，这个答案充分显示了哲学那怪异且迷人的性格。如果能多少受到这种性格的感染，我们不妨把这个话题推向更加极端的思考，去追问"哲学是不是它自身"。不过这里有一个困难，就是在这个问题中，由于我们不知道"哲学是什么"，自然就无法知道哲学的"自身"是什么，这样一来也就无法判断"哲学是不是它自身"。

不过，狡猾如哲学，也为我们留下了一件可知的事情，那就是它的名字——既然我们可以顺畅地使用"哲学"来指代哲学，那么也就意味着这两个字起码在表面上拥有一种特殊的含义，刚好对应着哲学的品质。在这一章中，我们将从第一位使用"哲学"这个词的古希腊哲学家那里，了解哲学的品质如何在起源上与真理和灵魂联系到一起，以及这种联系又是如何让哲学在一开始便对技术的发展保持着警觉。

■ 技术知识，那不是哲学：机心与智慧的区别

当把"哲学是什么"这个问题转化为"哲学是否恰如其名"这一问题，即去追问哲学是否名副其实、拥有自己名字所蕴含的内容时，我们就会发现后者同样不是一个简单的问题。因为"哲学"只是一个译名。就好像我们不能从字面上认为"大仲马"是马一样，我们同样不能只从译名上去分析哲学的内涵。作为现代世界最具影响力的哲学分支之一，西方哲学起源于古希腊，更确切地说，起源于公元前6世纪爱琴海岸的港口城市米利都。所以，作为在小亚细亚地区成长起来的孩子，哲学自然有它的本名：philosophy。

其实，这个说法也不十分准确，因为"philosophy"是从希腊文"philosophia"演变而来的，而"philosophia"又是用拉丁字母（后来转化为现代英文的字母）表音的希腊文。当哲学的本名第一次被提到时，使用的当然是古希腊字母。不过，由于古希腊字母、拉丁字母和现代英文字母具有紧密的演化关系与对应关系，所以用"philosophia"来讨论哲学本名的含义便是可能的。这也是目前学界的普遍做法。

在这种普遍的选择下，现在几乎所有哲学专业的学生都会在他们人生第一堂哲学课上被告知："philosophia"在词源上由表示"喜爱、倾向"的"philos"和表示"智慧"的"sophia"构成，所以哲学之名的本义是"爱智慧"。这样的介绍很容易让学生产生一种错觉，认为自己因为学了哲学就会热爱智慧，甚至拥有智慧。不过，相比这种自欺，更重要的问题在于，如果这种哲学课堂上流行的开场白仅仅进行到这里就戛然而止了（不少哲学系教师就是如此），那么听众对于哲学之名本义就会仍然模糊不明（不少哲学系学生就是如此）。

模糊不明的原因首先在于,"智慧"同样是一个内容宽泛到无法定义的概念。哲学爱的究竟是什么样的智慧?是难得糊涂的智慧还是神机妙算的智慧?其次,一个更根本的疑问是,哲学为什么要爱智慧而不爱其他呢?爱父母,或者爱范思哲(VERSACE)手袋的最新款,就一定不能产生哲学吗?遗憾的是,这些问题很少在哲学课堂上被讨论,学习哲学的人似乎在最开始就错失了抓住哲学真义的机会。

从"sophia"的本义来看,哲学所爱的"智慧"不仅包括抽象的睿智,比如做出合理判断的能力,还包括具体的知识与技能,比如公元前5世纪左右的雅典就出现了好几个人自称为"智者"("sophists"就是"sophia"的变体)。这些智者十分善于辩论与演讲,并对语法学情有独钟。这些知识与技能很快就受到了雅典人追捧。显然,对于拥有一副好口才的智者们来说,通过一段打动人心的演讲兜售自己的课程并非什么难事,于是越来越多的年轻人开始醉心于这种以智慧之名进行的表演,就像如今互联网浪潮中流行的知识付费一样。

但是,辩论与演讲作为一种知识或技能,其目的并非探究真正正确的道理,而仅是让自己说的话听起来有道理——不可否认,后者在法庭辩论以及与恋人吵架时确实比前者更有用。这也让一些看得更远的人意识到,智者的智慧最终不仅会使长久以来形成的传统观点丧失权威性,更会使人放弃追求普遍真理,于是他们开始激烈地批判智者。在这一批判中,古希腊三哲之首的苏格拉底正式登上了西方哲学史的舞台。

与苏格拉底对智者的批判相似,在中国的古代,亦有那种对知识与技术的不屑。《庄子·外篇·天地》中记载了这样一个故事:孔子的徒弟子贡过汉水南岸的时候,看见一个老人家自己挖沟通水,并且用瓦罐来汲水灌溉菜畦。子贡问他为什么不使用桔槔来节省人力、提高效率，老人回答说："有机械者，必有机事，有机事者，必有机心。机心存于胸中，则纯白不备。"老人把机械之事和机巧之心相关联，说人一旦为了追求现实利益而陷入对外在事物功效的追求，就会忽略心灵的浸润与精神的修炼，从而丧失本性中的纯洁。

庄子的门人记载这则故事（《庄子·外篇》不是庄子本人的作品），或多或少有批评儒家追求事功的意思，但估计写作者无论如何也不会想到，两千年之后儒家已经没有那么风光，但机心却俯拾皆是。其中最具代表性的例子是，我们不仅设计出了各种代替我们劳动的机器，还设计出了代替我们自身的机器人（虽然这种代替目前还不明显）。2022年，人工智能公司OpenAI推出聊天机器人程序ChatGPT，后者迅速以惊人的语言理解能力火出圈。而在更早的2017年，由汉森机器人技术公司（Hanson Robotics）研发的一个被视为女性的机器人获得沙特阿拉伯王国的国籍，成为历史上首个获得公民身份的机器人。不少人随之开始担心，科幻电影《终结者》描绘的噩梦是否终将变成现实。不过，让我有些忧虑的却是另外一件事情：这个机器人公民的名字不是别的，而正是索菲亚（Sophia）——早已被东西方先哲批判过的那种对于具体知识和技术的迷恋，在今天仍被视为智慧。

众所周知，机器人制造被称作"artificial intelligence"（人工智能），"intelligence"的原义和"Sophia"有类似之处，但比后者的含义要狭窄，更加强调知识与技能。不过这个强调恰好满足了古希腊智者的自我定位，于是除了"Sophists"，他们还称呼自己为"有知之人"（intellectuals）。从"有知之人"自称智者，到智能机器人被命名为索菲亚，人类似乎总有一种倾向，即把智慧理解为技术的突破与利益的获得。

当然，这不是理解智慧的唯一倾向，在东正教和天主教的教义中，"Sophia"含有一种神圣的意味，常被用以形容神的"圣智"。在我的故乡便有一座建于1907年的拜占庭风格的东正教教堂，它被称为"圣·索菲亚教堂"。在我的记忆中，相比于教堂，儿时的我更加感兴趣的是教堂广场前飞走又落下的鸽子，以及形形色色的游人。这种对现实生活的不自觉关注似乎也遥契着基督教从神圣转变到世俗的历史。

马克斯·韦伯在他著名的《新教伦理与资本主义精神》中就提到了新教的现世禁欲精神触发现代经济活动的形成，新教徒们通过世俗工作来完成上帝的指示。尽管马克斯·韦伯说，物质上的享乐和精神上的苦修未必像我们想象的那么不可融合，但我们还是能够发现，即使在庄严的宗教中，智慧也会朝着实际功效的方向发展。

生活在19世纪的尼采把这种发展描绘成从晨祷到晨报的转变，晨祷意味着人们的智慧来自聆听上帝的启示，而晨报则意味着人们的智慧来自寻找信息与机会。不过在尼采看来，传统信仰的丢失未必是什么坏事，如果某种传统正在束缚着我们对生命的探索，那么打破这种传统就是必须的。所以尼采那句著名的"上帝死了"，并非如某些人想象的那样是对宗教的哀叹——恰恰相反，尼采在这里表达的是，只有否定我们人生意义的上帝消失了，我们自己才能成为上帝，成为主宰自身的力量，积极地证实生活的意义。

不过问题在于，在神圣智慧向技术智慧转化的过程中，宗教那种出世的禁锢虽然被打破了，但生活本身的意义并没有因此而增加。尼采笔下的强者或超人是敢于"危险地生活"的人，是即使把自己的人生重复过上无数遍也会寻找到其中精彩的人。而把技术作为智慧的人在某种程度上正与之相反：为了功效最大化，他们必须保证集体的共同协作。换句话说，他们甘愿做一个不去表达自己的螺丝钉。列奥·施特劳斯就曾对这种完全技术化了的现代生活做出尖锐的批判："它意味着人类在最低水准上的统一、生命的完全空虚、毫无道理的自我不朽学说；没有闲暇、没有专注、没有崇高、没有淡泊；除了工作与休闲，一无所有；没有个体也没有民族，只有'孤独的一群'。"（参见《古典政治理性主义的重生》一书中的文章《海德格尔式存在主义导言》）

孤独确实是任何医疗技术都无法治愈的现代人的通病。我们可以通过努力把月薪再提高一些，但这种工作上的智慧未必适用于幸福感的提高。如果有一天，机器人索菲亚披着不同顾客喜欢的外貌走进千家万户，人们会因为这种拟人化的陪伴而减少孤独吗？在这一问题得以验证的时刻到来之前，我们有必要认识到，施特劳斯所指出的那种被技术智慧支配的现代生活的空虚并非问题的全部。假如牺牲个体的自由可以换来集体的共同利益，那么一部分人或许可以接纳上班时的严苛和下班后的无聊——毕竟这种严苛与无聊要比升不了职、买不上房的焦虑更容易忍受。但是，如果对于功效的服从与对利益的计算会导致人类全盘的灾难，那么我们就需要重新审视这种对于技术智慧的依赖了。

当代英国社会学家齐格蒙·鲍曼在《现代性与大屠杀》中提醒我们，一个族群对另一个族群的屠杀行为并不意味着人类在做与本性相反的行为，因为这些行为在本质上是对某种政策的执行和对某个政府支持的回应，这恰恰是我们人性笃信功效的结果——我们只知道自己做了一颗螺丝钉，却没有意识到这颗螺丝钉被钉在了毒气室的开关上。也正是由于这个原因，齐格蒙·鲍曼认为人类在20世纪上半叶经历的惨剧，是追求技术与功效的现代性的结果。

只不过在上述内容中，我们已经知道，所谓现代性问题的实质，是把智慧理解为知识与技术，是对功效与利益的现实性追求。这绝不是现代才发生的事情。在被认为败坏人心的智者那里，我们已经感受到了把智慧放在实用层面的弊端。不过，除去实用层面，我们还可以在什么层面认识智慧呢？

■ 做生活的观众：智慧、灵魂与哲学家

前面我们讨论了智慧的本义，既谈到了抽象的睿智，又谈到了具体的技术知识。在充分认识到试图以具体的技术知识来理解智慧是一件十分危险的事情后，我们是时候跳出智者为人类留下的阴影，看一看从抽象的层面，智慧能否带来一些真正的价值。

理解智慧在抽象层面的含义当然不是一件容易的事，或许我们可以借助第一个使用"哲学"概念的人的谈话，从侧面看看哲学所爱的智慧是否和上述的实用技能有不同。这也会使我们更快地回到本章开头提出的问题，毕竟，我们到目前为止仍然期待能从哲学的名字中套出一些哲学的秘密。

据说，第一个使用"哲学"（philosophia）的人是古希腊的毕达哥拉斯。如果你一定要追问这个说法来自何人，我必须承认这是法国哲学家马里旦的说法。而马里旦的这个判断似乎来源于一个未必靠得住的记载——3世纪古罗马时代的作家第欧根尼·拉尔修的《名哲言行

录》。我之所以认为这个说法未必靠得住，是因为拉尔修明确表示自己也是听别人说的。现在请大家按捺下追查连环传言的冲动，暂时相信这个故事是真的，看看它到底说了什么。

拉尔修记载，弗里乌斯的僭主（通过非法手段夺取政权的独裁者）勒翁问毕达哥拉斯他是谁，后者回答说，自己是"哲学家"（philosophos）。在这里，他第一次用了"哲学"（philosophia）概念。为了使勒翁听得明白，毕达哥拉斯又补充说，生活就好像一场盛大的宴会，有的人来是为了赢得奖赏，有的人来是为了做生意，但最好的人是来做观众的。最后，毕达哥拉斯总结道，有奴性的人生来就追逐财富，但哲学家追求的却是真理。

通过参加宴会的比喻，我们可以看到毕达哥拉斯用三个标准区分了普通人与哲学家：参与还是观看，有奴性还是没有奴性，追求财富还是追求真理。这三个标准之间又有一定的因果关系：哲学家之所以能在外观看生活，是因为他不受奴性的驱使；之所以不受奴性的驱使，是因为他生来就追求真理。从这个意义上也可以说，观看生活、打破奴性、追求真理就是哲学，或者是毕达哥拉斯眼中的哲学。

观看生活就是和生活保持距离，不陷溺于某种固定的生活模式。当然，这并非要让某个为客人服务十几年的理发师辞职，转行去当开发软件的程序员，而是说：无论以何种身份生活于社会中，我们都要认识到，在当下的生活背后存在着一个真实的自己。这个真实的自己可以决定我们如何生活，但反过来，当下的生活不能决定真实的自己。就好像电影《美丽人生》的主人公一样，用爱与勇气把苦难的生活解构为一场游戏，让家人在最黑暗的地方也能感受到世界本有的色彩。所以，超越到具体的生活之外，可以让我们无论何时何地都能自由地做自己的主人。换句话说，远远地观看生活，才能不被生活遮掩住；而冲破这种遮掩的过程，就是寻找真理的过程。

按照20世纪德国哲学家海德格尔的词源考证，古希腊语的"真理"（aletheia）由表示否定性的词头"a"和表示"遮蔽"的词干"letheia"构成。这样一来，"真理"的本义就是"解蔽"（unconcealment）。海德格尔认为，普通人总是庸庸碌碌地存在于非本真的状态中，即陷溺于生活。只有通过不断地解蔽，他们才能存在于最本质的真实状态中。在《存在与时间》中，海德格尔还特别区分了aletheia和truth：前者是关于人的存在，是关于如何解蔽、如何敞开自我而使本真呈现的真理，后者是关于和事实一致的正确的陈述。比如，"太阳从东方升起"就是truth而不是aletheia。尽管后来有一些学者也从词源考证入手，认为"letheia"不是"遮蔽"而是"隐藏"，但是这仍不妨碍我们理解海德格尔想要表达的那种观点，即在解蔽中发现真实的自我。

巧合的是，在比海德格尔更早的两千多年前，中国的荀子也写下了一篇文章，名曰《解蔽》。他认为，普通人的问题在于他们总是被片面的事物所遮蔽，不能认识真正的道理："凡人之患，蔽于一曲，而暗于大理。"荀子认为，解决这个问题的办法就在于保持心的"虚壹而静"，"虚"是说心不被任何成见所占据，"壹"是说心不因客观世界的繁杂而分散，"静"是说心不为感情的流动所影响。荀子提出的"虚壹而静"，即使没有海德格尔那种对人的存在的关注，也仍从认识的角度说明了从具体的现实中脱离出来、保持心灵自主性的必要。所以无论是"虚壹而静"还是"解蔽"，我们都能从中看到毕达哥拉斯所说的"做观众"的意味。

毕达哥拉斯为什么会在"做观众"或者说与生活保持距离的意义

上使用"哲学"这个概念呢？恐怕很大程度上来源于他神秘主义的宗教信仰。当然这里所说的"宗教"指的是古希腊的原始宗教。

在人类发展的历史中，农业的出现彻底改变了我们祖先的生存方式，让他们从活在当下的食物寻找与采集，转变为活在未来的食物种植与收获。在这个过程中，人不再随机地等待自然的给予，而是开始利用自然，创造有序的、可预见的生产链条。随着与外界的互动进一步加强，人需要一个机制去保证这种互动的有效性。于是，借助神秘力量的祈神行为便出现了。在这个意义上说，神最初是一种媒介，代替人去和自然交流。人们之所以需要和自然交流，是因为那个时候人们相信，所有事物都有自己的灵魂。所以要吃一棵树上的果子，当然要经过这棵树的同意；如果某个先民爬到树上摘果子时失足摔下，那么这很可能会被解读为这棵树在表达拒绝的意思。

根据瑞士心理学家让·皮亚杰的研究，这种万物有灵的观念充分反映在我们的早期生长过程中。所以许多小孩子认为自己的玩具或者身边的花草泥石都是有生命的，可以与之交谈。之所以会发生这种认识，是因为2～7岁的小孩子只能以自我为中心，认为所有东西和自己都是一样的。这和我们的祖先通过和小麦"交谈"意图使其茁壮成长是一样的。

不过慢慢地，先民发现，如果神的力量足够强大，神与自然的交流就可以变成一种命令，与其祈求自然的理解不如祈求神的护佑，所以万物有灵信仰便开始转向多神信仰。在多神信仰时代，人们对于神的重视有了提高，但人神关系在本质上还是一种付出就要求回报的交易；一旦交易失败，人们就可能丧失对某位神的信奉。这种务实精神在古代中国的信仰世界中也可以看到："牺牲既成，粢盛既洁，祭祀以时,然而旱干水溢,则变置社稷。"(《孟子·尽心下》)孟子这句话的意思是说,如果使用牛羊与谷物按时祭祀仍遭受干旱或洪水灾害,那就应该换另外的土地神和谷神来祭祀。

类似的功利考量使得多神时代的神明大多和人类的生计有关,比如掌管田地和羊群的牧神潘恩、掌管农业和谷物的地母神得墨忒耳等。和毕达哥拉斯的信仰相关的则是掌管葡萄丰收以及制酒的酒神狄奥尼索斯,后来罗马人称之为巴克斯。一些历史学者认为,在古希腊迈锡尼文明时代,对狄奥尼索斯的崇拜就已经存在了。

关于狄奥尼索斯的身世,有两个版本。第一个版本说他乃宙斯和塞墨勒的儿子,他的出生受到了宙斯另一位妻子赫拉的嫉妒;赫拉用计使塞墨勒被烧死,宙斯在危难中把还是婴儿的狄奥尼索斯藏在了自己的腿中,后来又让他从腿中重新出生。第二个版本更像是第一个版本的前传,它讲的是,狄奥尼索斯是宙斯和泊瑟芬的儿子,仍然是出于嫉妒,赫拉派巨人把刚出生的狄奥尼索斯撕成了碎片并吃光了他的肉;宙斯救出了狄奥尼索斯的心并让他再次在塞墨勒的体内重生。

我想请作为读者的你,按照自己喜欢的后宫争斗情节来选择一个版本,然后继续我们的讨论。

既然狄奥尼索斯是酒神,那么对他的崇拜就和醉脱离不了关系。醉,可以让人改变存在的状态。如果说农业生产让人不得不把心思用在功利性的计算上,酩酊大醉则可以让人暂时脱离这种理性的管辖,其结果往往是回到原始的迷狂状态中。比如在具体的酒神崇拜活动中,会有把野兽撕碎并吃下的野蛮举动(似乎和上述狄奥尼索斯身世的第二个版本相对应)。这些酒神崇拜的野蛮成分后来被一个叫俄耳甫斯的人所改革，他创立了一个相对正式的信仰团体：俄耳甫斯教。这个宗教团体信奉灵魂转世，并坚持一定程度上的禁欲与苦行。这些教义后来深刻影响了毕达哥拉斯。

毕达哥拉斯在古希腊城邦克罗顿创建了一个以他的名字为名的教派，其教义中有很多内容都是对灵魂的讨论。据拉尔修记载，毕达哥拉斯曾写过一部《论灵魂》，还和别人说他十分清楚地记得自己的灵魂在之前四世的轮回情况。在第一世，他是旅行者和商业之神赫尔墨斯的儿子，在父亲的应允之下选择了一份特殊的礼物，即拥有所有生前死后的记忆。

毕达哥拉斯这种关于灵魂转世的信念虽然受到俄耳甫斯教义的影响，但在最早的关于狄奥尼索斯的神话中，我们已经能找到关于不死和再生的记载（无论是哪个版本）。不过，灵魂虽然可以再生，但仍然需要通过某些行为进行净化。在原始的酒神崇拜中，先民认为在激情沉醉中，与神合一的状态就是对灵魂的净化；但对于俄耳甫斯教派来说，酒和醉已然变成了一种象征；到了毕达哥拉斯这里，醉酒则被称为堕落，并且他认为另一种使人充满激情的性爱之乐在任何时候都是有害的（但不禁止）。

为了净化灵魂，毕达哥拉斯教派有许多类似苦行的要求。比如，他的门徒要保持五年沉默不语，在通过测试之前，这些人只能聆听他的教诲而不能去他的房间见他。另外，毕达哥拉斯还要求门徒每天回到家自问："我做了什么？在何处犯了错？什么应该做而没做？"这很像古希腊版本的"吾日三省吾身"。至于其他的一些规定，如只能帮人卸货不能帮人装货、不能对着太阳小便等，则有些让人费解，不知道与净化灵魂有何关系。

不过，说起净化灵魂，毕达哥拉斯教派最令人注意的是他们对于数的崇尚。他们发现和谐的音乐可以使人的生活和谐，而音乐可以还原成数字。由此他们认为数是包括音乐在内的一切事物的原型，所以对数的思考就是使灵魂纯洁的最好方式。在这个理念下，他们发现了直角三角形的两个直角边的平方和等于斜边的平方，也就是我们今天说的"毕达哥拉斯定理"，又称勾股定理。

在了解了毕达哥拉斯的信仰以及这个信仰的渊源之后，再重新去看他对于"哲学"的描述，我们就能更明白他的所指。毕达哥拉斯信仰的主要内容是"灵魂轮回"，这个观点意味着不同的人生背后都有一个相同的灵魂。换句话说，每一世的生活都是暂时的，灵魂才是永恒的。一旦认识到灵魂与生活的这种关系，我们就不会对当下的日子心存执着，这样一来"参与生活"就成了"观看生活"。但同时，灵魂在每一世的生活都需要被净化，而防止灵魂被污染，实质就是防止我们被现实的生活所拖累、所奴役。跳出拖累与奴役就需要探索使灵魂纯洁的方法，这些探索又会促使我们产生更高级的认识，最终得出关于世界的某些真理。可以说，毕达哥拉斯所说的哲学，是紧密地围绕着他对灵魂的认识而展开的。

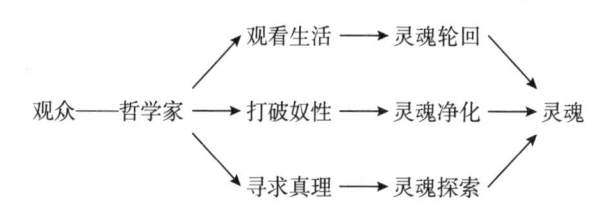

图示6　毕达哥拉斯的"灵魂学说"

■ 追寻灵魂真理：哲学，从"爱智慧"开始

"智慧"（sophia）的本义中虽然含有抽象的部分，如"做出合理判断"，但这个含义尚没有达到与毕达哥拉斯所说的"真理"相关联的程度。公允地说，我们并不能确定，需要我们做出合理判断的对象是现实中具体的事物，还是观念上抽象的道理。但从毕达哥拉斯的原初性表述，即"哲学可被看作远离现实生活的真理"来看，他使用"爱智慧"来表达"哲学"时，刻意强调了或者说升华了"智慧"本义中抽象的一面，其结果就把"智慧"本义中倾向于知识或技术的现实层面去掉了。

从历代先哲对于倾心技术功效的批判来看，把"智慧"作为实用性的获取利益的能力实属不当，而且如果仔细比较的话，毕达哥拉斯对于"远离生活、打破奴性"的强调，刚好就是列奥·施特劳斯所批评的"现代性生活"（陷于工作、没有自我）的反面。这样看来，似乎哲学所爱的只是一半的"智慧"，它并不关心技术层面的问题，更不能去追求利益——"智者"之所以是"智者"而不是"哲学家"，就因为他们太关注授课费用了。

不过，假如哲学家都不关心技术，尤其是不关心赚钱的技术，那么他们的生活水平必然堪忧。毕达哥拉斯就让自己的门人把所有的个人物品都放到一个柜子里（注意，只有一个柜子），大家共同使用。为了更容易地找到食物（注意，不是购买），他还建议人们吃未经烹饪的食物。这种朴素的生活显然并不为哲学家所担心，从另一个角度甚至可以说，他们很享受这种生活。就在毕达哥拉斯生食蔬菜的同一时间，远在东方的孔子正告诫他的弟子们说："饭疏食饮水，曲肱而

枕之，乐亦在其中矣。不义而富且贵，于我如浮云。"(《论语·述而》)在孔子看来，不义之财不具有任何的诱惑力，即使是粗茶淡饭、以臂为枕也仍然不失人生的乐趣。

不过，我必须为这些哲学家说上一句公道话，不关心赚钱的技术并不代表他们没有赚钱的能力——"不能"和"不想"是两件事。被视为西方历史上的第一位哲学家，亦是古希腊七贤之一的泰勒斯，曾因看星星掉进了沟里而被人讽刺"只想知道天上的事情，而看不清脚下的事情"。为了证明自己，泰勒斯利用自己的天文学知识预测出橄榄的丰收时间，并租下当地所有的榨油机。等橄榄丰收，大家需要榨油的时候，才发现只能向他求租，这样泰勒斯就赚了一大笔钱。这个故事说明"天上的事情"可以和"脚下的事情"相关，但哲学家却不愿选择那样做。

这种态度似乎可以让我们得出一个结论：哲学从它字面上的信息来说，可被看作是对代表着抽象真理的智慧的热爱。至此，我们也算回答了前面提出的第一个问题——哲学究竟爱的是什么样的智慧。至于被视为更根本的第二个问题——哲学为什么要爱智慧而不爱其他，则可以回答为："智慧"可以最大程度上概括人们第一次使用"哲学"概念时想要表达的内容，也就是对超越现实的真理的追寻。范思哲手袋由于不能使人们脱离生活，所以不应是哲学所爱的对象。爱父母则稍微有些复杂，它确实是东方哲学（特别是儒家思想）中常见的道德情感的出发点，但由于它指涉的内容十分具体，无法包括真理的全部内容，所以爱父母也许会从具体的生活场景升华为抽象的哲学思考（比如儒家哲学中从"孝"转"仁"的讨论），但由于思考的范围有限，因此不能作为智慧的全部来源。

解决了上述这些问题，我们可以先喘上一口气，然后再来端详一下从哲学名字中得到的线索：爱"抽象真理层面的智慧"。现在我们有两种选择：一种是相信哲学具有名副其实的品质，也相信毕达哥拉斯的洞见；另一种是保持警惕，认为哲学未必只是它名字所包括的含义，即哲学并不全如"哲学"所是。

在最终做出选择之前，我们不妨先这样思考一下：在最早提出哲学的毕达哥拉斯那里，"哲学"这个概念是为他的信仰服务的。他把自己称为哲学家并认为自己与众不同，是因为他认为灵魂轮回且愿意净化灵魂。所以，哲学在最初的意义上是关涉灵魂的真理。但显而易见，这是一种特殊的论调——如果对父母的爱不能代表全部的哲学，对灵魂的真理的爱就能代表全部的哲学吗？对于两千五百年多前的毕达哥拉斯来说，这也许是正确的，但对于今天的我们来说，这却是一个值得打上问号的疑点。

因为漫长的历史总是为后来降世的人馈赠更多，我们看到了毕达哥拉斯没看到的岁月，知道了在他离世之后，关于存在、正义、善好、权力、性别等诸多问题的讨论都被划分到了哲学的领域；还知道即使是在他生活的年代，古代印度的释迦牟尼与古代中国的老子等人也提出了与"灵魂"完全不同的"无我"与"道"，并将其作为自己哲学的核心内容。

这里面的问题在于，如果我们仅用毕达哥拉斯的标准去诠释哲学，就会因为缺少历史的眼光而丧失哲学的大部分内容。我的意思并非说哲学不是"爱智慧"（毕竟我们应该尊重第一个使用"哲学"，也就是"philosophia"概念的人），而是说哲学仅仅在最初是"爱智慧"，尤其是爱偏向灵魂真理的那种智慧。在接下来的发展中，哲学爱的对象愈发广泛，哲学也随之不断地丰富着自身的内容。

小结

到目前为止,我们可以谨慎地得出这样一个结论:在最初,哲学确实如"哲学"的本义所是。这个结论读起来颇有些欲言又止的意味:它一方面肯定了我们在这一章所进行的工作,另一方面又暗示着,对哲学的追寻还远远没有结束。如果在毕达哥拉斯之后对于诸多话题的讨论都被视作哲学,那么这些讨论的内容必然在某种意义上也分享着和灵魂真理一样的共同点。这个(些)共同点也许会帮我们更清楚地认识到哲学的特质。要找到它(们),就要弄清哲学在本义之外究竟产生了什么变化,更要弄清哲学为什么以及基于什么样的路径产生了这些变化。这就是我们接下来的任务,虽然它并不简单。

第二章

哲学的命名

想要弄清哲学在它的本义之外究竟产生了什么变化，我们有必要先讨论一个特殊的问题。之所以特殊，是因为这个问题只有使用中文的人才会问：哲学是如何从"philosophy"变成"哲学"的？

如果说在上一章中，我们认为"philosophy"的本义可以说明哲学最初的内涵，那么我们同样可以认为（或猜测）哲学的中文译名可以表达中国人所理解的哲学的某种内涵。由于文化上的隔阂，中国人的理解可能或多或少与古希腊的"philosophy"有些偏差，但在这个偏差中反而包含着我们先人特有的思维方式。作为中国人，我们当然应该了解哲学是如何在中国的传统中展开自身的。作为对哲学足够好奇的人，我们也应该去考察这种展开究竟使"哲学"这个名词的意义在走向全世界的过程中是变得更加丰满，还是产生了某种变异。

在这一章中，我们将会看到，随着"哲学"这个中文译名的确立，东亚的思想世界亦开始与西方文明有了深度交流。在某种意义上，哲学从形式上塑造出中国传统知识信仰的新面貌，而中国的传统知识信仰也在内容上不断丰富和改变着哲学的内涵。

■ 舶来的"哲学"：西周与日本的"东洋哲学"

开始考察哲学的中文译名之前，我们必须知道一个令人颇为丧气的事实，那就是"哲学"这个译名的翻译者并不是中国人，而是明治时代初期的日本学者西周。

19世纪后半叶，哲学随着西方的诸多思想一起被传到了日本，最初被称为"理学"。这里所使用的"理"源自中国儒家思想，特别是宋元明时代发展起来的对天理进行探究的儒家思想。但"理学"这个翻译会引起不必要的误解，因为当时的日本也用"理"来指代物理，比如日本近代的启蒙思想家福泽谕吉，他在著作《穷理图解》中用"理"指代物理学（"物理"这个译名也来自日本）。于是在1874年出版的《百一新论》中，西周第一次用汉字词语"哲学"来翻译"philosophy"。

西周最初把"philosophy"翻译成"希哲学"，他的翻译灵感来自中国北宋时代的儒者周敦颐。大部分人对于这个名字的了解仅限于他那篇千古留名的《爱莲说》，却不知道除了文学，周敦颐在中国思想史上也占据重要的位置。儒家思想在宋元明时代的发展很大程度上和周敦颐有关，他提出的一些问题也不断被后世儒者反复讨论，所以很多人把他看作宋明儒学新思想的开端。周敦颐著有《通书》，其中有一句"圣希天，贤希圣，士希贤"，表达了中国古代圣人、贤人和士大夫的价值取向序列，这里的"希"有慕求之意。西周借用了这个

"希"字，把它与汉字"哲"组合，来翻译"philosophy"这个词。

"哲"的本义是睿智。《尔雅·释言》就解释说："哲，智也。"《尚书·说命上》也把"哲"与"明"连起来，表达对某事物的洞察："知之曰明哲。"由此也可以知道，"明哲保身"原本并不用来表达自私的回避态度，而是指"明智能够保护自身"。根据这些含义来看，西周的"希哲学"实际表达的就是"慕求睿智的学问"——这个意思基本上和"philosophy"的本义"爱智慧"是一致的。

由于西周是当时日本知识界领袖一般的人物，他的这个翻译很快就得到了日本文部省的认定，并被进一步简化为"哲学"。之后，与西周同时期的哲学家井上哲次郎在《哲学字汇》中也采用了西周的翻译，于是"哲学"一词得到了广泛推广和使用。

西周用汉字创造了一个词来翻译"philosophy"，这个行为颇值得玩味。江户时代，日本人通过与荷兰人的交流而接触到了西方文化，从此，代表西方科学知识的"兰学"大盛，日本的思想世界也从东亚学术传统中逐渐走出，转变为向全球学习。在这个转向中，日本在两个方面表达了自身的诉求：其一是与西方文明的接轨，其二是对民族主体性的确立与宣扬。前者要求在传播和了解西方思想的基础上深入地对这种异域的文化进行探索，这就意味着除了技术层面上的兰学，日本人也需要去研究精神层面上的哲学，所以哲学自然就需要被翻译与阐释。同时，与西方文明的接轨在某种程度上也要求日本与原有的东方文明脱轨，这就意味着，必须找到能够代替东方文明核心思想的内容，所以"哲学"一词的翻译自然就不能使用习以为常的词汇了。

西周曾经明确表达，自己不喜欢日本对中国文化的一味继承，尽管他对"哲学"一词的翻译也来自中国文化,但其动机似乎仍是想树立一种新的、异于旧有东亚学术传统(也就是中国学术传统)的学问。但矛盾的是,从旧有传统中脱离并不会帮助日本树立自己的民族主体性,"归附"中国文化和"投诚"西方文化在本质上没有什么区别——毕竟,日本的目的是"脱亚入欧"而非"脱亚侍欧"。所以,在西周译出"哲学"二字之后,日本学术界便开始思考,是否能用这个称呼建立起一套可以标榜自身主体性的新学术体系。

最终,以来自西方的"哲学"为名称,以来自东方传统的思想为内容,二者结合形成了这个新的学术体系。其标志是日本东京大学在1877年设立"史学哲学及政治学科",五年后于"西洋哲学部"之外正式设立了与之对应的"东洋哲学部",并下设"支那哲学""印度哲学"等科目。在这个行动中,我们可以看到日本知识界想用西方文明的形式重新整理东方思想的愿望。虽然东方思想的大部分原始材料都来自中国,但通过日本学者的整理,这些思想内容就完成了从"中国的"到"东方的"这一转变,日本学者也开始用西方哲学解读东方思想。在这一解读中,日本所说的"东洋哲学"既不是对中国思想的单纯继承,也不是对西方哲学的纯粹模仿,于是其民族主体性便在思想世界得以成功确立。

对于"东洋哲学"的提法,日本知识界内部并非没有反对的声音。思想家西村茂树就曾经批判说,把印度的佛学和中国的儒学统称为"东洋哲学",就好像把哲学称为"西洋儒学"或"西洋佛学"一样,两者都是错误的。但是,反对的声音终究没有抵挡住历史的潮流,如今"东洋哲学"已经成为哲学学科设置的常见名称。

19世纪末20世纪初,中国学界对建立"中国哲学"更有兴趣。就在东京大学设立"东洋哲学部"后没多久，西周所翻译的"哲学"就漂洋过海来到了中国。据目前可以查证的文献看，最早使用这个翻译名称的是黄遵宪。他在1887年著成的《日本国志》中介绍东京大学的学科设置时，直接使用了西周的"哲学"，并注解为"讲明道义"。1894年中日甲午战争爆发，中国大败。康有为认为日本胜在对各学术领域的精研上，于是在四年后向光绪帝上奏《请开学校折》："日本胜我，亦非其将相兵士能胜我也。其国遍设各学，才艺足用，实能胜我也。"在介绍德国大学的学科设置时，康有为也直接使用了"哲学"的名称。同年，康有为与梁启超等人发动戊戌变法。7月，中国第一所国立大学"京师大学堂"成立。9月，戊戌变法失败，除京师大学堂得以保留外，其他新政均被废除，康有为与梁启超逃亡日本。

梁启超在日本时接触了日本思想界所谓的"哲学"，并创办报纸专门介绍西方的哲学观念，还开设了《支那哲学》专栏，以西方哲学的研究方法探讨中国固有的思想，于是"哲学"一词通过大众媒介被广泛传播。同时，中国学界也越来越多地出现了冠以"哲学"之名的学术著作，比如蔡元培的《哲学总论》、王国维的《哲学辨惑》等。1912年，京师大学堂更名为"北京大学"，并办置"哲学门"（相当于哲学系），下设"中国哲学"学科。从此，哲学作为一个学术领域正式进入中国的大学教育体系。

中国哲学系的成立比日本晚了三十五年，"中国哲学"科目的确立也比日本晚了三十年，这意味着我们对于这个新领域的探究与人才培养在起点上就落后于日本，这个时间上的差距或多或少地转变为学术能力上的差距。不过这个差距很快就随着胡适、冯友兰、牟宗三等一批可以称作"中国哲学家"的学者的努力缩小到了令人乐观的程度。

在中国经日本影响接受了"哲学"这个翻译词汇的同时，当时夹在两国之间的朝鲜王朝也开始接受哲学。1876年签订《江华条约》后，朝鲜开始了近代化的转型。随着外来思想的传入，朝鲜也开始逐渐接触西方哲学的诸多观念。

据学界目前的考证来看，"哲学"这个称呼在朝鲜半岛第一次登场，可以追溯到李定稷大约在1903年至1910年写成的介绍康德哲学思想的《康氏哲学说大略》，以及李寅梓大约在1912年至1915年写成的介绍古希腊哲学思想的《古希腊哲学考辨》。就在这些学者著书引入"哲学"称呼的同一时期，朝鲜为了实现教育上的启蒙，也开始成立各种专门学校，其中便有梨花女子大学的前身梨花学堂、高丽大学的前身普成专门学校，和延世大学的前身延禧专门学校。这些专门学校中只有延禧专门学校开设文科，且在1921年开设了名为"哲学概论"的课程。1925年，京城帝国大学公布通则及学部章程，规定法文学部开设包括哲学在内的五个学科，并在哲学学科内设置了"支那哲学"等课程。京城帝国大学便是首尔大学的前身。首尔大学把自己的起点定在日治结束后的1946年；同年，首尔大学哲学系也随之成立。

从上述历史来看，中国、日本、朝鲜半岛对"哲学"译名的使用与整个东亚世界的近代化进程密不可分。其中，日本作为最早面向西方敞开国门的国家，对东亚地区"哲学"概念的传播、哲学学科的设置与哲学学术的研究起到了不小的影响。当然，这种影响伴随着侵略或殖民的灾难。不过另一方面，也没有必要过分夸大日本为东亚学界引入"哲学"名称的作用，因为在日本翻译的"哲学"出现之前，中国和朝鲜王朝并非完全没有接触过西方哲学思想。

即便从最保守的角度看，中国在明朝的时候也已经有了西学东渐的浪潮。1582年，意大利传教士马泰奥·里奇登上了澳门的海岸，看见了一个与自己生活的世界迥然不同的新天地。其时，生活在这片天地中的人们还不知耶稣为何方神圣。为了能捕捉到他们的心灵，马泰奥·里奇脱下洋装，换上了僧人的袈裟，借着当地人对佛教的认识，小心翼翼地传播着上帝的福音——尽管大多数人确实认为这只是佛教的某个奇怪教派而已。

在接下来将近三十年的中国生活中，马泰奥·里奇努力学习汉语，把天主教的教义和西方诸多思想用中国人看得懂的文字写成书出版，其中便包括亚里士多德十范畴学说和托马斯·阿奎纳的上帝证明学说。不过马泰奥·里奇把这些哲学概念全都换成了中国古典学术的名词，这就使得中国人始终搞不清楚他所宣讲的内容到底和华夏自古以来的学问有何不同。就好像大家不叫他的本名而只唤他的汉文名，也就是大名鼎鼎的"利玛窦"。彼时之国人尚没有意识到，这些熟悉的词语之下隐藏着另外一个文明。

真正把"哲学"这个概念用中国人不熟悉的方式翻译过来的，是另一位意大利传教士艾儒略。他在《西学凡》著作中介绍了欧洲大学的学科设置。在说明"哲学"一科时，他用了"理科"与"斐禄所费亚"两个词语。"理科"这个词是以西方哲学对中国思想进行比附的产物，就好像前文所言，日本在最开始时称"哲学"为"理学"。这个"理学"即是由程颢、程颐、朱熹等中国思想家在宋代创构、在明代得到发展的新儒学，今人一般称之为"宋明理学"。"斐禄所费亚"这个词则完全是对"philosophy"的音译，这个翻译本身不具有任何含义，但也因此保留了指涉对象的陌生感与域外感。

艾儒略的这两种翻译也成为之后中国思想界处理"哲学"概念的

两种思路。其一，使用中国已有的观念去理解西方哲学。在这种理解下，除被广泛使用的"理学"外，哲学尚有"格物穷理之学""性学""爱知学"等译名。这些概念都是儒家思想中用以探究事物的道理或性质的词汇，传教士们用这些概念进行翻译的结果就是把西方哲学融入中国的传统学术中。但必须看到，传教士对西方哲学的介绍是有限的，很多内容都是为了解释天主教教义才被引入，所以这一时期中西文化的融合是一种刻意且片面的活动。其二，使用音译的词汇去表音。除了"斐禄所费亚"，还有"斐录琐费亚""斐罗所费亚"等。朝鲜王朝在传入"哲学"概念的初期亦有这种音译翻译，并用汉语词汇"费禄苏非亚""飞龙小飞阿"等表示。

在西周翻译的"哲学"一词出现并被东亚的大学教育体系普遍采用之后，以上诸多译名便渐渐无人使用了。但是这段眼花缭乱的"命名记"却可以为我们提供另一个认识的角度，那就是从某种意义上说，中国人最早接触的西方哲学是被异化了的西方哲学。这里的"异化"是说，尽管有表音的翻译方式，但当明清两朝的知识分子真正需要了解西方哲学时，仍然只能借助传教士那种张冠李戴的强行建立文化通约的翻译。而这些翻译中的西方哲学思想都被换上了中国式的外衣，彼时的中国学人也自然是用中国式的解读来吸收这些舶来的理论。很难说在这样的吸收下可以产生多少新知，因为传教士努力的目标是让中国人将西学顺利消化，但这个努力的负面影响就是中国人并没有品尝到儒释道三学之外的味道。

直到清朝知识分子亲自在域外接触到了西学，西方哲学才开始在中国文化中被反刍。这次，中国人终于发觉，这个带有"西"字的西方哲学确实和老祖宗留下来的传统知识大相径庭。随着"哲学"这个译名的确立，西方哲学思想终于被恢复了外来者的身份。

■ 从抵牾到受容：中国接受西方哲学的五个阶段

从传教士来到中土到中国人留学西洋，哲学在经过几百年的颠沛后终于在东方获得了自己的名字。从文化交流的角度回眸，我们可以发现"哲学"这个名字的确立过程就是中国人对哲学的认识过程。尽管这个认识到现在也没有结束，但我们早已习惯了西方哲学这个外来者在我们精神生活中的存在。

与这种习惯相比，中国人最初认识到西方哲学并非中华所曾有时，还是经历了一段时期的抵牾的。抵牾的一头是把西方哲学视作应该谨慎对待甚至抵抗的异端，另一头是把西方哲学视作可以融合与转化的、与本国思想相契合的知己。于是，在西方哲学成为"哲学"之后，中国知识界围绕着是否应该接纳西方哲学而展开了讨论。

作为拒绝西方哲学的代表，晚清洋务派名臣张之洞在给光绪皇帝上呈的奏折中谈到了大清国兴办教育的要旨，其中有一条便是"不可讲泰西哲学"，其原因有三：其一，中国衰落的原因之一就是儒者不求实用的空谈，而西方哲学的诸多流派都与战国时代的名家思想和佛教思想相近，是不切实的理论；其二，西方哲学的很多内容在中国古代经典中已经存在，作为中国人不应舍弃几千年的学术传统去效仿西方；其三，其时世风浮躁，知识分子对学问不加深究便随意利用它发表言论，引入西方哲学容易成为蛊惑人心的谈资。从这些观点来看，张之洞排斥西方哲学更多地出于对传统学术和现实秩序的维护。

不过，这种考量很快就遭到了著名学者王国维的反对。在《论近年之学术界》中，王国维批判了这种从政治角度反对西方哲学的做法："今则大学分科，不列哲学，士夫谈论，动诋异端，国家以政治上之骚动，而疑西洋之思想皆酿乱之曲蘖。"他认为，对学术的关注应该把焦点放在道理的真假上，不应该从国家、人种、宗教等外在层面决定某种思想的去留。为了改正学界对西方哲学的负面态度，王国维先后写了很多文章分析哲学对国人的重要性。他认为中国传统中有很多学问都属于哲学的范畴，如先秦诸子学和宋明理学，用"哲学"这个称呼重新叙述这些内容会使中国的思想更加系统化。王国维的这个观点受到了之后学界的广泛认可。随着前文提到的京师大学堂哲学门的成立，这场论辩也就自然分出了胜负。

值得注意的是，张之洞与王国维虽然处于相反的立场，但是对西方哲学与中国思想的关系却给出了相似的回答，即承认二者之间存在关联。只不过，前者希望以此关联说明传统之博大，后者希望以此关联强调西学之价值。在接下来的一百年中，正如你我所知，历史站在了接纳西方哲学的阵营。如今在公共领域谈到"哲学"，大家早已没了当初的那种排异心理，普通人听到"中国哲学"似乎也知道讲的是孔孟老庄那些内容。这种平和的心态与中国人经历了近代化的阵痛之后逐步恢复起来的自信息息相关，当国家的大厦足够巍峨，很多外来事物就会变成我们的砖瓦，就好像英语、计算机的普及——西方哲学亦是如此。

但是，我们也必须意识到，这种自信起源于王国维那种对传统学问无法走出去而在家中坐以待毙的忧患之中。当这个忧患不再存在时，我们才有机会去反思当初的某些判断是否恰当。其中被反思最多的就是西方哲学与中国古代思想的关联。也就是说，随着对西方哲学深入的了解，我们开始重新思考，究竟是否可以用"哲学"来称谓我们传统学术中的内容。这个问题便是在21世纪伊始提出的、学界至今还在讨论的"中国哲学合法性"问题。

2001年法国哲学家雅克·德里达访问中国，有中国教授请他谈谈中国哲学，德里达回答说，中国只有"思想"没有"哲学"。这个表述立刻在中国发酵，大家直接跳过了对德里达的意思进行更深层次的探究，直接借此机会表达了一个似乎被压抑了很久的疑问：中国到底有没有哲学？这个问题一经提出便得到了中国哲学研究者的热烈讨论，并当选为2003年的十大理论热点问题之一。

在这场持续至今的讨论中，反对者认为，由于研究方法、概念体系和理论预设都来自国外，"中国哲学"就成了依照西方哲学标准对中国固有文化进行的裁剪与拼贴，中国古代没有西方意义上的哲学。与这个观点相反，赞同者认为，西方哲学在形式上提供了一种具有普适性的思想研究方法，用这个方法来整理与梳理我们自己的思想资源并没有问题。虽然不是西方哲学的所有内容都能在中国思想中找到对应部分，但是二者之间确实存在着可以比较研究的共通性理论。对这些共通的理论，我们可以用"哲学"来指代；对那些不能共通的理论，我们仍然可以用"中国哲学"来建构自己的独特性。在这个求同存异的目标下，我们可以说，中国古代有哲学。

从这些主张看，双方争论的焦点在于，使用"哲学"来指涉传统，究竟是为中国古代思想进行了削足适履的刑罚，使其成为丧失独立行走能力的跛子，还是为中国古代思想找到了一双大小合适的水晶鞋，使其焕发出本有的光彩。这就需要我们提前搞清楚，中国古代思想究竟是中国独有的知识，还是各国互通的哲学分支的普遍知识。

关于中国学术的普遍性与特殊性的思考，并非2000年后才有，这个疑惑从中国学人有意识地建构本土的哲学史开始就已然存在了。京师大学堂哲学门正式成立后，关于中国哲学这个学科的建设也被提上了日程，学者们最先需要完成的工作是，梳理出一部可以作为研究对象的"中国哲学史"。于是几年之后的1916年，中国本土第一部《中国哲学史》诞生了，它的作者是谢无量。书中在谈到"哲学"时，他说："哲学之名，旧籍所无，盖西土之成名，东邦之译语，而近日承学之士所沿用者也。虽然，道一而已。"不过谢无量并未对建立中国哲学史的思路和方法做出说明，这部著作也并未产生多大的影响。

真正被视为奠定中国哲学史基础的划时代著作，是胡适1919年出版的《中国哲学史大纲》。在这部书中，胡适直接给哲学下了一个定义："凡研究人生切要的问题，从根本上着想，要寻一个根本的解决：这种学问，叫作哲学。"不仅如此，他还指出构建中国哲学史有三个任务：整理思想变化的线索、弄清思想变化的原因、对各种思想的影响作出评价。另外，对中国哲学史的材料如何划分、如何审定、如何整理，胡适也作出了说明。所以，从他的这部哲学史问世起，中国哲学有了一个实际的系统的研究对象。但遗憾的是，这部《中国哲学史大纲》只写到了先秦，没有涉及两汉至明清的哲学思想。

真正将中国哲学的研究以及中国哲学史的树立推向高潮、全面完整地以哲学视野对中国思想进行整理的著作，是冯友兰20世纪30年代出版的《中国哲学史》。冯友兰在书中说："哲学本一西洋名词。今欲讲中国哲学史，其主要工作之一，即就中国历史上各种学问中，将其可以西洋所谓哲学名之者，选出而叙述之。"从这个叙述来看，冯友兰完全不避讳那种以西释中的思路，而胡适曾经也表达过相似的观点："我们若想贯通整理中国哲学史的史料，不可不借用别系的哲学，作为一种解释演述的工具。"

就在书写中国哲学史的学者们纷纷表达出对西方哲学学术理念的肯认时，阅读这种中国哲学史的学者们却表现出更加谨慎的态度。金岳霖在点评冯友兰的《中国哲学史》时，便提出中国哲学史有两种写作态度："一个态度是把中国哲学当作中国国学中之一种特别学问，与普遍哲学不必发生异同的程度问题；另一态度是把中国哲学当作发现于中国的哲学。"

这便是上述提到的关于中国学术的普遍性与特殊性的思考：前一种态度是把中国思想特殊化，虽然仍称之为"哲学"（当然也可以用其他称呼），但是可以与西方哲学全然无关；后一种态度是把中国思想普遍化，认为中国思想是和西方哲学相通的哲学的一种。虽然金岳霖明确指出，胡适和冯友兰都是在第二种态度上写作中国哲学史的，但他并没有对这个倾向明确表达出同意与否的立场。

与金岳霖的模糊立场相比，傅斯年则在《战国子家叙论》这篇文章中表达出对这种态度的强烈反对："拿诸子名家理学各题目与希腊和西洋近代哲学各题目比，不相干者如彼之多，相干者如此之少……"

傅斯年去世后被安葬在台湾大学正门旁的傅园中。当年在台湾大学求学时，我曾听前辈讲，传说如果晚上在傅园散步，可能会"遇到"傅校长。如果当时真的碰到了，我很想听听傅斯年对于如今哲学发展的意见。台湾大学另外一个和傅斯年有关的故事是"傅钟"，每当下课时它就会奏响二十一声。这是因为傅斯年曾说过,一天只可以过二十一小时,剩下三小时要用来沉思,不知抵制"中国哲学"是不是他这三小时沉思的结果。

不管怎么说,傅斯年尖锐地指出了以"哲学"的方式研究中国传统思想的问题,不过从他身上,我们也能看到反对"中国哲学"这个称呼的这些学者身上所具有的共同品质,那就是对民族国家立场的强调。直到当今的"中国哲学合法性"之争,这个强调的余味仍然存在。这是因为西方哲学在中国的出现与流传,恰恰伴随着19世纪末20世纪初东亚社会的剧烈转型。

从历史的角度看,西方哲学从西方来到东方,正赶上旧有政治秩序被打破的东亚各国或主动或被动地开眼看世界。在这个过程中,政治上的保守与开放必然会反映在学术的发展上,所以我们看到的这段中国哲学史的开端,亦是中国近代旧貌换新颜的新历史的开端。

在进行最后的讨论之前,我们可以先把中国接受西方哲学的进程总结为以下五个阶段:

阶段	时间	相关人物	关键词
①思想传入	明清	利玛窦、艾儒略	斐禄所费亚、理学
②确立译名	1887年	西周、黄遵宪、梁启超	哲学
③建立学科	1912年	张之洞VS王国维	中国哲学
④形成系统	1916—1934年	胡适、冯友兰VS傅斯年	中国哲学史
⑤研究反省	2001年至今	当代中国哲学研究学者	中国哲学合法性

表一 中国接受西方哲学的五个阶段

■ **哲学作为理解方式**：对"中国哲学合法性"问题的回应

作为五个阶段中的最后一个，"中国哲学合法性"的提出更像是对前四个阶段在学理上的一种总结性质疑。实际在西方哲学思想传入的最初阶段，"合法性"的问题就已然存在了，因为传教士用中国的"理学""性学"翻译哲学，本质上和后来的中国学者用"哲学"来指称中国思想是一样的，都认为在中国传统中可以找到相当于西方哲学的内容，不过这也正是反对"中国哲学"提法的人所不同意的，他们认为中国的古代思想中从来没有西方意义上的哲学。如果你还没有因为本章如此琐碎的历史叙述而厌烦到彻底丧失对这个问题的兴趣，那么我愿意在最后谈谈自己的看法。

"中国哲学合法性"是一个比喻的说法，这里的"法"非常模糊地表达了对于学术准则的盼望，但在实际的人文学术领域中，很难确定理论上的准则，因为理论本身就是有待阐释的。如果某个理论必然或必须如此理解，那么这个理论就不是可以研究的对象了。对于中国哲学来说，也没有这样的准则，所以在讨论合法性的时候，学者们常常把其转化为"能不能用'哲学'去指称中国古代思想"这样的问题，进而引发了对于"中国有没有哲学""中国思想是不是哲学"等问题的讨论。

但我想指出的是，当我们问到"有没有"或"是不是"的时候，我们提问的对象是一个事实，然而对于思想来说，它的理论内容是敞开式的，而不是一个已然发生的事件。如果仅从事实的角度看，在传教士传入西方哲学之前，中国当然没有西方意义上的哲学。不仅如此，如果把时间推得足够早，我们也可以说中国没有宋明理学、魏晋玄学等，但这并不妨碍后来的思想家用玄学或理学的方式解读中国思想。所以，"中国有没有哲学"和"能不能用哲学的方式理解中国思想"，完全是两个不同的含义，我们不能因为传统中没有西方哲学就拒绝用西方意义上的哲学理解传统，这就好像不能因为墨西哥过去没有中国的烹饪方法，我们就断定不能用中国的烹饪方式去料理墨西哥的食材一样。

也就是说，在如今仍持续着的"中国哲学合法性"的争论中，如果只看提问的表面含义，就会陷入用事实来回答、理解恰当性的错误。所以，今天有关合法性争论的关键并非"是不是""有没有"，而仍是百年前梁启超那批人所面临的"能不能"的问题——"能不能用'哲学'去指称中国古代思想"。这个问题的背后存在着一种担心，即用西方哲学的视角无法精准地、全面地表达中国思想本有的意思，就好像用中国的烹饪无法做出墨西哥食材本有的味道一样。

不过在我看来，即便我们假设某个思想有本来的含义（尽管这个"本来"大多是基于习惯的幻想而已），这个本义也不应该限制（事实上也没法限制）对其进行的引申性的理解和阐发——谁规定我们不能把墨西哥卷饼放在麻辣香锅中呢？而对这种担心有一个更加必要的回应，即我们必须要意识到，同意用"哲学"去理解中国古代思想并不意味着主张中国古代思想只能用"哲学"去理解。"中国哲学"是从哲学角度建立的一个理解传统的学科，但这不妨碍我们从文学、艺术，甚至科学的角度对传统做出其他的理解。

事实上，反对"中国哲学"这种提法的学者如果能建立一种"哲学"之外的理解传统的全新方式，或者总结出一套理解传统的"本有"方式，那才是对"哲学"最有力的反击。在这个反击出现之前，我们只能承认,"哲学"是我们这个时代对于传统的一种特有的解读,虽然它并不意味着传统真的如此,只意味着我们这个时代的思维如此。

在这个澄清中,我们需要进一步认识到,传统思想的形成过程是对某个原始文本进行解读后,这个解读本身又变成有待解读的文本材料,这是一个不断积累的过程。换句话说,过去的一切思想都可以被看成是文本材料,根据不同的方法,我们会在这些材料中挖掘出不同的内容。《周易》是占卜的结果记录,《论语》是孔子弟子的私人笔记,我们很难从创作者的初始意图去理解一个文本材料。从这个意义上说,无论我们用"哲学"还是"哲学"之外的方式来分析这些材料,其结果都不会是材料的原始含义。

以我对中国传统思想的有限了解,我们可以把一个原始材料的含义变迁归结为以下的路径结构:

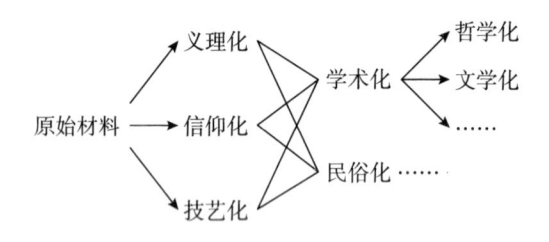

图示7 解读原始材料的路径结构

在这个结构中,箭头代表归属性关系,直线代表并列的排列组合关系。以儒道两家共同推崇的《周易》为例,作为卜筮之书的它被义理化之后可以形成天人相应的道理,被信仰化之后可以形成天命崇拜,被技艺化之后可以形成命理风水之学。这些内容既可以变为知识分子在象牙塔中的研究对象，也可以变为民间大街小巷的谈资和迷信。以当前学界的研究现状看，所谓"中国哲学"，绝大部分都可以看作用学术中的哲学方法对中国传统材料被义理化之后形成的观念的研究。之所以说是绝大部分，是因为已经有学者意识到，原始材料中涉及信仰与技艺的部分，也未尝不可以作为哲学研究的对象。这也是目前学界的前沿问题：对中国哲学研究边界的探索。

所以借此路径结构，我们可以对萦绕百年的"中国哲学合法性"的问题做一个简单的回答："中国哲学"只是中国古代原始材料的众多探索路径中的一种，它的目的不是向古人求真，也不是向洋人求同，而是为了挖掘对今人具有启示性的理论价值。

小结

由上面的结论再回到本章开头时谈到的愿望——从哲学的中文译名中发现哲学的某种特殊内容——我们就会明白汉字词语"哲学"的含义虽然没有给出比"爱智慧"更多的内容，但"哲学"这个名字在东亚尤其是在中国的确立过程，表明了哲学不仅可以作为内容存在，还可以作为形式存在。这里的"形式"特指思想材料的研究方法，对于使用中文的人来说，更容易理解哲学可以成为思考方式的这种性质。这也算是到目前为止，除了知道哲学的本义最初是热爱偏向灵魂真理的那种智慧，我们得到的第二条关于哲学的线索。经过本章的讨论之后，当下文再出现"中国哲学"时，你一定会报以心领神会的微笑，我也终于可以放心地在一个早就应该如此的范围上谈论哲学了。

第三章

哲学的诞生

在第一章结束的时候，我们知道了最早使用"哲学"的毕达哥拉斯主要是在"关涉灵魂真理"的层面谈论这一概念。同时，我们也保留了一份谨慎的态度，认为"灵魂真理"不是哲学的唯一内容。为了说明哲学是一种敞开式的智慧，在这一章中，我们首先会把哲学还原成一种对世界的双重认识，然后在人类的这种智性结构中，讲述哲学从巫术与宗教中脱离的过程。

尽管在相当长的一段时间内，哲学家都自豪地标榜理性的价值，但从哲学的原生家庭来看，理性的诞生和如今我们视为愚昧的鬼神信仰有着无法逃避的联系。在最初的意义上，图腾、神灵与宇宙秩序其实都源自人类理解未知世界的尝试。

在第二章中，我们已经初步认同了从哲学视角审视中国传统文化资源的可行性。在这一章中，我们会练习这种审视，并以此指出，中国哲学的登场其实和西方哲学从古希腊神话中破茧而出一样，经历了一个从天神崇拜转向道德理性的过程。

■ 对世界的双重认识：经验世界与本质世界

在进一步考察毕达哥拉斯之后哲学又增添了哪些新的思想之前，我们有必要先来回答这样一个问题：为什么哲学有可能生出新的内容？通过分析，我们已经知道了毕达哥拉斯在"哲学家就是做观众观看生活"的比喻中，表达了拨开现实生活的遮掩、去寻找其背后真理的诉求，他也确实根据自己源自酒神狄奥尼索斯的信仰，找到了作为真理的灵魂学说。

毕达哥拉斯的这些观点，证明了在公元前500多年的时候，人类已经拥有了这样一种思考方式：把通过一切感官认识到的那个看似真实的世界抛至一旁，坚信存在着一种真正真实的决定要素。这种思考方式开启了新的世界观，它不再认为眼见为实，而是把世界分为两个部分：一部分是我们身处其中、看得见摸得着的生活世界，另一部分是完全不受这个生活世界所束缚的更高级、更本质的存在。显而易见，这种思考方式更肯定后者的价值，这也是毕达哥拉斯认为追求真理的哲学家比追求生活的普通人更加高级的原因。

如果你好奇，为什么人类文明在进化的过程中会出现这样一种思考方式，不妨检视一下自身，问问自己是否也曾有过类似的思维经历。比如，你是否会在玩麻将连赢十把之后感叹自己"手气真好"？你是否会因为总是在不同的地方和某人不期而遇而觉得彼此之间"有某种缘分"？你是否会在商业计划书提交后的审核阶段安慰自己"谋事在人、成事在天"？其实，日常生活中我们谈论的"手气""缘分""天"这些概念，都可以视作对经验世界的某种出离。虽然说不清手气何时到来、缘分怎样把握，但是我们总有一种倾向，认为在日常生活之上有一些神秘因素存在，且正通过某种方式影响着我们。

这种朴素的观念在本质上符合毕达哥拉斯对灵魂真理的思考方式。不具备哲学素养的普通人同样具有这种思考方式，说明对于超越日常生活的要素的想象和拟定，是人类无论何时都具备的能力。这个能力源自我们生命形式的一种基本设定：人只能在可理解的环境中生存。这就是说，人类生命的维系必须严格按照人类的理解模式来进行。比如，从低层次看，饿了就去进食，累了就去休息，这是自然欲望上的理解；从高层次看，相爱就会幸福，知恩就要图报，这是情感理性上的理解。无论在哪个层次，我们都试图把环境改变成满足我们理解模式的样子。

比如，我们会在屋子里布置一张舒服的床，让自己能拥有高质量的睡眠，或者因为今天是爱人的生日，就和她去一家颇有浪漫氛围的餐厅。但我们不会在睡觉之前往床上撒一把图钉，更不会为了表达爱意而把爱人推入污水沟，这是因为我们无法理解在图钉床上如何休息，在污水沟中如何示爱。尽管在历史的长河中，人类偶尔会对外在的环境做出妥协，但我们仍然可以说，人类生存的历史就是改造环境的历史，被改造过的环境在不断满足着我们对自身的理解。无论是迪拜的帆船酒店还是缅甸的蒲甘古城，无论是过去还是未来，人类生活的环境一定是可被人类理解的，而环境中一旦出现了暂时无法被理解的事情，我们本能上便会开始尝试，使其变得可以理解。

不过，人类的脑袋还没有聪明到能把所有事情都解释清楚，对于那些暂时无法理解的对象，我们的祖先干脆采取了一种以退为进的策略：承认它的不可理解性。这是因为，知道自己不知道，这也是一种理解。这种承认并非向未知领域的妥协，而是变相地把"未知"与

"已知"连接，使不能理解的事物仍然可以合理地存在于人的生存环境中，最终引导我们做出相应的活动。

举例来说，在古代，雨水是农业生产顺利的关键要素，但彼时人们还无法从自然科学的角度理解下雨，这就使得农作物获得合适的降水量这件事完全成了不确定的偶然事件。先民的做法，是承认有某种不能理解的神秘因素在控制着降雨。随之而来的便是通过对神秘力量的某种设想，把降雨的不可理解性转化成最低限度的可理解性，即认为人类可以通过祭祀等手段在某种程度上影响或者控制降雨。这里的设想，是把与下雨有关的神秘因素转变为具有正向反馈效应的高级存在，它愿意接受人民的祈祷并在一定程度上满足人民的愿望。

拿古代中国来说，控制下雨的神秘因素，有时被认为是神祇（比如五方上帝），有时被认为是祖先神灵，有时被认为是神兽（比如，甲骨卜辞中有制作土龙致雨的记载："其作龙于凡田，有雨，吉。"），有时被认为是基本的物质构成要素（比如阴阳五行），有时还被认为是怀有神通的修道之人（比如唐玄宗就曾让道士罗公远作法降雨）。这些神秘因素无论被视作什么，它们的共性都是可以回应人对降雨的要求。这就让不能被理解的下雨现象顺利地与可理解的生活环境成为一体，指导着人们根据这个理解进行雩祀等祈雨活动。

祈雨的例子充分说明，我们有一种把生存环境中所遭遇的一切事物可理解化的本能倾向；尽管很多时候，这种可理解化的操作未必能带来真相，纯粹是一种以人类为中心的设想。比如，即使真的有某尊神祇掌管着降雨，为什么其一定要以人类好朋友的形象出现，而且愿意保佑我们呢？有没有一种可能，神灵完全不关心人类，或者干脆视人类为需要消灭的对象呢？通常情况下，对那些与自己的生存关系重大但又未知的对象，人类总是按照自己的利益来设想。所以，人们不会把控制降雨的神秘力量设计成以破坏人类农业生产为目的的存在。即使在某些情境下，对未知对象的设想确实包含了对人的伤害——如玛雅人为了敬奉雨神恰克，会把年轻的男女投入祭祀井中溺毙——这种伤害仍然符合绝大多数人的利益。我们很难想象某种活人祭祀或人殉的对象是某个集体的绝大多数成员或领导者，因为人们对于未知事物的塑造总以保护自身的普遍利益为原则。

这种朴素的意识直接导致我们产生了这样一种认识：无论可理解还是不可理解，我们所处环境中的一切事物，在某种意义上都可以与人类处于同样的价值立场。先不必着急去反思这个认识是否带有自我安慰的性质，因为与自欺性所造成的缺陷比起来，它对我们了解人类思维的形成具有更重要的意义。这个意义就是，它把不可理解的部分导入了我们的思考体系中。这样一来，就在可以理解的世界之外形成了一个不能理解但是可以思考的新世界。这里所谓的"理解"是指对事物清晰而彻底的认识，"思考"是指在得出最终答案之前对某事物进行的新知上的探索活动。

我故意用这两个词形成一种叙述上的对照，是想说明，尽管无论何时，无法理解的对象都客观存在着，但完全认识不到它的存在或者完全放弃对它的思索，会使人类的思维处于相对低端的水平。与之相反，如果把无法理解的对象纳入思考的范围，人类对世界就会形成一种双重的认识，这种认识的实质是在已获得的现象和结果的基础上寻找未获得的本质和原因，并认为后者比前者更具有决定性的作用。

得到这个结论，再反观毕达哥拉斯的世界观，我们就会发现他对灵魂真理的讨论正属于对不可理解对象的思考，而他对远离生活的哲学家与普通人的区分，也印证着人类思维对世界的双重认识。他显然认为，对具有决定作用的未知对象的探索是哲学家的任务。这似乎在暗示我们，哲学的兴起与这种对世界的双重认识息息相关。不过不要忘了，在祈雨的例子中，躲在可理解的世界背后的神秘因素，在某些情况下被设定成了神祇，这就表示与人类这种相对高级的思维相关的不仅有哲学，还有宗教。

恩格斯在《反杜林论》中曾说过："一切宗教都不过是支配着人们日常生活的外部力量在人们头脑中的幻想的反映，在这种反映中，人间的力量采取了超人间的力量的形式。"在经过上述的讨论之后，恩格斯的这句话就变得很好理解："日常生活"是可以理解的世界，"支配"这个世界的"外部力量"是不可理解的更加本质的世界，"幻想"是对后者的思考，"人间的力量采取了超人间的力量的形式"就是通过思考把不可理解的世界转化为最小限度的可理解的世界，使之与日常生活构成一体。

如此拆分理解这段话后，我们也要看到，恩格斯在其中给出了一个独特的观点：他认为宗教对不可理解的世界的转化是一种"反映"，也就是把日常生活中的一些要素换了一个说法，安置在不可理解的世界上。比如，把日常生活中人的婚姻关系投射到神的身上，认为神祇之间也有类似的关系，于是宙斯便配有妻子赫拉，玉皇大帝也配有王母娘娘（从道教原始的记载来看，西王母并非玉皇大帝的配偶，而是东王公的对偶神。注意，对偶神不是夫妻。把玉帝和王母视为一家是后世小说家和民间的想象，但这个想象也从侧面说明了宗教是人间的反映）。

不管怎么说，恩格斯的这段话表明，哲学并不是对世界所进行的双重认识的唯一受益者，宗教也同样在日常生活的基础上主张有某种更加根本的控制力量。从人类文化的发展史来看，一个可以肯定的事实是，在"哲学"这个概念第一次被使用之前的很长时间内，人类就认识到存在着一个不可理解的世界。在下面的讨论中，你将会看到，除了宗教和哲学，这种对世界的双重认识还关联着更加古老的思维方式。在对这些思维方式的追溯中，我们也可以看到哲学从人类心智世界孳乳而出的过程。

构建本质世界：个物崇拜、巫术、宗教

如果要从头讲起对世界双重认识的形成，就要追溯到旧石器时代的中晚期，即人类（智人）产生个物崇拜的时期。所谓"个物崇拜"，是指人类在发展过程中由于希望获得某种能力和效果而对具体事物产生的依赖、尊崇的心理情感与实际行为。比起现代人对热门电子产品或者限量版化妆品的狂热，早期人类对自然界中天地山河、鸟兽虫鱼的崇拜可是毫不逊色的。

英国宗教学家麦克斯·缪勒认为，在诸多受到早期人类崇拜的自然物中，太阳是最早的一种。这个说法虽然无法被彻底证实，但从世界各地的考古成果来看，太阳崇拜确实在人类早期文化中普遍存在。比如，1977年在浙江余姚河姆渡文化遗址出土的双鸟朝阳纹牙雕上便有太阳的形状，这说明当时太阳已经作为一种重要意象存在于人类的认知中。在这个牙雕上面，还刻有两只面向太阳的鸟，表明鸟也同样

是被崇拜的对象。

　　崇拜这种心理现象的出现，说明人类思维发展到这样一种水平：认识到自己对外物的需要。换句话说，也就是意识到自己能力的不足。这种对自身缺陷的认识，是承认有不可理解的世界的前提。在这个前提下，早期人类逐渐感受到了生存环境的复杂。

　　个物崇拜的巅峰是图腾（totem）的出现。"图腾"这个概念来自北美印第安人的词汇"ototeman"，意指氏族部落的象征物。这个象征物有两层含义：从精神文化的层面看，它揭示了这个氏族生命的来源；从社会现实的层面看，它是这个氏族与其他氏族区分的标记。其中第一层含义与我们在这里探讨的主题很有关系，这是由于图腾一般都是自然界中的具体事物，人们认为自己所在的氏族与某种植物或动物具有亲缘关系，认为人可以和不同物种的某个特殊自然物建立相关性。

　　换句话说，图腾崇拜的实质是淡化自身的特殊性而与自然进行连接，通过这种连接来获得自然的恩惠。在这个连接中，对不可理解的世界的认识仍然没有成熟，因为如果对图腾的崇拜是源自对某种现实属性的渴望的话——比如，以熊为图腾，是希望像熊一样雄壮有力——对于未知世界的想象就占有很少的部分。换句话说，即便没有对世界的双重认识，图腾崇拜也仍然可以进行。

　　不过，随着活动规模的进一步扩大，人类开始面对更加繁杂的自然环境，为了生存而需要应对的问题也开始以综合的形式出现。这时，与特定的动植物的连接已经不能解决这些问题，所以先民必须扩大给予自身恩惠的来源范围或增强其能力。扩大范围是说，在图腾所建立的氏族亲缘连接外，设立与其他自然事物的联系（比如，某氏族虽然以熊为图腾，但可以和青蛙沟通）；增强能力是说，在图腾所指定的个别自然事物的身上增加更多的属性，以期让氏族成员享有更大的能力（比如，某氏族认为以熊为图腾还会带来智慧、运气这些并不属于熊的属性）。对于前者来说，需要承认在亲缘关系之外存在着其他力量使得人和自然可以相互沟通；对于后者来说，需要承认在某个具体对象上也存在着某种力量，使其得以获得超出经验的性质。

无论如何，随着与生存环境的互动逐渐加深，人类开始慢慢认识到，崇拜现实世界中的某种特殊自然物而获得的力量是极其有限的，要想满足更高级的生存要求，需要设定一种能够超越具体且更加普遍有效的力量。这个力量便是先民眼中的魔法（magic），于是巫术应运而生。

我在这里使用的"魔法"概念，并非是指霍格沃茨学校传授的那种复杂且成熟的技能，而是指早期人类（自认为可以）进一步控制自然的玄妙能力。这个词在那时当然是不存在的，但从它的词根magh来看，其本意就是在表达拥有一种力量。所以，即便先民没有哈利·波特式的魔杖和斗篷，我们也完全可以用这个词去形容最早的神秘力量。英国人类学家爱德华·泰勒在《原始文化》中也在同样的意义上使用了"魔法"这个词来讨论巫术。

如今在各大文明的遗迹中，我们都能发现巫术的踪影，它的本质是掌握和操纵影响自然、控制外物的魔法力量。比如，马来西亚的贾昆人有一种巫术，是面向敌对者的居所敲击两根小木棒，以使敌对者生病；南非的祖鲁人有一种巫术，是通过咀嚼一块木头来使自己中意的女子心软，从而接受自己的追求。在中国的甲骨文中，"巫"这个字有时候被写作"伞"。从这种假借可知，中国先民的巫术与求雨有着密切联系。巫术虽然有着烦琐的内容，但这些内容共同反映着对于魔法力量的追求。在这种追求下，早期人类所希冀的已不是获得某种特殊的能力，而是获得可以满足各种生存目的的能力。

塑造这个能力，需要先民尽可能地不受具体环境中诸多条件的束缚，抽象出一种可以普遍作用于现实生活的神秘力量。于是，人们不再只是简单地借用其他自然物的属性，而是开始痴迷在自然物之上的魔法。魔法的存在说明自然万物背后还存在着可以探寻的未知力量，这个设定使人类对世界的双重认识获得了进一步的成长。不过，在巫术时代，人们相信魔法，同时也相信这种力量可以为人所用，所以彼时先民对未知世界的设定还没有完全与自身脱离开。

举例来说，现存日本的中国商代晚期青铜器猛虎食人卣，造型是一只形似老虎的异兽把人抱在怀中，并张口欲啖。很多人直觉反应，这是先民借助"兽食人"的意象来表达某种恐惧。当代美国学者道格拉斯·弗雷泽在1967年出版的著作《中国早期艺术及其在太平洋地区的可能影响》[*]中，从巫术的角度给出了另一种解释。他认为在这个造型中，人代表巫师，虎代表巫师幻化的"另我"。巫师的"另我"之所以是老虎，一方面反映了动物作为人类助手的意义，另一方面反映了巫师的阶级权力。

从这个观点来看，猛虎食人卣反映的不是兽对人的威胁，而是人对兽的统治。这表明，在巫术时代，人类面对自然的谦逊态度已经大打折扣，动植物已经从个物崇拜时的求助对象变为操纵的对象，这源自人类认为自己发现了一个更加神秘的魔法世界。

不过正如你我都心知肚明的那样，巫术奏效只是小概率的偶然事

---

[*] 原书名为 Early Chinese Art and its possible influence in the Pacific Basin。

件，这就使得自认为掌握了魔法的人类在处理一些问题时，发现魔法并非总是那么有效。基于这种挫败的现实，人类不得不收起对自己的满满信心，重新考虑是否存在着巫术掌握不了的更加强大的力量。答案当然是肯定的。随着这一轮的考虑结束，人类运用不断成长的思维能力铸造了一个比巫术更加远离实际生活的体系：宗教。

很多时候，巫术与宗教的关系都是令学者头疼的问题。英国的人类学家詹姆斯·弗雷泽曾在他那本著名的《金枝》中，主张巫术的存在先于宗教。他说："人在努力通过祈祷、献祭等温和手段以求哄诱安抚顽固暴躁、变幻莫测的神灵之前，曾试图凭借符咒魔法的力量来使自然界符合人的愿望。"从詹姆斯·弗雷泽的诠释来看，他认为在巫术时代，人对自然的态度是意欲控制和利用。那时人们相信自己有能力凌驾于自然之上，但到了宗教时代，自然的力量升级成为不可被控制的神灵，人对自然的索取态度也转变为对神灵的恭敬。

在这些区别中，詹姆斯·弗雷泽揭示了在宗教的设定下，比巫术更加强大的力量是神灵。后者与其说是一种力量，不如说是力量的拥有者，具有独立的立场与属性，不再与人保持那种呼之则来、挥之则去的关系。在描述宗教中的神灵时，詹姆斯·弗雷泽说："统治世界的力量，究竟是有意识的和具有人格的，还是无意识、不具人格的？宗教，作为一种对超人力量的邀宠，所认定的是两个答案中的前者。"

对于詹姆斯·弗雷泽把人格神视为宗教重要标志的观点，学界也有反对的声音。与他几乎同时代的法国社会学家杜尔凯姆（又译作"涂尔干"）便主张："并非所有的宗教力量都是从神性人格中产生的，很多膜拜关系的目的也不是将人与神祇联系起来。"这两种见解的差异来自对宗教的定义，更具体地说就是宗教是否只是对人格神的崇拜。杜尔凯姆扩大了定义的范围，认为对神秘力量的崇拜也可算作宗教，这就在某种程度上把巫术的部分内容划分给了宗教。这两种定义在各自的学术标准上都可以成立，不过为了便于我们标记人类思维的成长阶段，请允许我暂时在詹姆斯·弗雷泽的狭义标准下使用"宗教"这个概念。

宗教时代的到来，导致人在处理与自然的关系时自行让位。反映在人的思维上则可以说，宗教使得人对未知要素的设定从神秘力量（巫术魔法）转变为神秘存在（神灵）。前者作为一种无立场的能力，是人类可习得的或者为某些特别的人类生来所具有的一种禀赋，它虽然有神秘的属性，但毕竟可以为人所使用。后者作为一种有立场的存在，是完全不受人的影响并可以按照一定的准则决定人类祸福的掌控者，其神秘属性是人类无法理解也无法模仿使用的。宗教神灵的出现，说明人类彻底塑造了一个隔绝自我的未知领域，即神的世界。

至此，对于世界的双重认识已经完全成熟。在这个双重认识中，我们仍然可以发现人类试图理解生存环境的意图。虽然人无法染指神的世界，但仍可以通过祈祷、祭祀等信仰行为实现与神的沟通。虽然神灵有我们无法理解的存在目的，但它还是会在百忙之中帮助那些听话的人类。

这就是说，无论神灵多么不可被理解，我们仍然可以确定以下三点：第一，神灵有自己的行为准则，即不可理解的世界中亦像现实世界一样，有运行法则；第二，人可以和神灵沟通，即不可理解的世界并非绝对封闭，而会在某种情况下向人类敞开；第三，神灵是人类生存的导向，即不可理解的世界在价值上优于现实世界。如此设定宗教，则说明：一方面，人类相信存在一个完全超越日常生活的不可理解的世界；另一方面，人类又隐隐认为这个不可理解的世界可以和可理解的世界产生交集。

于是，随着宗教时代的到来，人类完全学会了用建构未知的方式来应对未知。后一个"未知"是指人类生存环境中客观的无法认识的领域。前一个"未知"是指人在思维中主观塑造的虽然神秘高级，但仍可进行思考的领域。前一个未知领域为哲学思考的出现做好了准备。

■ 诸神跌落人间：从宗教到哲学

在哲学正式出现之前，人类经历了很长一段与神同行的时间。如今我们已经无法知道，先民在何时何处如何惊奇地发现了第一尊神灵。不过可以知道的是，随着人间社会的发展，神域的规模与秩序也愈发朝着壮大和复杂的方向发展。

大约在公元前4500年，苏美尔人来到两河流域开始定居，并在公元前3000年左右建造了人类历史上有据可考的第一个文明。这里的"文明"有特殊的含义。英国考古学家格林·丹尼尔曾提出，历史学中的"文明"概念必须满足拥有文字、配备礼仪建筑、出现城市等条件。换句话说，当人类发展到可以记录自身的历史、可以从事生产活动之外的精神活动、出现职业分工和阶级分化的时候，其文化才可被称为"文明"。广义的两河文明还包括地中海东岸的巴勒斯坦地区，也就是希伯来人和腓尼基人生活的地方，它与两河正好构成了一个类似于弯月的地形，所以我们称之为新月地带。两河文明对后世人类的贡献是楔形文字，以及数学和天文，当然，我们熟悉的世界最早的成文法典《汉穆拉比法典》也是这一文明的杰作。

就在两河流域的人们孜孜不倦地建立自己的繁荣时，埃及尼罗河两岸肥沃的土地上也孕育着一个新的文明。考古界一般认为，在公元前3100年左右，埃及出现了第一个统一的王朝，正式开始了它的文明史。古埃及最伟大的贡献是发明了被称为"圣书体"的文字，以及数学与历法，并为世界留下了几座至今都让人叹为观止的金字塔。另外，今天为大多数女士所青睐的眼妆似乎也与埃及有关，只是彼时埃及人使用含铅的眼妆，目的是消除眼疾，至于有多少装饰目的则不得而知。两河文明与埃及文明的发展有赖于农业，这使得它们的文明颇有安土重迁的稳定性。

不过，这种稳定性很快就随着海上商业时代的到来而改变了。倒不是说这两大文明的内部发生了什么变化，而是说两河与埃及的一部分文化随着海上贸易被传播到了其他地方。其中最令人注目的一站就是西方哲学的起源地——古希腊。

不过在古希腊文明出现之前，爱琴海地区早已存在着更为久远的文明。20世纪初，英国考古学家阿瑟·埃文斯在希腊的克里特岛挖掘出一座存在于公元前2000年左右的古城遗址，并认为这就是传说中大名鼎鼎的米诺斯迷宫。于是，作为目前可知的最早的爱琴海文明，米诺斯文明重见天日。荷马的《奥德赛》描述，这座迷宫中关着一个牛头人身的残暴怪物，它是众神之王宙斯为了惩罚国王米诺斯的自大让其妻子和公牛通奸的产物。在克里特岛的遗址中，考古学家发现了人殉的痕迹，结合米诺斯迷宫的传说看，当时很可能已经有了献祭的宗教仪式。不过，由于记录米诺斯文明的文字——"线形文字A"至今未被破译，关于这一文明的信息我们知之甚少。在对米诺斯文明衰落原因的诸多分析中，主流意见认为它是由于火山爆发而一蹶不振，迈锡尼的入侵导致其被终结。

迈锡尼文明是爱琴海地区的第二个已知文明，存在于公元前1600年左右到公元前1100年左右。它在19世纪末由虽然业余但怀有坚定信念的德国考古爱好者海因里希·施里曼发现。2017年，哈佛大学的遗传学专家团队用现代基因检测技术得出结论，迈锡尼人是希腊人真正的祖先。迈锡尼文明兴起于希腊南部的伯罗奔尼撒半岛，在取代了米诺斯文明后，线形文字A亦被发展为线形文字B，后者虽然在20世纪中期被成功破解，但关于迈锡尼的诸多史实仍存在未知的空白。这些空白随着希腊黑暗时代的到来而更显神秘。公元前11世纪，迈锡尼文明覆灭，不少城市和宫殿都遭到了破坏，人口大规模下降，线形文字B消失，取而代之的是原始的简单几何图案，所以后世考古学家认为这一时期爱琴海地区的文明出现了某种程度的退化。直到希腊人重新借用腓尼基字母新造了文字，这个地区才又开始了新的繁荣。

这次繁荣的结果便是古希腊文明的诞生，其标志之一是公元前776年第一届奥林匹克运动会的召开。然而，相比于体育精神，城邦制度才是古希腊文明的核心内容。所谓城邦，就是城市国家，一般以一个城市为中心，包括周围的村社。这种城市中既生活着具有政治身份的公民，又生活着不具有政治身份的奴隶和外邦人。彼时古希腊诸多城邦的政治制度并不唯一，比如斯巴达是以严苛军法作为统治手段的君主制，雅典是工商立国、全体公民共同参与政治事务的民主制，另外还有寡头制、僭主制等制度。关于这些制度设计的好坏，也许之后在有关政治哲学的讨论中还会谈到，这里我们只需知道，古希腊的各种城邦制度对人类政治文明的发展具有重要意义。现代英语中的"政治"（politics）一词，便来自古希腊文的"城邦"（polis）。

在希腊发展的同时，两河文明的继承者——东方的波斯也正在崛起，并最终成长为一个横跨亚非欧三洲的大帝国。公元前490年，波斯对希腊发起了第一次大规模的战争——马拉松战役。随后波希之间又发生过很多战争，雅典在战争中士气逐渐上升，俨然成了希腊的统领并且成立了雅典帝国。这引起了斯巴达的嫉妒，于是希腊从共抗外敌转入了内战阶段。公元前431年，雅典与斯巴达之间爆发了伯罗奔尼撒战争，一打便是近三十年。斯巴达虽然取得了最后的胜利，但长时间的战争给古希腊带来了难以恢复的创伤，希腊最终不得不向崛起于西北部的马其顿王国屈服，结束了古希腊的历史并开始希腊化时代。只是马其顿王国的统治亦没有持续很久，就在战争中输给了罗马共和国。公元前146年，罗马共和国在击溃了马其顿王国之后彻底掌管了希腊，后者正式丧失了政治上的独立，至此希腊化时代宣告结束，西方历史亦开始了新的篇章。

历史的叙述可以先告一段落。我们之所以要花些篇幅去回顾人类文明（主要是西方）诞生的最初几千年，是要为讨论人类思维从宗教到哲学的转变做一个背景上的铺垫。在前文中，我们已经谈到了宗教对于人类形成对世界的双重认识的促进。在这一节中，我特别想指出的是，随着人类文明的确立，宗教从原始阶段转化为文明阶段后有一个明显的发展，即"人间化"。

"人间化"说明，神灵不仅拥有人格倾向的心理特征，更拥有与人间政治、生活相似的秩序与活动。宗教的出现本来是由于人们需要设计一个未知世界，以表达对生存环境中不可理解的那部分的敬畏情感。但随着神灵的人间化，宗教似乎成了世俗生活在天空上的映照，所谓的未知世界也开始变得容易理解。下面请允许我举些例子来说明这一点。

在苏美尔人创造的宗教神话中，伊南娜是主管爱情与战争的女神，并影响了后来古希腊神话中的爱情女神阿芙洛狄忒和战争及智慧女神雅典娜的塑造。伊南娜常以青春美丽的少女形象出现，在诸多传说中，较为出名的一个是伊南娜下冥界。当然，这个故事也有不同的版本，其中较为流行的一个说法是，伊南娜为了挑战作为冥后的姐姐埃列什基伽勒的权威下到了冥界，可惜被恶灵杀死，不过后来又被水神恩基所救。为了彻底摆脱姐姐的纠缠，伊南娜最后亲手把对自己情感冷淡的丈夫送下冥界，作为自己的替身。

在古埃及的神话中，主管爱情的女神伊西丝也同样和冥神俄西里斯有着密切的关系。根据传说，俄西里斯被自己的哥哥陷害致死并被分尸，伊西丝找到这些尸块，用魔法使俄西里斯复活了一段时间并使自己怀上了俄西里斯的孩子荷鲁斯。俄西里斯最后还是死去了，被其他神祇任命为阴间之王，负责在人死后测量其灵魂的轻重。而荷鲁斯则找到了父亲的仇人，完成了报仇的任务。

在两河流域和埃及的这些神话中，我们明显可以发现，神灵具有和人类一样的好斗、愤怒、嫉妒、爱恋等情感特征；而神灵的行为，如生育、任职、报仇等，也基本上和人的活动相同。坦白地说，作为现代人，在诸如上述人类早期文明的神话中，我们很难从神灵身上找到值得效仿的道德典范意义，和沉默寡言、拈花微笑的佛陀相比，两河文明和埃及文明的神灵似乎从来学不会控制自己的脾气或者情欲。这个特点在古希腊神话中被发挥到极致。

由于地理位置的原因，古希腊神话的形成多少受到了埃及神话和苏美尔神话的影响。经过荷马的两部史诗和赫西俄德《神谱》的整理，古希腊神话形成了一个神祇众多、关系复杂的成熟体系。值得一提的是，在古希腊神话的内在脉络中，这个体系的形成与两大神族的"堤坦（又译'泰坦'）之战"有关，也就是宙斯率领的奥林匹斯神族与克洛诺斯率领的堤坦神族的战争。

故事的背景是，从混沌中诞生的第一位神灵大地之母盖亚创造了天空神乌拉诺斯，乌拉诺斯通过交合与盖亚生了十二位堤坦神和独眼巨人以及百臂巨人，但乌拉诺斯嫌巨人容貌怪异而将之囚禁。盖亚因此发动儿女堤坦神来反抗父亲，救出兄弟。最后克洛诺斯响应了母亲的号召，战胜了父亲成为众神之王。但掌握了权力的克洛诺斯害怕自己日后也被子女推翻，就在同样是堤坦神的妻子（也是姐姐）瑞亚生产之后把孩子吞食入腹。宙斯出生之后被瑞亚藏了起来，他长大后救出了被父亲吞食的兄弟姐妹，并率领他们向父亲发起了长达十年的堤坦之战。这场战争以奥林匹斯众神的胜利而告终，宙斯也因此成了新一代的众神之王。

奥林匹斯众神是古希腊人信奉的对象，这场发生在神域的战争可以看成是爱琴海地区宗教信仰系统的更新，即从迈锡尼时代或更早的米诺斯时代中人们所信仰的古老的神祇系统，向古希腊时代中人们所信仰的新神系统的转变。不过坦白说，希腊人所信奉的新神们似乎也没有为人间做出榜样的意愿，堤坦之战中所反映的那种家庭矛盾，在宙斯继任后仍在继续。众所周知，由于众神之王的多情和性格上的其他缺陷，奥林匹斯山上不断上演着女人争宠、兄弟阋墙、子女反抗等故事，就像黄金档里永不嫌枯燥的伦理剧一样。

其中颇具张力的一点是，从宗教的角度看，由于古希腊人用类似人间的家庭亲缘关系的框架整理了神祇系统，并赋予其充满剧情张力的故事内容，我们可以认为古希腊文明对宗教的体系化与成熟化做出了贡献，但从对世界双重认识的角度看，神域越与人间趋同，宗教所担负的象征未知世界的作用就越少。换句话说，本来神是人类意识到有不可理解的世界存在之后所进行的设定，但随着设定的愈发繁细，神的来历、生活、情感，甚至一些不光彩的秘密都被和盘托出，这就让不可理解的世界显得容易理解。当然，这种可理解性实际上促成了宗教与世俗生活的融合，即宗教从对未知世界的指涉中逐渐走出，而开始参与到古希腊人的生活中，现实而具体地指导着他们统领军队、建造神庙、发展竞技体育、创作艺术。可以说，宙斯虽然打败了堤坦诸神，但还是随着宗教的世俗化而陷落于人间。

诸神的陷落与人的扬升在宗教发展过程中是一体两面的。古希腊神话在产生人间倾向的同时必然伴随着人类的自我肯认。这就不难解释，为何在古希腊的文艺作品中，总是有着誓不低头的个人英雄形象，其中既有反抗宙斯解救普罗米修斯的赫拉克勒斯，又有不信神谕与命运斗争的俄狄浦斯。这些英雄的存在，在某种程度上挑战了神祇的权威，虽然挑战的结果常不遂人愿，但仍然表明了人的主体性的昂扬。

通过前面的内容，我们知道这种昂扬在个物崇拜的时代结束后曾经发生过一次，那就是巫术时代人对于控制自然的自信。这样说来，人对自身地位的认知似乎是以一种波浪线条的方式前进着。当在波谷时，人们通常认为自己无法和不可理解的世界取得联系，于是不得不降低自己的位置而把未知的对象塑造成某种更加高级的存在；当在波峰时，人们则认为可以用某种方式和不可理解的世界取得互动，未知的对象通过人的努力可以在某种程度上被掌握，人的价值因而得到彰显。另外，之所以会有波谷与波峰的变化，是由于人在对世界形成双重认识之后，总会处在"确立未知世界—探索未知世界—发现新的未知世界"的循环中。其中每一次发现新的不可理解的世界，都会降低人的信心，而随着探索的深入和对未知世界的逐渐了解，人的自信又会逐渐增强。

我尝试把西方发展至今的文明标志变化曲线做成下图：

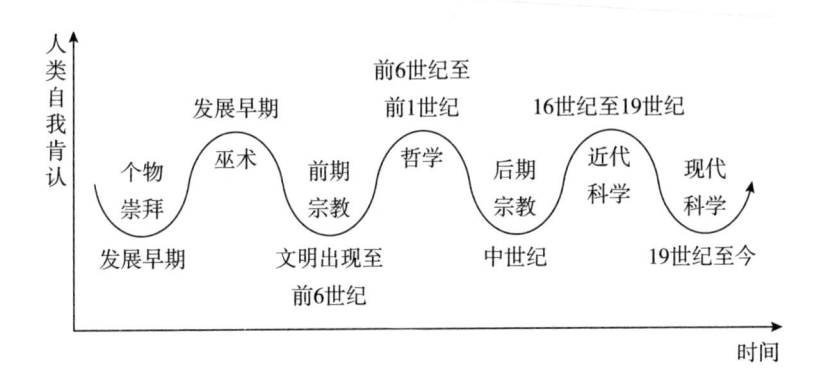

图示8　人对自身地位的认知走向

需要说明以下几点：

首先，这个图示中的文明标志（如宗教、哲学等）都是由于与本书内容相关而被列举，这些标志并不能概括全部的文明进程；而且新的文明标志出现后，旧的文明标志也不会消失。其次，每一个波峰或波谷的内部，根据人的自我评价可以再细分为更小的波峰和波谷。比如在"前期宗教"阶段，又可细分为原始神话中人顺从神的波谷与古希腊神话中人反抗神的波峰。再次,"前期宗教"是指地域性的多神信仰系统(如古希腊宗教),"后期宗教"是指全球性的一神信仰系统(如基督教)。后者的出现打破了哲学带来的人的价值的提升,使凡人重新匍匐在上帝或真主的脚下。最后,相对于宗教,科学总体来说是有助于人建立自信的,但之所以要在图示中区分近代科学与现代科学,是为了指出如今科学已从手段转化为目的,人因之有被科技奴役之危险。

如图所示,在前期宗教发展至古希腊而产生神灵的世俗化之后,哲学作为一种新的文明标志出现了。在进行了如此多的铺垫之后,我们终于可以谈谈宗教是如何引发哲学的诞生了。通过上文所例举的古希腊神话,我们已经知道在彼时人们的心中,神域已经不断向人间看齐,不再能担负代表不可理解的世界的任务,也正是在宗教世俗化的过程中,一种超越神祇的存在已经无声无息地孕育着。

不知你是否已经发现,在新旧神对立的堤坦之战中,相似的厄运不停地降临在古希腊神族中,大难不死的儿子总是在向自己的父亲发起挑战。就好像噬子的克洛诺斯终将被儿子击败一样,即使是神也逃脱不了命运的制裁。"命运"是包括荷马在内的古希腊史诗作者很重视的概念,他们在叙述神的故事时,认为在神域之上还存在着一个终极的宇宙秩序,无论人还是神,都要在这个秩序下活动。命运观念的出现让古希腊人意识到,神灵并非世界的绝对统治者,真正掌控这个世界的是某种非人格性的规律,它没有丰沛的情感,也没有杂多的事务,有的只是对自身的展开,且不受任何要素影响。

所以,在诸神陷落之后,古希腊人又设定了一个代表命运的规律来指涉不可理解的世界。在对这个规律的探索中,信仰的虔诚显然起不到任何作用。这时,一种新的工具被发现了,那就是人身上的理性——古希腊人开始认为,凭借自己的思辨能力,就可以慢慢了解那个比神还要高明的宇宙秩序,并且他们在这个过程中已经创造了不少指代思辨结果的概念。从这些概念出发,一个思想体系被逐渐铸成,它就是哲学。

从天命到德性:中国哲学如何诞生

在第二章中,我们特别谈到了"哲学"概念在东亚的历史,尤其是在中国的出现与发展。在本节和接下来的章节中,我将仍旧沿循这种方式,把"中国语境"作为一个特殊的部分提出。

在这里,我不是要将"西方"和"中国"对立起来,而是希望站在当代学术的角度谈论某种思想性的对象时,将"中国"作为一种具体的范例,从个别性和特殊性等方面印证或者反思学科内部的普遍性。把印度尼西亚或者南美作为范例来印证或反思,当然也一样可以成立。之所以选择中国,除了我专业上的指向,当然亦有身份情感上的要求。所以,在讨论了哲学在爱琴海畔的突破之后,我打算按照这种学术上的描述来考察一下中国哲学的出现。

回顾中国的文明发展史,一个难题便是对它源头的推定。这个"源头"既指空间上的原点,又指时间上的起点。从空间来看,我们还不能确证中华文化究竟最早是从哪里发源的。从中国的历史倒推上去,我们很习惯把"中原",也就是黄河下游的平原作为"中华文明的摇篮",但随着越来越多的遗迹被发现,这种后构的观点逐渐暴露了自身的问题。如果我们能打破历史单一线条发展的想象,一个更加客观的多元共同发展的历史模型就会呈现在我们眼前。这个模型就是我国考古学家苏秉琦提出的"满天星斗说"。

顾名思义,这个观点是说,在中国历史的早期存在着一个不同地域各自发展、彼此独立,同时又对他者产生影响的文化形成阶段,比如仰韶文化、巴蜀文化、河姆渡文化等。这个观点的价值在于,启发我们在看待早期历史时学会"去中心"地思考。"中心"是统一国家形成后才出现的政治现象,在那之前,酋邦林立的中国还没有形成所谓的"王朝气象"。

从时间上来看,我们也还要继续研究中华文化最早形成于何时。我们现在通常提五千多年的中华文明史,但随着考古和历史研究的发展,我们的文明史还可能被改写。

在认识到中国多元一体的文明起源之后,接下来便需要考察在我们的本土文明中,是否也有上述从个物崇拜、巫术、宗教到哲学的发展路径。从出土实物来看,中国在早期历史中确实存在过个物崇拜的阶段。内蒙古中南部的中国新石器时代的红山文化遗迹中,就出土了一些被俗称为"玉猪龙"的玉器,它隐约有龙的模样,又很像猪的早期雏形,所以很可能是先民根据猪的形象进行加工的艺术造型,于是有学者认为中华民族的龙图腾实际上起源于对猪的重视。也有学者认为,玉猪龙不是猪而是熊,起源于先民对熊力量的崇拜。无论是熊还是猪,它所反映的都是先民希望借助动物的某种属性以保佑生存的愿望,符合我们对于个物崇拜的规定。

至于巫术的存在,更是被明确记载在后世的古籍上,如《国语》中便有一段楚昭王和观射父讨论上古巫师的对话:

> 昭王问于观射父，曰：《周书》所谓重、黎实使天地不通者，何也？若无然，民将能登天乎？对曰：非此之谓也。古者民神不杂。民之精爽不携贰者，而又能齐肃衷正，其智能上下比义，其圣能光远宣朗，其明能光照之，其聪能听彻之，如是则明神降之，在男曰觋，在女曰巫。

这段对话中的《周书》是指《尚书》。《尚书·吕刑》中曾经记载，上古蚩尤作乱之后，苗民生灵涂炭，纷纷向上帝（"上帝"本是我们固有的词汇，指掌管人间的在上之神，后来用这个词翻译西方犹太教或基督教中的"God"）祈祷求助，上帝便命令重和黎两个人掌管人神阶序。从此，个人不能随意向上帝祈祷，必须通过上帝在人间的代理人来进行，也就是"巫"。这个变化就是中国早期文化一个重要的变革：绝地天通。

所谓"绝地天通"，是说断绝普通人与神随意交流的权利，把这个权利集中在巫的手中。《国语》中楚昭王问观射父，上古实行绝地天通是不是担心普通人有登天的能力；观射父否定了楚昭王的猜想，并进一步解释说，上古之初，普通人中存在着一些具有特殊能力的人，他们能够怀着虔诚之心与神沟通，因性别不同而被分为"觋"和"巫"。蚩尤扰乱社会秩序之后，人人都自诩为巫觋，对神也愈发不尊敬，于是灾难开始到来。在这种情况下，上帝命令重和黎重新规整人与神沟通的秩序，把做巫的资格限定在由官方认定的少数人手中。

以上的引文只是观射父回答的上半部分，通过这部分的内容我们可以知道，在上古中国的早期，巫仍然是指通过异能（"其明能光照之，其聪能听彻之"）与自然沟通的人。沟通的代表性手段之一便是卜筮。从文物证据来看，早在公元前3000年前，中国就存在着以占卜活动启示的巫术行动了。后来蚩尤乱天下，巫术成了人人可以操作的力量，于是出现了民神杂糅、上下无序的结果。从这个结果来看，巫术在早期中国普遍化的过程也是人的自我地位升高的过程，这一时期人处于自我肯认的波峰位置。而在绝地天通之后，人与神之间产生了绝对的界限，神不再回应普通人的祈祷，人也不能随意和神沟通，于是宗教的力量被放大，而人的地位开始下降，这个时候人处于自我肯认的波谷位置。

不过不难发现，与古希腊文明相比，在中国的早期历史中，巫术与宗教的互动显得更为紧密。虽然在宗教神话大行其道时，巫术仍然存在于古希腊人民的生活中，但和古代中国早期的情况相比，巫术显然和宗教有某种程度上的对立。这是因为，二者的核心差异是，控制自然的是无人格的力量还是有人格的神灵，巫术和宗教对此分别有着不同的判断。在代表宗教的祭司眼中，巫师们认为自己可以操纵自然的态度是对神灵的不敬。然而在中国的语境中，巫术一直是为宗教服务的手段，"巫"字的出现，就是用以指代具有宗教意义上降神功能的职位，而不是西方文明中与宗教有些对立的原始巫术时代的巫师。

当然，从人类发展的普遍性来看，中国在进入文明前后，也存在过与宗教对立的巫术时代。浙江的新石器时代文化的良渚遗址中，曾出土过代表巫术时代的玉琮，其造型为柱，内圆外方，象征天地，以避凶驱鬼。为了以示区别，我们可以把中国巫术时代的巫师称为"自然巫"，而把中国进入宗教时代用汉字"巫"所指代的人称为"社会巫"。前者是认为自己可以通过神秘力量控制自然的巫师,后者则是在部分保留巫师功能的基础上融合了宗教祭司性质的具有一定政治权力的职位。

《楚辞·招魂》中曾说:"工祝招君,背行先些。"东汉王逸在注释此句时,特别解释道:"男巫曰祝。"这里的"祝"是指祭祀时宣读祝祷词的人。从这个解释便能看出,中国古代"巫"字在使用时主要偏重宗教意义。而从上面的说明来看,在宗教时代,巫与神的关系决定着人地位的高低:

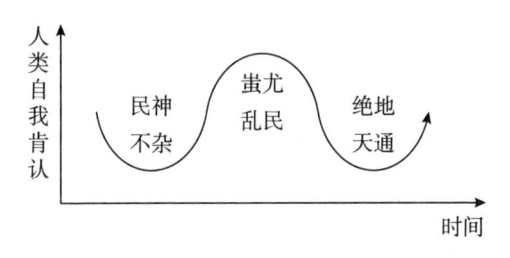

图示9　中国前期宗教时代

在中国前期宗教时代,由于把价值让渡给神,人普遍处于比较低的位置。但是在古代中国早期,由于发生过一段时间的巫职泛滥,人的自我评价有过一段时间的上升期。不过在绝地天通的改革之后,巫职开始官方化,普通人丧失了随意接触神灵的权利,自身的地位也开始降落。在前面解释西方文明发展中自我认知的曲线变化时,我曾提到每一个波峰或波谷的内部可以细分为更小的波峰和波谷,上图便是作为波谷的中国前期宗教时代内部的细节变化。这个细节变化在总体上并不影响中国文明发展中自我认知的整体走向:

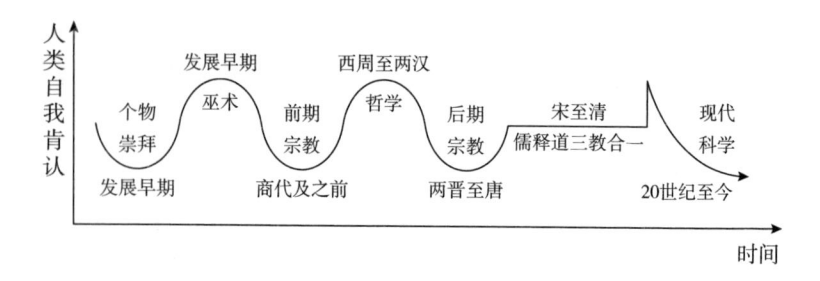

图示10　中国文明发展中自我认知的走向

正如你所看到的，这个走向的左半部几乎和西方文明的走向对应。不过为了不引起误会，请允许我稍作解释。首先，在这个图示中，"个物崇拜""巫术""现代科学"这三个概念指涉的内容具有人类文明的普遍性，与西方的自我认知曲线中的概念一样。但"前期宗教""哲学""后期宗教"则具有中华文明的特殊性，分别指代以上帝为核心的神灵崇拜信仰系统、先秦至两汉的诸子思想和起于汉代兴于晋唐的佛教和道教。其次，宋代至清代儒释道三家并进，偶有一时占上风者，不影响总体合一之趋势。三教中既有重视人间价值的儒家，又有强调出世价值的佛道，因此人对自我价值的评价既不在波谷又不在波峰。最后，中国古代虽然有部分经验科学得到了发展（比如我们引以为豪的四大发明），但并没有像西方一样发展出以"假设—实验"模式为主的近代科学。20世纪后，中国正式引进西方科学，以短暂的时间直接进入现代科学阶段，同时也和西方一样，产生了科学奴役人类的危险。这也是为什么中国文明进程中，自我认知发展在后半段与西方不同。

在大体了解了中国文明进程情况的普遍性与特殊性之后，我们再来看看，中国哲学究竟是如何在前期宗教没落之后登场的。

我们知道，在绝地天通之后，普通人由于不能直接祈祷降神，而在某种程度上恢复了对神灵的敬畏，也知道在这一时期大家信仰的对象是天上之帝。作为中国文明前期宗教的崇拜核心，上帝是标准的具有人格意识的神灵形象。在早期的文字记录中，我们可以清楚地看到其与人间统治者在行为上的相似。比如，从出土的殷墟卜辞中，我们可以看到"帝令雹""帝令风""帝令雨足年"等说法，也能看到"帝降旱""帝降祸""帝降食"等说法。"令"与"降"这种拟人的表述充分说明，早期中国人在对不可理解的世界的探索中，为神祇赋予了人间性的倾向。

这种倾向延续到商代之后，上帝不仅被视作主管自然风雨与人间祸福的神灵，更被明确地视为社会政权的授予者。《诗经·商颂·长发》中有一句话叫"帝立子生商"，这是说上帝在人间的儿子就是商人的祖先。换句话说，商代政权来源于上帝的应许，这就使教与权直接建立起紧密的联系，为商代的统治赋予了神圣的权威。这样一来，表面上是世俗政权跟随上帝的指示，实际上则是上帝以自身的神性在为商代政权的合法性背书，所以随着神灵与人间的联系愈发紧密，宗教也就越有了工具化的倾向，而丧失了代表未知世界的神秘感。

读过《封神演义》的人都知道商代最后一位君王纣王何其昏庸无道，刨除小说的演绎，纣王在正史中的记载也是"暴殄天物，害虐烝民"（《尚书·武成》），很难想象面对这样的人间子孙，上帝还会护佑他的统治。到了西周时代，人们更愿意使用"天"来代替"帝"的概念。其原因之一在于，需要在人格神之上重新树立一个非人格的高级存在，来指代不可理解的世界；其原因之二在于，淡化"上帝"的概念，就是消解商代政权的神圣合法性，这样伐纣代商就没有宗教上的问题了。

周人所推崇的"天"的概念，一方面保留着"帝"的概念所具有的宗教意义，比如周武王时期的《尚书·泰誓上》中有"天佑下民，作之君，作之师，惟其克相上帝，宠绥四方"的表述，就是说天仍然对国家与人民具有护佑的作用。另一方面，这种护佑已经不是神灵基于亲缘情感的行为，而是人在行为上符合天的内在要求而得到的结果。这里所谓的内在要求，并非指天的意志，而是指天运行的规律，即"天命"。所以，探究天命就成为周代人把未知世界可理解化的重要手段。这就是说，到了周代，中国先民已经开始尝试在思维中用抽象的规律去代替形象的神灵，所以探究天命就不是单纯地通过崇拜去取悦上天，而是要思考天的运行准则与人间行为有什么样的对应关系。

周人思考的结果是，天人之间有一种"德性对应"，遵循天命就是要符合道德地行动。至于为什么周人会得出德性对应，我觉得可以从两个层面进行解释。从理论上看，"德"的本义是"获得"。西周时，人们已经开始用"德"来形容人从上天那里获得的品质。《诗经·大雅·烝民》中说："天生烝民，有物有则。民之秉彝，好是懿德。"这是在讲，上天使人民生存，让事事物物都有规律，人若能坚守这个规律，就能拥有美好的品德。反过来说，"德"既然是天赋予人的，那么通过对它的考察也会部分实现对天命的理解。从现实来看，"德"概念的提出有助于构建天对世俗政权的规劝意义，它的直接目的是要求统治者对百姓正当地管理。所以，《诗经·大雅·文王》中说"天命靡常"，《尚书·蔡仲之命》中说"皇天无亲，惟德是辅"。这些都是通过天人之间的德性对应来防止现实政治出现问题。

"德"概念的提出不仅使周人找到了把握天命的方法，更使得中国文明正式进入了哲学的时代。王国维在《殷周制度论》中曾断言："中国政治与文化之变革，莫剧于殷周之际。"这里所说的文化上的变革，就是指从商代对人格神的信仰转向周代对人自身德性的重视。当然，这并非说周代及之后没有了宗教崇拜——事实上，对于天命的信仰，在周代之后一直存在于中国文化中，直到现在我们还会"对天发誓"——而是说从周代开始，宗教成为社会文化中的隐性因素（在之后的一些特殊时刻还会短暂地重新变为显性因素），而代表着人文思想的哲学开始成为社会文化的核心内容。这一点，被《礼记·表记》中的一段话总结得十分清楚："殷人尊神，率民以事神，先鬼而后礼……周人尊礼尚施，事鬼敬神而远之，近人而忠焉……""尊神"与"尊礼"、"事神"和"事鬼敬神而远之"的比较表明，中国文明进入西周后的关注点从天上转向了人间。于是慢慢地，对天之规律的探寻就变成对人之德性的考察。在这个考察中，孔孟老庄等诸子纷纷登场，中国哲学也拉开了序幕。

小结

在这一章中，我们为了回答"为什么哲学有可能生出新的内容"这个问题，从老朋友毕达哥拉斯的哲学定义中找到了一种人类面对生存环境的本能，那就是不仅对可理解的世界进行思考，还要对不可理解的世界进行探寻。其探寻的结果是，不断地把不可理解的世界转化为可理解的世界，然后再发现更加难懂的新的不可理解的世界。在这种看似循环、实则前进的过程中，人类的文明开始出现了阶段性、层次性的变化：最开始是对某种自然物的崇拜，然后是对神秘力量的痴迷，后来是对神灵的信仰，再后来是对普遍规律的寻找。于是，个物崇拜、巫术、宗教和哲学等文明进程依次出现，人的思维也愈发抽象且复杂。

在说明了西方哲学史如何从古希腊神话中破茧而出之后，我也特意说明了中国哲学从"帝"到"天"再到"德"的登场过程。与古希腊人把宗教神祇转化为命运的规律十分相似，周人也把天帝信仰转化为天命运行的规律。中西方哲学的出现可以说都是利用双重思维对未知世界探索到一定程度后，认为在未知世界中存在着某种确定的法则的结果。不过在下一章中，我们将会看到古希腊人和周人对世界法则理解的差异，这个差异也是导致东西方哲学在初始期就隐藏着细微分歧的原因。这一章结束后，我们可以回答说，哲学关涉着对世界的双重思考，毕达哥拉斯所说的灵魂真理之所以不是哲学的唯一内容，是因为还有其他的思想观念同样和这个双重思考相关。现在，是时候正式探究一下这些"其他的思想观念"究竟是什么了。

第二编

世界：最初的思考

第四章

探讨世界本质的哲学

思考"万物从何而来",是人类理解外在世界最基础的思维机制。在神话时代,人们试图弄清诸神从何而来;在哲学诞生之后,人们思考万物从何而来,并由此产生了作为万物起源的宇宙秩序的观念。

神话或宗教对"从何而来"的探索与哲学的思考有什么不同呢?在这一章我们将会看到,哲学对"从何而来"的追问已经上升到了辨想的层次,它所得出的结论虽然和神话或宗教一样不能够被经验证实,但却可以通过延伸观念的论证与补充而加以巩固或驳斥。换句话说,幻想和辨想的区别就在于是否可以对答案进行反思,是否可以在原有答案的基础上对问题进行更深入或全面的思考,从而得出新的答案。正因如此,我们可以看到,古希腊人在对宇宙法则最初的哲学思考中不停地变换着答案。下面就让我们来看一看,西方哲学最初是如何在这些答案中形成自身的。

是水吗，是火吗：古希腊哲学家眼中的万物本原

在第一章中我们曾经提到过，为了证明自己的赚钱能力而用天文学知识预测橄榄丰收时间的泰勒斯，他被后人追认为西方历史上的第一位哲学家。其原因便是，从目前发现的资料来看，他是第一个从非宗教的角度思考万物从何而来的人，并给出了一个答案：水——万物由水生成。尽管现在看来，这个结论完全不符合常识，大概除了认为"女儿是水作的骨肉，男人是泥作的骨肉"的贾宝玉能够部分同意，绝大多数人都会反对这种观点。

不过，就像我刚刚强调过的那样，分析一个哲学观点，重点在于考察它得出结论的过程是否合理，而不在于结论本身是否符合当代人所认知的经验事实——毕竟，我们不能以现在的文明程度去苛求古人。学习哲学很重要的一点就是，要克制自己对于某个结论大惊小怪，而要把考察的重心放到得出此结论的过程上。这在了解早期哲学时尤为重要，因为在科学尚不发达的彼时，哲学家凭着辨想很可能得出一些违反事实的结论。这个时候便需要我们报以同情的理解。

不过，理解泰勒斯并不是一件容易的事，因为没有任何资料显示他是如何得出这个结论的。我们现在只知道亚里士多德曾经对此有过推断，认为泰勒斯观察到所有的种子都需要水才能生长，于是有了这种想法。水确实从古至今都被认为是生命之源。泰勒斯所在的城市米利都是古希腊著名的港口城邦，海洋对他来说并不陌生，这也在客观上增加了他把水作为思考对象的可能性。无论如何，我们都必须承认泰勒斯对哲学的贡献，在于他对"万物从何而来"做出了非宗教意义上的思考，这个思考要求人们在神灵之外找到一个更高级的存在，来

体现宇宙法则的作用。

泰勒斯的这种思考方式立刻引起了西方哲学史的第一股思潮。很快，他的学生阿那克西曼德就沿着老师的足迹走到了下一站，得出了一个新的结论：万物来源于阿派朗（apeiron）。在中国一些介绍西方哲学的书籍中，阿派朗有时被翻译成"无定形"。apeiron在古希腊文中的意思是"无限的""无边界的""不受制约的""不能规定的"，从这些含义中我们可以感受到，阿那克西曼德希望用一个概念来表达我们无法理解的高级存在，而"无定形"只是从形状这一个方面表达了阿派朗的不可规定性，所以我认为还是直接对apeiron进行音译更能保留它全面的不可知性。

阿那克西曼德认为，如果像泰勒斯一样主张万物来源于某种具体的现实事物，那么这个现实事物就很难具有普遍的连接性来说明它与万物的关系，比如坚硬的铜铁如何从柔软的水中生出。于是阿那克西曼德塑造了一个完全抽象的、不可认识的存在，并给这种存在赋予了一个名称：本原（arche，也可译为"始基"）。"本原"可以看作西方第一个纯粹的哲学概念，它的出现标志着人类开始自觉地思考万物的开端，并把这个开端用新的名称表达为超越经验世界的高级存在。从此，人们对"万物从何而来"的思考就更加规范地转化为"万物的本原是什么"。

阿那克西曼德认为万物的本原是一个不可规定的高级存在，万物不断从中出出进进，完成自己从出生到毁灭的过程。他的观点启发了他的朋友阿那克西美尼，不过后者认为把阿派朗规定为本原有问题。这个问题就是，本原过于抽象，无法真正说清万物究竟是如何从中产生的。于是阿那克西美尼综合了泰勒斯与阿那克西曼德的两种意见，提出万物的本原是气——它比水抽象，又比阿派朗具体。更重要的是，阿那克西美尼提出了气变成万物的过程：随着气的不断凝聚，云、水、土、石等依次出现，而当气消散时又能变为火，这些元素又通过各种组合构成万物。

泰勒斯和阿那克西曼德、阿那克西美尼一起组成了西方哲学史上的第一个学派：米利都学派。从他们的论述中，我们知道对本原的思考实际上包含着两个问题：其一是要确立一个能代表万物来源的抽象存在，其二是要规定一个能解释万物从本原中产生变化的过程。这两个问题也使得之后的哲学家在探讨本原时产生了不同的侧重。

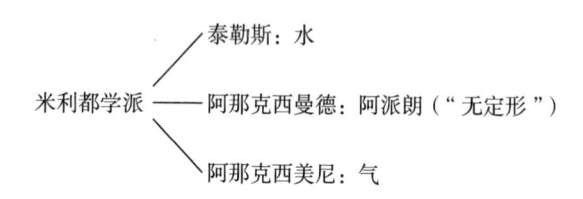

```
                    ┌── 泰勒斯：水
  米利都学派 ────────┼── 阿那克西曼德：阿派朗（"无定形"）
                    └── 阿那克西美尼：气
```

图示11　米利都学派对本原的思考

比如，生活在爱非斯的赫拉克利特就是第一批专门探讨万物变化的哲学家的代表。他说："世界在过去、现在和将来都是一团永恒的活火，按照一定分寸燃烧和熄灭。"很多哲学研究者根据这句话把赫拉克利特的结论归结为"万物的本原是火"，但如果对他了解得更多一点就会知道，赫拉克利特经常用别人搞不懂的隐喻来表达自己的观点，因而被称作"晦涩者"，所以他所说的"活火"很可能只是一个比喻，否则很难看出他与泰勒斯除了偏好不同有什么思考上的进步。从赫拉克利特留下的残篇看，他想表达的内容似乎是，万物持续不断地瞬息万变,比如他认为每天的太阳都是崭新的,还认为人不可能两次踏入同一条河流。在他看来,事物的变化是因为其不停地向自己的对立面转化,就好比天晴了之后会阴,阴了之后还会晴一样,所以没有什么东西是固定不变的。

但是赫拉克利特又认为,事物的变化并非混乱或偶然的,而是存在一种秩序,能够维持万物在一个和谐的关系中进行转变。这就好像某天你买的某只股票在下跌,但投资的房产却升值了,或者好像妻子生病了被丈夫照顾,等到丈夫生病时也会被妻子呵护一样。赫拉克利特把这个秩序称作"逻各斯",这又是一个十分重要的哲学概念,它的原义是"言说""道理",在这里表达为万物变化的平衡道理。这个道理便是:从个别看,事物由于变化而出现对立;从整体看,对立又能在事物身上形成统一。于是赫拉克利特说:"在我们身上,生和死、醒和睡、年轻和年老是一个东西。"

必须注意的是,赫拉克利特这种万物皆变的观点在某种程度上削弱了追寻本原的必要,比如,当我们指着一部新出的苹果手机去追问它的本原时,可能由于它立刻产生了变化(升级)而已经不是刚才的那部手机了。所以在赫拉克利特看来,问一个东西的本原,显然不如知道它不断变化的规律——也就是逻各斯——更为重要。

当然,这种观点并不被所有人同意,与赫拉克利特同时代的住在爱利亚的巴门尼德就提出了完全相反的意见。巴门尼德认为,万物的流变只是我们对现象的感觉,而不是对事物本质的认识。他把前者称为"意见",把后者称为"真理"。这个判断其实就是我们在之前一直所说的"对世界的双重认识"。从巴门尼德开始,哲学家终于明确意识到了,自己所做的工作是对经验世界之上的(与事物本质相关的)

未知世界的探寻。

巴门尼德说，我们可以用眼睑、鼻子、耳朵去形成意见，但只能用理智去获得真理。这里的"理智"指的是逻辑思考，而且特指对同一律（甲就是甲，甲不能是乙）的逻辑思考。所谓变化，是说原来存在的东西（属性）现在不存在了，而原来不存在的东西（属性）现在存在了。但是巴门尼德论证道，存在的东西必须存在，如果我们说一个存在的东西不存在，就违反了同一律，就像说"这位男士不是男人"一样。我们能理解巴门尼德的意思，但是正如你我所经历的那样，有的时候我们确实会看到，前几天还在街角营业的小吃店变成了拉面馆。按照巴门尼德的解释，这个改变只是经验世界中的错觉，当我们说"小吃店存在"的时候，它就不可能不存在。尽管这更像是巴门尼德本人的错觉，但他确实十分坚定地执行着他的主张，并进一步得出，按照同一律的规定，我们也不能说不存在的东西存在，因为我们根本不会对一个不存在的东西产生任何认识，并用语言描述，所以我们不能说它存在——如果拉面馆是之前不存在的，我们甚至都不会知道它叫"拉面馆"。于是，存在的东西不会不存在，不存在的东西也不会存在，所以被赫拉克利特推崇的事物的变化在巴门尼德这里就成了一件不可能的事情。按照后者的思路继续走下去，就会得出存在的万物永恒和不生不灭的结论。

不仅如此，巴门尼德还认为，存在的万物是一个圆滚滚的"一"。如果不稍加解释，你一定会被这句话搞得摸不着头脑：我们都知道，这个世界上事物是多种多样的，比如，同样都是北京的建筑物，天安门和天坛就不一样。但巴门尼德认为，当我们说"事物是多样的"时，首先进行了空间上的区分（比如，天安门在长安街，而天坛在天坛路),而一旦进行空间上的区分,就暗示着某事物只能在一个空间存在而不在另一个空间存在(比如,天安门不在天坛路,而天坛也不在长安街),这同样是在说某个存在的东西(在另外的地方)不存在。从同一律看,存在的东西在任何时间和地点都存在,所以事物与事物之间没有区分,世界是一个整体,这个整体被巴门尼德称为"一"。这个"一"充满一切空间,且必在形状上是一个完满的球体,因为如果"一"是不规则的形状,就会出现部分的存在不均,"存在不均"仍然与"存在者存在"相矛盾而不能被接受。

本书写到这里,我觉得是时候向诸位读者提出第一个哲学思考上的要求了。在进行更多的纯粹哲学的说明之前,适当地训练一下思维能力是十分必要的。所以在此我打算不过多地说明巴门尼德的上述观点,希望你自己做出分析,指出他在哪个环节上犯了错误,以至于我们即使承认他作为前提的同一律,也无法认同他所得出的上述结论。当然,这个问题没有标准答案,我会用其他方式把我的思考告诉你,同时也期待着你的思考成果。

巴门尼德否认万物变化的主张,似乎受到了自己老师克塞诺芬尼的影响。克塞诺芬尼认为,神话中的人格神只是人类按照自己的形象幻想出来的产物,就好像西方人创造上帝时不会将其想象成黑人一样。如果让动物去想象自己的上帝,上帝也不会是人的样子。所以克塞诺芬尼认为,神只有一个(而不是一大家子),且和人长得完全不同,也不会像人一样走来走去,只是一个存在于任何地方又无任何变化的高级存在。他是古希腊比较早的持如此观点的思考者。把克塞诺芬尼这个存在去除"神"的称呼,再加上"圆滚滚"的设定,其实就是巴门尼德所说的"一"了,所以二者在思想上有一定的连续性。

这个连续性在巴门尼德的学生芝诺那里还在继续，三人一起构成了古希腊的爱利亚学派。这个学派与赫拉克利特的观点完全相反，他们反对变化的存在。在此过程中，万物从本原中产生的那种变化也被消解掉了，所以与寻找万物的本原相比，爱利亚学派更重视万物的存在状态。

```
                    ┌── 克塞诺芬尼
         爱利亚学派 ──┼── 巴门尼德
                    └── 芝诺
```

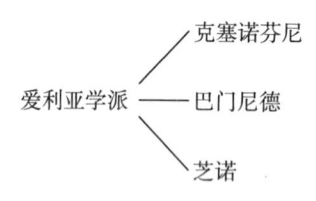

图示12　爱利亚学派

对事物变化过程的说明，本来是解决本原问题的一个题中应有之义，但赫拉克利特对变化的过分推崇，以及爱利亚学派对变化的过分排斥，使得本原自身的理论意义也在缩减。这个问题被之后一些古希腊哲学家注意到，并作出了一定的修正。第一个这么做的人是恩培多克勒。他一方面同意巴门尼德的看法，认为确实有一些存在（比如本原）是静止不动的；一方面也同意赫拉克利特的看法，认为经验上的运动也必须承认。所以他采取了一条折中的道路，在前者所说的"不变化的一"中部分选取了"不变化"，在后者所说的"变化的万物"中部分选取了"万物"，即"多"，组合成"不变化的多"，并且把这个"多"抽象规定为四种元素：火、气、水、土。

恩培多克勒认为，这四种元素在数量上和质量上都是不变化的，但是能通过不同的组合实现经验世界中事物的变化。比如，一万个土元素构成了一座山，十个土元素构成了石块，那么我们在经验世界看到积石成山或者山碎为石的变化，就是土元素聚合或者分解的过程，而不同的元素之间也可以互相组合，形成更多样的事物。换句话说，万物的不停变化只是元素之间的不停运动，事物可以从存在转变为不存在，也可以从不存在转变为存在，但元素却永远存在。就像赫拉克利特用逻各斯来说明万物变化的秩序一样，恩培多克勒也创造了"爱"和"斗争"两个概念来说明元素之间聚散的规律，这里的"爱"不是罗密欧与朱丽叶的爱情，而是指元素互相吸引的力量。

与恩培多克勒的观点十分相近的是阿那克萨戈拉，后者也认为万物由一些微小元素组成，但这些微小元素可不止四种，而是有多少事物就有多少与之相应的元素。这种设定解决了古希腊哲学中一直伴随着本原概念的属性转变问题，即一个固定的本原究竟如何成为各种属性不同的万物。恩培多克勒已经尽可能多地把本原扩大为四种，但在阿那克萨戈拉看来，这仍然无法具体地解释现实世界中事物的形成——比如如何用水、气、火、土拼出一头牛——于是他干脆把元素设定成数量上无限多，并认为单个元素的微粒中已经含有它所构成的事物的性质，这样万物的构成就没有属性转化的问题了，只存在拼接聚合的过程。

阿那克萨戈拉同样为这种拼接聚合提出了秩序上的概念，他认为，从元素形成事物需要"心智"（nous）的参与。"心智"这个概念是古希腊最早用来表示与肉体或者物质相对的精神的概念，它并非阿那克萨戈拉的首创。在更早的时候，诗人荷马已经使用nous这个词指代与身体活动相对应的心灵活动。到了巴门尼德时，他把心灵活动区分为感官能力与认识真理的能力，于是nous在"感性"之外又有了

"理性"的成分。"心智"概念在被使用之初就没有仅限于人类，阿那克萨戈拉认为世界上存在着独立的心灵力量，这种力量控制着元素变为相应事物的过程。不过稍微有些令人疑惑的是，阿那克萨戈拉把心灵的力量描述为一种旋涡式的能动，认为万物都是在这个旋涡中形成的。显然，阿那克萨戈拉没有使用过滚筒洗衣机，否则他就会认识到，万物在旋涡中也可能被搅成一团。

在恩培多克勒和阿那克萨戈拉的论述中，我们模糊地感觉到，元素是一些微小的颗粒，但这种物理上的认识直到主张"原子论"的留基波和德谟克利特出现才被真正地落实到理论中。在1803年英国物理学家约翰·道尔顿提出近代原子说之前的两千多年前，古希腊哲学家就已经提出了"原子"这个概念。在原子论者看来，原子和巴门尼德所说的"一"一样，都是永远存在、不生不灭的，而且和元素一样，数量都是无限的。不一样的是，原子被明确规定为是不可再分的绝对致密的构成万物的最小单位。就像元素的组合构成了万物一样，原子在凝聚之后也会构成万物，不过德谟克利特似乎放弃了给原子的运动设定一个秩序或控制力量的做法，而把事物的形成描述为原子碰撞的结果。

至于"心智"，也被德谟克利特理解为一种球形原子结合的产物。在德谟克利特看来，原子之间的碰撞之所以可能，是因为原子间存在着允许其来回运动的空隙，这个空隙被他称为"虚空"。如果说原子保证了万物存在的可能性，虚空则保证了万物（也包括原子）运动的可能性。

虚空概念的提出在某种程度上反驳了巴门尼德关于"不存在者不存在"的同一律原则，这是因为德谟克利特认为只有由原子构成的才叫存在，虚空不是由原子构成的，但只有它也被认为存在时，原子在理论上才有运动的可能性。不过这个问题实际上对巴门尼德并不构成困扰，我们不要忘了，巴门尼德认为万物都是静止的，并不需要什么空间来保证运动，即使有虚空，虚空和万物也是一个整体而不能被区别对待。这就为我们展现了，古希腊哲学家在思考本原问题时经常出现差异的两个思考维度：本原的数量和本原的变化。

现在，借此差异，我们可以简单总结一下古希腊哲学家对本原问题的思考。在最早提出本原问题的米利都学派那里，本原分别被规定为水、阿派朗和气。在泰勒斯、阿那克西曼德和阿那克西美尼对本原的论述中，我们知道追问万物从何而来不仅意味着要找出一个产生万物的存在，还要说明这个产生过程是如何进行的。在对后一个问题的讨论中，我们看到了赫拉克利特与爱利亚学派关于万物是瞬息万变的，还是静止不动的那种针锋相对的观点，同时也能感觉到本原的意义在他们的观点中被大大地弱化了。继而起之的元素论者和原子论者则综合了两者的观点，把变化和静止分别规定为万物和本原的属性，并借此重新回归了对本原的探寻，且分别用四种元素、无限的元素以及无限的原子赋予本原以意义。另外，对于承认万物变化的哲学家来说，他们都在本原之外提到了一个可以影响这种变化的力量。其中有赫拉克利特所说的逻各斯、恩培多克勒所说的爱与斗争，以及阿那克萨戈拉所说的心智。

在这些论述中，我们可以发现哲学家对本原的思考经历了这样两个变化：第一，最开始本原在数量上是单一的，但后来在数量上变成了无限多；第二，最开始本原被认为存在着事物之间的转化，但后来这个转化被具体规定为，本原自身没有性质和形态的变化，只是通过运动上的聚散促成万物的成与毁，所以真正谈得上变化的是万物。

哲学家	本原
泰勒斯	水
阿那克西曼德	阿派朗
阿那克西美尼	气
赫拉克利特	火
巴门尼德	"一"
恩培多克勒	火、气、水、土
阿那克萨戈拉	元素
德谟克利特	原子

表二　古希腊哲学家关于"本原"的探索

■ 藏在特征之下的本质：实体与亚里士多德的"质形论"

　　从泰勒斯的"水"到德谟克利特的"原子"，我们依稀可以感觉到，本原问题的讨论到最后，愈发倾向于现实世界而非未知世界。换句话说，随着元素论者和原子论者对先哲意见的折中，本原与万物的关系就像散落的乐高块与拼好的模型一样，完全成了物理意义上的组合生成关系。这样的思考虽然打破了众神造物的神话，但对未知世界的描述却没有太让人满意（至少没有让我满意）。显然，在元素和原子的作用下，所谓的未知世界的运转实际上和经验世界的堆积木也没有什么本质上的差异。

可以想见，如果按照这些关于本原的主张继续走下去，接下来的思考目标就会愈发地集中在现实世界，这是因为只要承认万物变化，就需要解释万物在本原作用下的变化过程，而对经验世界中的变化解释得越细致，就需要为本原设定越多的物理属性，其结果便使得对本原的探索更像科学研究而非哲学思考。也正是由于这个原因，从泰勒斯到德谟克利特的这段哲学，被后世研究者称为"古希腊自然哲学"。"自然"这个词说明了这一时期的哲学思考还没有真正脱离经验世界，在某种意义上，自然哲学其实也可以算作自然科学的前身。

如果一切都按照自然哲学的轨道运行下去，我们也许就看不到后来的哲学了。挽救这一切的人是亚里士多德。亚里士多德从更根本的角度思考了本原问题：当我们问"万物从何而来"的时候，我们究竟在问什么？举例来说，当在餐厅中吃到一份香嫩无比的牛排时，你会感叹道："这么好吃的牛排是怎么被烹饪出来的？"如果你足够好奇，也许就会找厨师询问料理牛排的方法；如果那个厨师足够好心，他甚至还会告诉你挑选牛肉的方法。当你准备按照厨师传授的秘诀试着做一顿牛排时，亚里士多德出现了，他提醒你，一个热爱美食的哲学家不必转行去做厨师。

如果你对这句话有些不解，他会挥动双手向你解释道：能够刺激你的味蕾与视觉、让你感到愉悦的是牛排的味道、质地、大小和颜色等诸多"属性"；询问牛排的料理方法，实际上就是去弄清楚这些属性是如何产生的（比如用多大的火候可以使牛排变成酒红色）。现在，一个关键的区别出现了：如果继续沉迷于这些属性的物理来源，那么你可能会成为一个厨师，或者至多成为一个贴近古希腊自然哲学家的厨师。然而，如果你能认识到自己注意的只是牛排的属性，而进一步思考牛排除了属性，是否还有其他的内容，或者牛排凭借着什么使这些属性聚到了一起，那么祝贺你，你已经是一位哲学家了。

亚里士多德是第一个明确把自然科学和哲学区分开，并对哲学的研究对象做出严格限制的哲学家。这个研究对象，就是能承载牛排诸多属性的东西，亚里士多德称之为"实体"（substance）。substance这个英文单词包含两个词根：一个是sub，"在下面"的意思；另一个是sta，"站立"的意思。因此这个词的原始含义是"在表面之下站立着的某种东西"，这个东西就是隐藏在属性之下的实体。

亚里士多德认为，相对于属性，实体才是更能表达某事物本质的概念。同样一块牛排，不同的厨师会做出不同的味道，这说明属性不是固定的。而且一块面饼可以拥有和牛排一样的形状，一杯红酒可以拥有和牛排一样的颜色，这说明属性也不是牛排固有的，所以属性并不能让我们真正了解一个事物是什么。而探寻属性如何形成，恰好是解答本原问题的题中应有之义。换句话说，即使我们确定了某个事物的本原，这个本原也只能展示属性的形成过程，而不能揭示属性之下的本质。比如，用对本原探讨最成熟的原子论者的观点看，牛排由无数的牛排原子构成，每一个牛排原子都必须具有整块牛排的色香味的属性。按照亚里士多德的思考方式，我们仍然可以追问，在去除属性之后，牛排原子还剩下什么。这就是说，作为"本原"的那个高级存在本身还面临着"实体"是什么的拷问。

如果你在牛排的例子中仍然没有清晰地明白亚里士多德所说的"实体"究竟是什么东西，那么可以试着这样理解："本原"是能够产生万物的高级存在，"实体"是诸多属性之下的本质存在。前者决定着万物从何而来、如何而来，后者决定着一个事物究竟是什么，即一个事物为什么是它自身而不是别的东西。这里包含亚里士多德一个很重要的思考：当我们问"万物从何而来"的时候，表面上是在问万物根据何种本原而产生的，实际上是想通过万物的产生过程弄清楚万物的实体是什么。但是，对"如何产生"的回答并不能解决"是什么"的问题，因为前者只能告诉我们属性的来源，却不能告诉我们属性之下藏着什么东西。换句话说，亚里士多德敏锐地发现，对本原的探究并没有揭示出一个事物的本质，也就是实体。从这个判断开始，自然科学与哲学走上了两条道路：前者将继续钻研万物由何构成、如何运动，后者则正式对属性之下的实体开始了思考。

本原与实体，或者说万物的来源与万物的本质，这两种思考对象的区别在于：前者涉及事物形成的动态过程，所以对它的解释就需要还原出从本原到万物的转化；而后者则只涉及静态的事物本身，所以对它的解释就需要挖掘隐藏在现象之下的真相。"动态"常常发生在现实世界中，这是我们人类在草长莺飞或天高云淡的自然环境中看到的最为熟悉的万物存在的方式，尽管在对本原问题的回答中，出现了不少用感觉无法捕捉的答案（比如看不见的原子），但它们仍旧是对现实世界中动态现象的模仿，仍然符合我们的经验常识（比如水原子构成河流就是经验中的"积水成渊"），这就使得对本原的思考总是与现实脱不了干系，无法彻底进入超越现实的未知世界。而被亚里士多德认为是哲学思考对象的实体，由于是静态的存在，所以具备摆脱经验现象的可能性，再加上它总是隐藏于属性之下，可以说没有什么比它更适合作为未知世界的代表了。

不过，如果动态的本原问题可以用现实世界的经验感觉作为辅助工具思考的话，静态的实体问题应该如何被思考呢？亚里士多德给出的答案是：借助于逻辑。

在巴门尼德那里，我们曾经领教过如何用逻辑的同一律进行思考（这种对逻辑的偏爱确实使巴门尼德与其他试图回答本原问题的哲学家区分开来，并得出了"圆滚滚的'一'"这个很不一样的结论）。在亚里士多德这里，逻辑思考被规定成一个更加体系化的思维方式，它由概念、判断和推理构成，这些内容在导论中谈论哲学是否能被定义时就已经说过了。

如果你还有印象，就会记得在导论中，我们得出了无法用定义这种特殊的逻辑判断形式来获知哲学是什么的结论，现在又说亚里士多德需要用逻辑来完成对哲学研究对象实体的思考，这难道不是矛盾的吗？如果确实如此，当然就是矛盾的，但亚里士多德所说的借助于逻辑，是"通过逻辑来发现逻辑解决不了的问题"，而不是"通过逻辑来解决问题"。这回你可以放心地认为，实体不是逻辑推理的结果，而是超越逻辑的结果。

在亚里士多德的心中，逻辑是一种思维的工具，后人根据这个观点把他所有的逻辑学著作编辑到一起，命名为《工具篇》（后来17世纪英国哲学家弗朗西斯·培根对亚里士多德的逻辑学进行了批判继承，写了一本《新工具》）。这个工具主要用来服务于科学，即用推理来得出某些科学上的论证（这也说明西方古代自然科学还只是"头脑中的科学"，直到16世纪前后，实验才成为科学的主要手段，"手上的科学"才随之而生）。

我们已经知道，推理由判断构成，判断由概念构成；概念是我们思维的最基本单位，在科学论证中很少得到实质性反思。这里所说的"实质性反思"是指，对概念如何与其所指代的对象形成根本的不可改变的对应关系的思考。比如，在"石墨是可以导电的非金属"这一判断中，科学的任务是检测石墨是否真的具有导电性，但为什么用

"石墨"这个概念指代那种物质,这种指代又意味着什么,则不是科学关注的事情。所以在科学之外对概念加以实质性反思,就成了亚里士多德所认为的哲学的任务。

这个反思,实际上是对思考自身的思考。亚里士多德说,当我们思考一个对象或者说用概念指代一个对象时,只能从有限的几个角度进行,比如时间、空间、数量、关系等。当把这几个角度分别用概念表达后,这些概念就能够成为对同类概念的最高概括,这些具有高度概括性的概念被亚里士多德称为"范畴"。在导论中,我们已经介绍了范畴的数量和含义,现在我们可以关注一个更加重要的内容,那就是"实体"在范畴中的特殊地位。亚里士多德认为,在所有范畴中,只有实体可以成为被描述的对象,即在一个判断中只有实体可以成为主词,其他范畴只能作为说明主词的谓词。由于主词和谓词之间需要靠系词"是"(be)来连接,实体便成为能"是"的存在,这个能"是"的存在又被称为"是者"(being)。

在实际生活的话语中,我们虽然会省略"是",但在语言的逻辑功能上,"是"必须存在,比如"水可真清澈啊"这句话就可以被转化成"水是清澈的"。当我们说出"水是清澈的"这一判断的时候,实际上是通过"是"来表达对水的认识。在通常情况下,这个认识是要靠对"是"后面的内容进行探索来完成的,比如水是"清澈的""柔软的""无味的"等。但是亚里士多德指出,"是"作为系词不仅能把某个事物和某种属性连接起来,还能表达这个事物必须是一个能被追问"是什么"的存在,必须是一个后面可以连接"是"的存在,即必须是一个"是者"。然后,亚里士多德得出了一个重要的结论:在"某某是什么"这样的判断中,通过系词"是",我们首先可以确定某某具有能"是"的性质，其次才可以确定某某具有什么属性。由于这个能"是"的性质是先于属性存在的，是后续一切认识的基础，我们可以把它看作是一个事物的本质，这个本质比本原更能代表一个事物。

现在，我们能更加深刻地理解导论中为什么说范畴是逻辑思维的起点，因为一旦进入对实体所代表的事物本质的探究，讨论的问题就进入了哲学的领域。换句话说，逻辑只能领我们来到哲学的门口，让我们看到实体的存在，但它对实体本身的研究却起不到什么作用，这正是上文所说的"通过逻辑来发现逻辑解决不了的问题"。

坦白地说，实体并非对"某某是什么"这个问题在字面意义上的回答，而是要通过这个问题进行反思，找到事物的本质。在亚里士多德的论述中，这个本质除了"实体"，还被称为"是者"。"实体"突出的是作为属性依靠者的性质，而"是者"突出的则是这种性质反映在逻辑（语言）中与系词连接的特点。为了使关于实体的论述相对清晰地得到把握，我们可以把上述的内容总结为以下的框架：

属性——谓词——现象——动态——显现——自然科学（物理学）
实体——主词——本质——静态——隐藏——哲学（第一哲学/形而上学）

图示13　亚里士多德对实体的思考

在这个框架中，为了突出实体隐藏在属性之下的特点，我特意将其置于下面一列。在这一列中，我们可以看到亚里士多德对于实体的思考：作为主词的实体是一种静态的存在，它隐藏在事物之中，表达着事物的本质，它是哲学真正的思考对象。为了和古希腊的自然哲学区分开，亚里士多德把探讨实体的哲学称为"第一哲学"，以标榜其绝对的中心意义。

后人在整理亚里士多德的著作时，把第一哲学的书放在了物理学之后，所以第一哲学又被称为"形而上学"（metaphysics），这里的词头 meta 在古希腊语中便有"之后"的意思。后来日本哲学家井上哲次郎根据《周易·系辞上》中的"形而上者谓之道，形而下者谓之器"把 metaphysics 译为"形而上学"。严复曾用"玄学"来翻译此词，但最终还是前者获得了大家的认可。

另外，既然我们已经知道实体具有能"是"的性质，便不妨再多了解一下。后世把对能"是"性质的研究称为"本体论"（ontology），这个概念由 17 世纪的德国哲学家郭克兰纽（Goclenius）创造，由表示"是"（being）的希腊文变体 ont 和表示"学问""学说"的 ology 构成，字面意义就是关于是者的学问。本体论与形而上学有一种被蕴含与蕴含的关系：前者专门研究什么是能"是"的性质，哲学界很多人把能"是"的性质解释为存在（如果某物能"是"，说明它存在），所以本体论又被视为研究存在的学问（没有哲学训练的人不大容易抓住"存在"这个词的具体所指，所以我更倾向用能"是"的性质来说明本体论的研究对象）；后者除了研究能"是"的性质，还会探讨这种性质的拥有者（实体）的语言功能、与属性的关系，以及另外具有哪些内容。可以说，本体论是形而上学的核心内容。

相比于"本体论"，很多人对"形而上学"这个概念并不陌生。这个词常常被当作静止的、绝对的、否定辩证的思维的代表。不过，如果稍微熟悉一点亚里士多德的思想，你就会知道他并没有忘记事物的联系、变化和运动，只不过对这些问题的讨论被他放在了物理学的部分。比如在讨论事物为什么运动时，亚里士多德就提出了"潜在的现实化"

这个观点，认为当事物开始补偿自己潜在的某种缺乏时，就会产生运动和变化。类似的观点在现在既被视为近代物理学的原型，又被当作亚里士多德广义的哲学思想（他本人在真正的哲学"形而上学"之外也承认自然哲学的存在），所以如果能明白他区分出形而上学的苦心和这种区分在当时对哲学的影响的话，便不会苛求在形而上学中找到全部的哲学观点，就像我们不会在化学中寻找艺术、在滑稽剧中寻找悲伤一样。

  在说明了"形而上学"这个概念的真正含义之后，我们最后要来探究一下这门学问究竟包含着怎样的内容。在树立形而上学的权威性的过程中，我们已经知道了亚里士多德对逻辑那种"过河拆桥"的使用方法，接下来他面临的问题是：如果在形而上学的领域内，无法通过逻辑推理得出相应内容，那么我们如何对实体进行规定呢？亚里士多德借用了阿那克萨戈拉"心智"（nous）这个概念，认为对于实体，我们能够天然地通过心灵中的理性直接证会，这种能力被后来的哲学家称为"理性直观"，在后面的章节中我们还会详细讨论。无论如何，亚里士多德在这里为人设定了一种特殊的能力，使人在感觉与逻辑之外，可以凭借心智对实体的内容进行把握。这个把握的结果便是亚里士多德对于实体的质料（material）与形式（form）的论述。

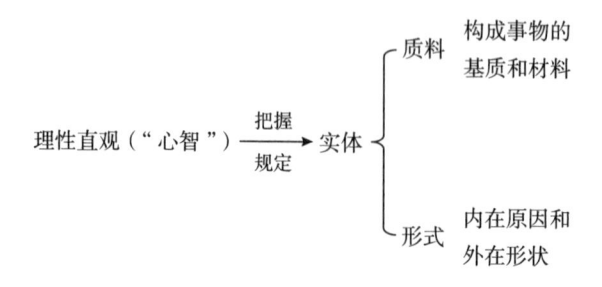

图示14 亚里士多德的"质形论"

亚里士多德认为，实体是由质料与形式构成的。所谓质料，是指事物由之生成并继续保留在其中的东西。简单地说，就是构成事物的基质和材料。所谓形式，是指某事物之所以是那个事物的内在原因和外在形状。举例来说，如果我们用手工纸做了一个纸飞机，它的质料就是纸，它的形式就是飞机能够飞翔的内在动力结构和外在的形状。亚里士多德断言，正常情况下，一切实体都有质料和形式两个方面。这种观点被后世称为"质形论"（hylomorphism）。

不过，亚里士多德同时也强调，当实体的质料越充分、越彰显时，它的现实性就越大；反之，当实体的质料越缺乏、越隐匿时，它的现实性就越小。在特殊情况下，如果一个实体只有形式而没有质料，它就无法被人认识和解读。亚里士多德认为，这种实体超越了人的理解，是神圣的，他称之为"神"。这里的"神"不是古希腊神话中具有人格的神灵，而是表达哲学思考的终点。

公允地说，亚里士多德有关实体的质形论的观点，多少有些破坏他意欲树立的形而上学的崇高感。在之前的讨论中，我们已经知道实体是静态思考的结果，它与代表动态的经验世界的诸多可变化的属性是有绝对区别的。然而在对质形论的讨论中，"质料"这一概念所蕴含的内容似乎与"属性"有些重复，于是实体开始有了经验世界的现实性，而之前所说的关于实体的抽象性与根本性的特点，似乎在某种程度上由"形式"这一概念所蕴含的内容承担了。说到底，在对实体的论述中，亚里士多德似乎打破了自己第一哲学的宣言，在强调实体是隐藏在属性之下的存在的同时，又认为实体具有现实性。

如果一定要为亚里士多德的这个矛盾之处做一些辩护的话，我们可以认为，当谈到由质料显示出的实体的现实性时，亚里士多德使用

"实体"这一概念代指"以实体为基础的融合了属性的事物全体",这既是广义的用法,也是现实的用法;而严格指称与属性相区别、代表事物本质的"实体"概念,则是狭义的、理论的用法。在研读亚里士多德著作的时候,这样区分至少会让我们消减一些疑惑。

在经历了自然哲学家对本原问题的集体发声之后,古希腊哲学在亚里士多德这里悄然发生转变,开始以更加脱离经验世界的方式发展,问题意识的焦点从"万物从何而来"转变为"万物的本质是什么",哲学也因此正式确立了自己的关注对象。有读者会好奇,为什么古希腊哲学会在亚里士多德这里发生转变?在上文中,我们把亚里士多德视作让哲学在自然哲学转向自然科学的道路上悬崖勒马的英雄,但正如无数故事所讲的那样,英雄无法仅凭自己就完成一次壮举,亚里士多德关于实体的思考也同样来自前人的启发。这位前人便是他的老师柏拉图。

■ 本质能与事物分离吗:柏拉图的"理型论"

实际上,柏拉图在亚里士多德之前就触及了事物本质的问题,不过他的观点刚好和亚里士多德相反,柏拉图认为事物的本质并不存在于事物之中,而存在于事物之外。在柏拉图看来,具体的事物不断变化且存在差异性,我们无法从个体身上认识到事物的本质。比如,我养了一只全身黑色的法国斗牛犬,它胆小又腻人,十分怕水,对卷纸有着特殊的喜爱,即便不用柏拉图强调,我们也知道不能以它为标准来确定法国斗牛犬的本质。如果有一天,我养的这只法国斗牛犬不幸离世,它的本质不会因它的消失而不复存在。据此,柏拉图认为一个事物的本质是独立于事物而存在的,他把这个本质命名为"理型"(idea)。

idea在古希腊语中的意思是事物所显现出来的样子,它的词源是idein,有"看"的含义。中国学界多把idea翻译成"理念",但我觉得"理型"更能表达出这一概念本身的意思,即向理智所展现出的样子。这个意思包含两个要点:其一是说,理型是理智认识的对象;其二是说,理型作为事物的本质,不是别的东西,而是一种型相。

关于第一点,柏拉图明显继承了巴门尼德关于意见与真理的区分,他认为我们对由个别事物所组成的经验世界的认识只是一种意见,而对经验世界之上的真实世界的认识才能获得与真理相关的知识。所谓真实世界,就是理型所构成的世界。由于柏拉图没有明确说明这个世界是否具有空间性以及其他性质,这种"两个世界"的观点总是让人不禁怀疑有宗教上的思考。事实上,不少西方学者确实相信,柏拉图的理型论为后来基督徒构建自己的教义提供了方法上的帮助。

关于第二点,柏拉图提出了一个独特的思考。他认为,某事物之所以是它自身而不是其他东西,原因在于这个事物拥有一个型相,比如兔子之所以不是鱼,是因为兔子有长耳朵、短绒毛、可以奔跑跳跃的脚等。不过,需要注意的是,理型所代表的型相不仅仅是形状,即不仅仅是形象,它指的是外观上的一切内容,比如就颜色来说,红有"红"的理型,就硬度来说,结实有"结实"的理型。不仅如此,一些不具有外观的抽象事物,也可以作为一种型相被理型所包括,比如美有"美"的理型,善有"善"的理型。

综合理型这两点内容来看,柏拉图似乎为我们勾勒了一幅这样的画面:在我们熟悉的世界之上,存在着一个神秘的博物馆,它拥有世界万物的完美版本,在"兔子"的展柜中,我们可以看见一只代表天下所有兔子的"真正的兔子"，在"美"的展柜中，我们能看见综合着苏菲·玛索与宋慧乔的"真正的美"。

我们能理解柏拉图不在具体事物上寻找本质的原因：经验世界中的个体总是有着这样那样的局限性，这些局限性使得个体无法呈现真正的型相。但这种理解并不意味着对柏拉图的无条件赞同，坦白地说，只要稍一思考，就会发现其理型论存在着很多问题。

首先，柏拉图混淆了概念与事物。事物可以用概念表达，但概念表达的并非都是事物。事物由诸多性质构成，最为根本的称作本质，反之称作属性，所以只有事物才涉及本质的问题。比如，柏拉图认为"美"有作为本质的理型，我们虽然可以从各种美丽的事物中得到"美"这个概念，但"美"并不是事物，而是一个性质。对于一个性质，我们不能再去追问它的根本性质是什么，因为对于那些没有落实到事物上的性质来说，它们仅仅是一个概念上的虚位。事实上，我们根本想不出"真正的美"是怎样的——除了苏菲·玛索和宋慧乔，后母戊鼎、"大漠孤烟直"也都有各自的美，但我们没法把所有的美都融合在一个"美"中。

其次，柏拉图并没有说清楚理型与万物的关系。柏拉图认为，理型独立于万物而存在，万物分有（particiate）理型而获得本质。这里的"分有"是一个模糊的概念。假如现实中每一只兔子都百分之百地拥有"兔子"理型，那么"兔子"理型就存在于现实的兔子之中而不独立存在；假如现实中每一只兔子都是以不同的比例部分地拥有"兔子"理型，那么现实中所有兔子拥有的本质都存在差异，且没有一只兔子拥有完整的本质。这显然不符合我们对本质的认识。

最后，柏拉图从自己的卫生习惯出发，并不愿意在理型论中谈论某些肮脏的事物——比如，他不愿承认在理型博物馆中有一个展柜陈列着一颗"真正的鼻屎"——所以他不得不强硬地断言，肮脏之物没有与之对应的理型。但这样一来，就相当于宣布有些事物没有本质。这也不符合我们对事物的看法。

柏拉图自己也认识到了理型论的这些问题，并在其著作中进行了自我批评，其真诚的检讨态度让人忍不住怀疑，他究竟在多大程度上坚持理型论。不过，柏拉图虽然做了理论上的反思，但并未提出改正的办法。在这个背景之下，亚里士多德的实体说作为对老师理论的改正和回应，因而登上哲学的舞台。在了解了柏拉图哲学理论的问题之后，对亚里士多德为什么把存在于事物之中、隐藏在属性之下的实体作为本质这一问题，我们便自然有了答案：为了避免本质与事物分离。

亚里士多德在三个方面展现出不同于柏拉图的思考：第一，事物的本质不能与事物分离，本质与事物都在同一个世界；第二，本质与事物不是普遍与个别、一与多的关系，而是一一对应的关系，每一个现实的个体都有相应的本质；第三，属性没有本质，需要依靠实体而存在。现在我们就能明白亚里士多德对于实体的思考并不是凭空出现的，而是紧紧围绕自己老师留下的问题而展开的。在这个意义上，我们能更加深刻地理解他传颂于世的那句名言："吾爱吾师，吾更爱真理。"

不过，更爱真理的亚里士多德真的把柏拉图留下的问题都解决了吗？我们已经了解，亚里士多德有关质形论的论述使得实体没有办法彻底摆脱现实性。现在看来，这个问题就是由于他意欲反对柏拉图强调本质蕴含在个别事物之中而留下的副作用。换句话说，亚里士多德既然不认为本质可以超越个别事物而存在，就必须承认本质与现实的关联。所以，实体必然没有办法处于纯粹的哲学领域。

即使刨除亚里士多德哲学理论的目的（树立形而上学的纯粹）和结果（实体与经验世界的结合）之间的些许矛盾不谈，我们也不能说他彻底解决了柏拉图留下的问题。这是因为，把本质寓于万物之中，确实消除了万物与万物之外的本质的关系问题，但存在于万物之中的本质仍然可以被追问：某一类事物的本质是否相同？如果不相同，那么根据什么标准将这些事物归为一类？如果相同，那么这些相同的本质是先于事物存在，还是在事物存在之后才存在？如果是先于事物存在，那么这个本质就成了柏拉图的理型；如果是在事物存在之后存在，那么又面临着一个问题：是什么要素决定着同一类中的不同个体有着相同的本质？

这些没有被亚里士多德回答的问题，在罗马帝国时代被波菲利、波爱修重新提起，并在12世纪前后成为经院学者持续论辩的重要哲学问题。相比于本质，彼时的哲学家把柏拉图所说的理型理解为"具有普遍性的型相"，并提出一个词——"共相"（universal）。围绕着"共相是否是实在的事物""共相是在实在事物之外还是之内"等诸多问题，经院学者分成了唯实论（realism）与唯名论（nominalism）两大阵营。大体来说，前者认为共相独立于个别物体而存在（与柏拉图的立场相似），后者认为共相并非实在而只是语言中的一个概念（与亚里士多德的立场相似）。

这场论争在14世纪奥卡姆提出的唯名论成为主流观点后结束。奥卡姆认为，共相是被设想出来的东西，可以用语言来表述，但它没有实际的对应对象。在万物之上附加独立的共相完全是多余的——"如无必要，勿增实体"，这个论断就是著名的"奥卡姆剃刀"。

现在，我也要用这把剃刀剔去过多的论述，最后指出一个必须说明的问题：亚里士多德的实体论是基于对柏拉图理型论的反对而提出的，那么柏拉图的理型论又是如何提出的呢？答案便是，这一理论受到了毕达哥拉斯关于数的影响。在转了一大圈之后，我们终于回到了这位第一次使用"哲学"概念的哲学家这里。我们已经知道毕达哥拉斯学派对于数有一种热忱。他们认为，万物都有其自身的形状，我们可以通过这些形状辨认某个事物是它自身而不是别的东西，这些形状可以被还原成数。比如，三角形可以用三个点来表示，那么一个三明治或三角滑翔伞就可以被认为是3。所以，在几何图案成功转化为算术后，毕达哥拉斯学派认为，数是具体事物之上不变的本质。

我在这里之所以使用了"本质"这个词而不是"本原"，是因为两者有着思考上的差异：前者从事物自身出发，考察在万物之中或之上是否存在着让万物得以成为它们自身的要素；后者从事物的生成过程出发，考察在万物存在之前的初始阶段是否有一个或多个能够组成万物的基质。前者源自对万物形状的观察，所以柏拉图的理型与毕达哥拉斯的数是一脉相承的思考结果；后者源自对万物材质的观察，所以古希腊自然哲学总试图找出构成万物的基本物质。这两者也是形式和质料的起源。可以说，亚里士多德的质形论是关于本原与本质思考的大总结。

哲学家	本质
毕达哥拉斯	数
柏拉图	理型
亚里士多德	实体
中世纪经院哲学	共相

表三　关于万物本质的探索

小结

本原与本质是本章的关键词。在这一章开始时，我们知道了古希腊神话中蕴含西方哲学的萌芽，即诸神也要服从命运。在对命运的探讨中，我们进一步确定了人们探索事物时的一个基本思考：万物从何而来？由这个思考出发，米利都学派、爱利亚学派、原子论者等古希腊第一批哲学家对万物的本原进行了寻找，而毕达哥拉斯对于数的特殊关怀使得在本原问题的基础上出现了对万物本质的思考。这个思考经过柏拉图的理型论而定型，再经过亚里士多德的实体论而进行了修正，其遗留的问题又成为中世纪哲学讨论的核心。

通过这些内容我们能看到，在"哲学"概念诞生的前后，哲学思考是围绕着我们所处世界中的万物展开的。在对万物的探索中，本原与本质这两个思考对象的出现也塑造了我们对于未知世界的想象。

在下一章中，我暂时不会沿着这些想象进一步打开通向哲学深处的其他大门，而是要把目光平移至古老的东方古国，看看中国早期思想是否具有哲学的品质，并考察这种品质和古希腊哲学有何异同。通过这个工作我们便可以判断，哲学是否可以被看作人类文明的普遍成果。

第五章

探讨万物运转的哲学

在第三章中，我们谈过中国早期思想从"帝"到"天"再到"德"的演变历程。从这个历程来看，中国哲学似乎在走出前期宗教之后，直接进入了对人的内在道德的探索，而没有像古希腊哲学一样，在最开始先对万物之来源有所好奇。在当代学界，绝大部分研究中国哲学史的学者都把商周到春秋战国这一段哲学发展历程的重点放在了儒、道、法、墨、名等诸子思想上。而在这些思想中，除了道家疑似讨论了万物的生成问题，其他各家学问的要旨都在于人事；确切地说，都在于君主治道意义下的人事。这就难免给人这样一种印象：中国早期哲学较少涉及本原和本质的问题。

在本章中，我打算暂时把这种意见放在一边，尝试以新的视角挖掘出一些思想资源，并利用这些资源去重新检测古代中国是否有古希腊哲学那种问题意识。通过这个检测，我希望可以初步彰显出哲学超越地域的普适性，以及将"哲学"作为一种当代学术方法去检视和构建本土文化的可能性。同时我也相信，通过这样的检视与构建，中国哲学在不同历史阶段所展现出的内容，也会以更加合理的方式连接到一起。

■ 中国也有本原说：五行生克

据说，17世纪的德国哲学家莱布尼茨在一次宫廷讲学时，曾用树叶的相似性来证明"事物皆有共性"，随即又说"世界上没有两片相同的树叶"，以此来表明事物又各自有其特殊性。庄子也说过："自其异者视之，肝胆楚越也。自其同者视之，万物皆一也。"（《庄子·德充符》）即，从相异的角度看，肝与胆像楚国与越国一样离得那么远；从相同的角度看，万物都是一体的。这些例子都在表明，万物之间的关联与差异是可以同时存在的。文明亦如此。就在古希腊的自然哲学家在仰望星空、探索世界的本原时，古代中国的哲人们也通过对自然的观察开始了哲学思考。在这些思考中，我们可以惊喜地发现中西文明在最初就具有相似性。

战国时期，在齐国主管的稷下学宫中有一批从事学术活动的士人，后世称之为稷下学派。这个学派中虽然存在着相左的观点，但总体上以黄老思想为主。西周初年，周天子敕封吕尚姜子牙，在齐地建立了齐国。田氏代齐后，当权者招才养士，欲为其新政找到学理上的支持，故稷下学人把田氏一族上溯到黄帝和老子。

稷下学人的观点被编成文集，《管子》便是其中一部（只是借管子之名而非管子亲述）。在这部书中，我们能看到当时的稷下学派直接谈到了本原问题，并且像泰勒斯一样，把万物的本原认定为水："水者，何也？万物之本原也，诸生之宗室也。"(《管子·水地》)这里的"本原"与"宗室"互通，既指万物之根本，又指生命从之而来的开始。可以说，这个判断基本上和古希腊是一致的。

但略有不同的是，《管子》在讲水为万物本原的同时，也提到了地为万物本原："地者，万物之本原，诸生之根菀也……水者，地之血气，如筋脉之通流者也。"(《管子·水地》)当然，土地能够生成万物，其原因在于土地中水的滋养，所以水可以算是本原中的本原。土地与水对万物的生化作用明显来自经验的观察，在农业生产活动发展起来后，古人对二者的重视程度进一步加深。这说明在中国古代，哲学的建立同样与对自然的思考相关。

除了《管子》，出土文献《太一生水》也提到了天地生成时水的重要性："太一生水，水反辅太一，是以成天。天反辅太一，是以成地。""反辅"具体是一种怎样的过程，这里没有言明；太一作为"最大的一"，到底是什么，这里也没有讲清（有学者猜测是"道"）。我们只能确定，在太一和水的相互作用下，天地万物开始化生。水在这里虽然没有被明确说成是本原，但扮演着这种重要的角色。

古希腊自然哲学家中，认为本原有多个且把水与土并列的是恩培多克勒。与恩培多克勒四元素说法类似的中国表述是"五行"，即木、火、土、金、水。"五行"是中国古代自然哲学中最重要的概念，它的出现早于《管子》中的水本原理论。

不过，如果去追问五行观念起源于何时，恐怕即使最专业的学者也没法给出一个确定的答案。当代著名历史学家顾颉刚及其弟子曾经用"五星"与"五材"相结合的理论解释五行说的来源。"五星"是指辰星、太白、荧惑、岁星、镇星，古人通过观察五星之交替运行而得出五行相生相克之道理，此为来源之一。"五材"是指木料、火、土石、水、金属这五种基本材料，古人通过冶金生产过程中不同材料的依存变化关系而得出五行相顺相逆的道理，此为来源之二。除了这两种说法，亦有学者从前期宗教的五神、地理上的五方等角度说明五行的来源。这些说法都是对五行的来源进行考察，而另一个可能且有趣的角度是对"五"的思索：为什么是"五行"而不是"四行"或"六行"呢？这个问题的答案便和古人的计数机制有关。

就像我们现在日常普遍使用的十进制或者计算机编程普遍使用的二进制一样，据郭沫若等人的考证，中国早期存在过一种五进制的计数方法。在这种方法下，数字逢五就会进位，五便成为一个计数区间内最大的数。于是先人就对五产生了特殊的感情，觉得它代表一种限制，什么事情都不能超出它，超出了就要在一个新的循环中重新开始。因此，古代用"五"作为限制的观念很多，除了上面提到的"五星""五材"，还有我们熟悉的"五常""五伦""五经"等。所以，"五行"使用"五"这个数字来最大程度地总括构成事物的元素。至于这种五进制的计数为什么会诞生，答案则无法知晓。

以上说法都属于有据可凭但不能被彻底证实的合理猜测。在五行观念确立之后，我们的祖先开始学着用五种事物的关系来解释自然中的诸多现象。表面上看，就像四元素拥有"爱"和"斗争"一样，五行之间也有"生"和"克"两种关系。但五行说的思考方式是以一个元素为比较主体、其他四个元素为比较对象来进行的。这样一来，"生"和"克"又被细分为"我克""克我""我生""生我"。另外，还有自己和自己的比较，即"我同"。"我"是指五行中任何一个作为比较主体的元素。

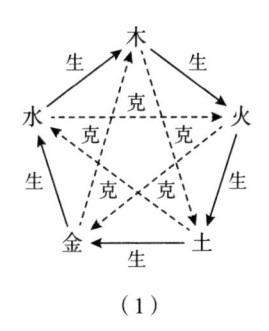

第五章｜探讨万物运转的哲学　　121

（图：五行相生相克示意图，木、火、土、金、水之间的生克关系）

（1）

	木	火	土	金	水
木	我同	我生	我克	克我	生我
火	生我	我同	我生	我克	克我
土	克我	生我	我同	我生	我克
金	我克	克我	生我	我同	我生
水	我生	我克	克我	生我	我同

↓
以此列为视角

（2）

图示15　五行相生相克

在这里，我想指出一个被不少人忽视的问题，即五行的确立或者说"五"的由来是一个逻辑上必然的结果。在上述的推演中，"生"和"克"代表的是事物之间最基本的二元关系，这个关系中隐藏着"施动者"与"承受者"的二元角色，当二元关系与二元角色交叠时，就会产生四个比较的对象，再加上比较的主体，刚好就成为"五"。也就是说，五行说内在含有一个十分自洽的逻辑结构。

先人们究竟是根据这种逻辑结构来寻找、添置合适的元素种类，还是确定了元素种类之后才发现其中的逻辑结构，这是一个值得探究的问题，但从操作的可行性来看，后者的概率要小得多。比如，恩培多克勒把构成世界的元素规定为四种，我们不必知晓元素的具体内容就能得出判断：由于每一个元素只能与其他三种元素形成三种关系，他必然无法推演出上述的逻辑结构。又如，东汉大儒郑玄曾把《周礼·考工记》中提到的"五材"注释为"金、木、皮、玉、土"。这个说法虽然满足了数量上的要求，但由于内容本身的限制仍然没法形成有效的生克关系。

由此可见，在五行说的确立过程中，比起找到五种物质作为构成万物的元素，更难的是把这五种要素完美地安置在生克的逻辑结构之中。这也暗示了五行说的核心内容并不在于五种元素，而在于五种元素之间的逻辑关系。前者作为一种经验性的总结，并不具有必然性，比如，把五行中的金替换为铁或铜并不会有任何影响；后者作为一种纯粹理论的演绎，则不允许在任何一个环节上做出一丝改变。

认识到五行说内在的逻辑关系之后，我们就能谈它与古希腊元素说的差异了。五行中虽然包含着水与土这两种在《管子》中被视作本原的物质，但五行说的本质并非对万物本原的讨论。在上一章对古希腊哲学的讨论中，我们已经了解到，本原问题必然会涉及本原如何运动变化而生成万物的问题，恩培多克勒的"爱"和"斗争"便是针对此问题提出的。但当我们仔细地审视"生"与"克"这一对概念时，就会发现后者根本不是在讲五种元素之间如何通过组合或分解构成不同事物，而是在讲元素之间相合与相斥的关系。换句话说，五行说试图揭示的不是构成万物的要素，而是万物之间的生克关系。这样一来，木、火、土、金、水就成为不同关系中的代表符号，而不是真的物质元素。

比如，在五行说被深入运用的中医学看来，肝属木，脾、胃属土，因为木能克土，所以人体之内往往会有肝气逆行伤及脾胃的症状。在这个例子中，肝、脾、胃作为人的组织器官，肯定不是由木、土元素构成的，但三者可以与土、木建立某种连接，从而具有土与木的生克关系。人体器官与五行建立连接的方式便是，通过分析五行各自的性质来与人体器官做比较，比如，土在下，有承载包容的性质，脾胃亦有容纳食物的性质；木生长，有生发畅达的性质，肝生血，亦有生发的性质。

不仅人体器官，世间万物均可以与五行建立对应的联系，甚至一些无形的事物也可以。比如以"职业"为例，仍拿土、木来说：土在下，象征谦下，所以多与服务业相关；木生长，象征滋生养育，所以多与文教业相关。不过，也许有人会觉得这种联系有些牵强，而且在某些领域中也不大存在五行那种生克关系，比如我们很难说教师就一定会克制饭店老板。这也是现代人批判五行说的重要原因之一。

■ 万物变化的认识系统：八卦

在中国的古籍中，最早提到五行说的是《尚书》中的《洪范》。洪有"大"的意思，范有"法"的意思，所谓"洪范"，就是治理国家最大、最宏观的法则纲纪。据说这一篇是商朝覆灭之后，箕子向周武王讲述治国之道的记录。箕子是纣王的叔父，商末的忠臣，屡次进谏无果，还被纣王囚禁起来。周克商之后，箕子被放。

从他向周武王讲述的"洪范"可知，治国之道的第一点就是要了解五行理论。在《洪范》中，箕子说道，自己如此重视五行，是因为五行乃大禹治水时上天赐予大禹的秘理。这个说法显然比当代学者用"五星"或"五材"解释五行的来源更加充满浪漫的想象。不过，我在这里叙述箕子的观点，主要是想引出与五行起源相关的另外一个概念：八卦。八卦与五行一样，充满了天赋的神圣性，这就是古书里所谓的"河出图，洛出书"（《易传·系辞上》）。

所谓"河出图"，是传说上古时候在黄河中曾经出现一条神龙，它驮负着一本神秘的图示献给了伏羲。所谓"洛出书"，是传说在洛水中出现了一只灵龟，它带来了一本珍奇的著作献给了大禹。伏羲根据河图创立了八卦，大禹根据洛书创立了五行。从书本上的记载来看，河图、洛书应该算处在中华文明的源头了，八卦与五行可以算作中国最早的文化符号。

只不过，到目前为止，除了书中的文字记录，我们还没有发现任何与河图、洛书相关的考古材料。20世纪90年代，北京大学中国国情研究中心成立专门课题组，对河图、洛书展开研究，其成果之一，是认为河图与埃及金字塔存在高度的统一关系，并以此认为河图至少在四千五百年前就出现了。这个当时激动人心的结论在今天已经被人淡忘了，学者们也相对客观地认识到，要证明河图、洛书的存在，仅凭现有的资料是远远不够的。

现在我们能看到的河图、洛书，是两张由黑白点组成的图案。如下：

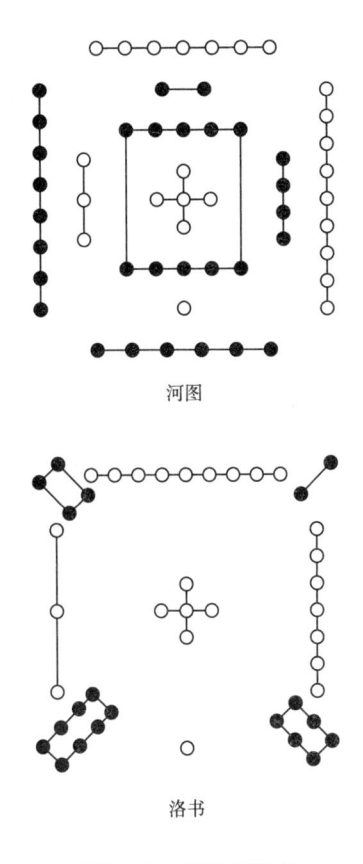

第五章｜探讨万物运转的哲学　　125

河图

洛书

图示 16　河图与洛书

但是，这两张图传说是朱熹派自己的弟子蔡元定去蜀地寻回，后来刊印在朱熹的《周易本义》中。至于它们在多大程度上保留了上古时代的原始内容，则不得而知。实际上，由于古书的记载过于简略，就连河图、洛书与八卦、五行的对应关系也是一个无法确定的问题。《易传》其实是把河图、洛书作为八卦的共同来源。汉代刘歆则认为河图、洛书分别与八卦、五行对应，这也是最流行的一种说法。到了北宋的刘牧时，则反过来认为，河图是五行之本，洛书是八卦之源。这种观点上的分歧从侧面说明，八卦与五行的来源实际上在西周之时已经成为模糊不清的事件，古人也只好用传说的方式烘托出二者的宝贵价值。

虽然河图、洛书的故事只是传说，但仍然成为中国人心中集体认同的象征，于是便引发后世对这个故事的模仿与再现。其中较为著名的是魏明帝曹叡当权之时，黄河曾出现了一块大石头，上面有"大讨曹"等字样。这很难不让人怀疑，它是与曹氏政权对立的司马家族的伎俩。另外，在武则天时期，洛水中也出现了一块石头，上面写着"圣母临人，永昌帝业"。这里的"人"字很有可能是在避讳李世民的"民"字，可见这块石头也是用来逗武则天开心的。

虽然五行与八卦有着神秘的出身，但其表达的含义还是相对清晰的。在介绍过五行说所蕴含的生克关系后，接下来我们看看八卦又有着怎样的含义。

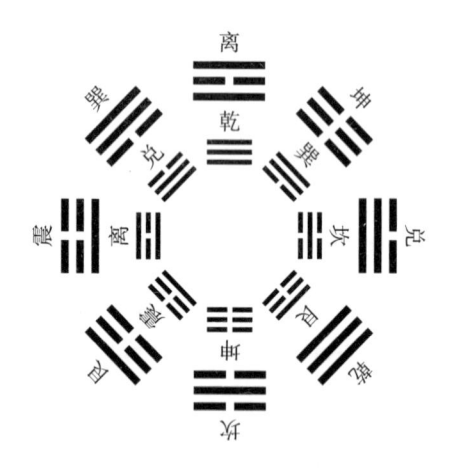

图示17 八卦

八卦是由长短线通过不同排列组成的八个符号，每一个符号都被赋予不同的名称：乾、坤、巽、震、坎、离、兑、艮。具体说来，每一卦都由三爻构成，每一爻可以是一条长线（阳爻），也可以是两条短线（阴爻）。如图示17所示，这八个符号有两种排列方式。在里层的排列方式叫"先天八卦"，据说伏羲获得河图之后画下的就是这个八卦，所以它也叫"伏羲八卦"；在外层的排列方式叫"后天八卦"，相传是周文王被囚羑里时对先天八卦做了改动而得出的新版本。周文王为什么要对伏羲八卦进行改动，这是一个只能猜测而不能被证实的问题。一个较为主流的回答是：后天八卦更能反映时节的变化规律。

对于我们来说，比起追究这个猜测是否准确，更重要的是意识到这个猜测中暗含着一条信息，即八卦能够代表自然现象的作用。这个作用叫"卦象"。

所谓卦象，就是八卦各自象征的事物。从现有的记录来看，八卦所象征的事物几乎囊括了古人的所有生活。比如，从对动物的象征来看，"乾为马，坤为牛，震为龙，巽为鸡，坎为豕，离为雉，艮为狗，兑为羊"（《周易·说卦》），这里面除了龙，其他的动物基本上都是古人畜养的对象。又如，从对身体的象征来看，"乾为首，坤为腹，震为足，巽为股，坎为耳，离为目，艮为手，兑为口"（同上），这里也基本反映了古人对身体简略的认识。八卦就这样不断在不同领域中进行对应，结果便是每一卦都有很多象征对象，以巽卦为例："巽为木，为风，为长女，为绳直，为工，为白，为长，为高，为进退，为不果，为臭。其于人也，为寡发，为广颡，为多白眼，为近利市三倍。"（同上）我们就能发现，八卦既能象征自然事物，又能象征事物属性，甚至还能象征人的经济活动。

既然谈到八卦的象征功能，自然就要涉及其背后的连接原理。古人认为，每一卦都有一个最核心的性质，这个性质叫"卦德"。由卦德出发，可以在不同领域找到相对应的事物。比如，乾卦的卦德是"健"，在诸多动物中最能代表"健"的是马，在身体部位中最能代表"健"的是头，这样就构建了卦与象的连接。如果再去追问每一卦的卦德是如何确定的，就得追溯八卦所代表的原始对象。也就是说，八卦在被创立之初就有着明确的象征含义。在这个象征含义中，人们分析出了某种核心性质，将其作为卦德，再由卦德推演出其他具有类似性质的卦象。仍以乾卦为例，它的原始代表对象是天，从天中，先人分析出了"健"这个性质，于是乾卦的其他卦象也都以"健"作为中心含义。八卦的原始含义，都是自然界中的事物或现象（天、地、雷、木、水、火、山、泽），这也是人类在发展认知能力的过程中最早接触到的对象。

五行的原始含义也是五种自然物质，而且和八卦一样，五行也凭借这五种物质与其他领域的事物建立了对应关系。不过和五行相比，八卦首先在数量上就占有优势，所以后者对某一领域的事物就划分得更加细致。然而最本质的差异在于，五行通过象征所表达的是事物的生克关系，八卦通过象征所表达的则是事物的变化，后者远比前者复杂。古人通过八卦了解事物的变化，目的是对事物发展的吉凶做出判断。可以说，八卦诞生于卜筮。

用来卜筮的八卦有什么哲学意义？谈这个问题，必须说到《易传》。现在我们读的《周易》实际上分为两个部分，一是原始《易经》，二是《易传》。"经"与"传"是中国古代特有的对著作文本等级的评价方式，前者是指重要的经典文本，后者是指对经典文本进行解读的次级文本。汉武帝时期，官方认为能够称得上经的，只有五本书：《易经》《尚书》《诗经》《礼经》《春秋》。东汉时，加上了《论语》和《孝经》，成为七经。后来标准放松，解释经典的次级文本也成为后人研究的经典，所以在《礼经》也就是《仪礼》之外，又加入了《周礼》和《礼记》，《春秋》附上传文，成为《春秋左传》《春秋公羊传》《春秋穀梁传》三传，再加上《尔雅》，唐朝时便形成了十二经。宋朝的时候又加上了《孟子》，形成十三经。研究这十三经的学问，称为"经学"，这是中国本土的学术传统。实际上，后来多出的经典，都是围绕最初始的五经展开的，所以在中国读书人的心中，五经是最重要的五本书，科举考试的内容也都和五经相关。南宋时，朱熹把《礼记》中的《大学》和《中庸》单独抽出，与《论语》《孟子》合称"四书"。

不管是五经还是十三经，《易经》总是无可争议地排在第一位，这让它有了"群经之首"的美誉。《周易》本来仅有记录卜筮的卦辞和爻辞，但经学上所说的《周易》还包括《易传》的内容。《易传》分为十篇，从目前学者的考证结果来看，成书时间各自不同，早至西周初期与《易经》同时，晚至战国。

在《易传》中，我们能找到不少和西方哲学相关联的影子。比如上文介绍过的，亚里士多德的"metaphysics"这个词的中文译名"形而上学"就出自《易传》中"形而上者谓之道，形而下者谓之器"这句话。"形"代表物质性。从物质性推上去，就会超越经验世界进入道的领域；从物质性推下来，就会进入经验世界，也就是器物的领域。这样来看，《易传》已经对哲学的双重世界做出了初步的区分。不仅如此，《易传》也对超越经验世界的存在究竟是什么

("道"是什么）做了说明："一阴一阳之谓道，继之者善也，成之者性也。"

《易传》拉开了人们用哲理解释《易经》的序幕，从此中国的思想家不断用新的概念和理论从不同的角度阐发《易经》。与之相对的是，另有一群研究者继续从卜筮方法或八卦本身与数字的关联入手，对《易经》进行讨论，这二者构成了中国历史上《易经》研究的两大阵营：义理派与象术派。当然，研究《易经》义理的人并非完全不懂象术，研究《易经》象术的人也并非彻底不关心义理。

在本章中，我们接触了中国古代文化中最早期的两个概念——"五行"与"八卦"。虽然二者在表面上与古希腊本原论中的某些内容有相似之处，但通过上文我们能知道，五行与八卦的出现与其说是为了回答"万物从何而来"，不如说是为了解决"万物由何代表"。前者涉及的是实实在在的生成问题，需要解释超越经验世界的本原通过怎样的方式构成了世界；后者涉及的是为万物分类后的对应问题，需要确立一个有效的符号系统，可以简洁地概括万物与万物之间的关系。

比较而言，在哲学的最初阶段，中西方哲学家都想在纷繁复杂的世界中，找到一个抽象的阿基米德点来认识事物，但二者的问题意识却不尽相同。坦白地讲，在作为符号系统的五行与八卦中，我们找不到更多的类似西方哲学在源头上的那种品质。阴阳的出现使我们看到了希望，但是《易传》对阴阳的讨论仍然显得十分单薄，仅从《易传》的文本出发，还不足以证明阴阳的哲学性。所以在接下来的论述中，我会跳出《易传》，从更多的角度看看阴阳概念本身具备一种怎样的含义。

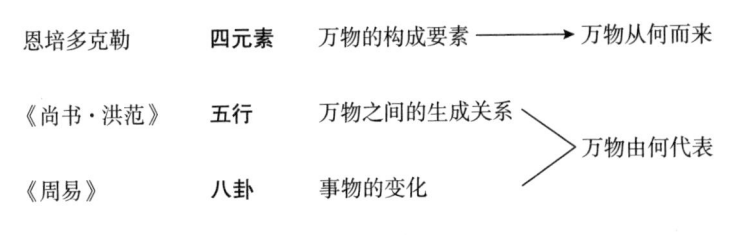

```
恩培多克勒      四元素    万物的构成要素 ──────→ 万物从何而来
《尚书·洪范》    五行      万物之间的生成关系 ╲
                                              ╲ 万物由何代表
《周易》         八卦      事物的变化         ╱
```

图示 18　古希腊"元素说"与中国"五行""八卦"学说对比

■ 原力的觉醒：《老子》与《易传》中的阴阳

如果在中国众多的本土概念中，只选择一个作为中国哲学的代表，或许大家会根据自己的偏好得出不同的答案。但如果在那些概念中，选择一个作为中国哲学的开端，那么这个问题则多少带上了一些客观的要求。这里的"客观"，不仅指符合历史的现实性，更指符合思辨的理性，这就需要我们找到一个尽可能早的且符合哲学品质的概念。到目前为止的讨论中，我们能够确定，哲学至少包含对经验世界之上的未知世界的思考。在中国早期的精神世界中，五行与八卦虽然有名，但正如前文所说，二者并没有像阴阳一样具有哲学上的倾向。从学术的角度看，阴阳概念除了代表世界中两种相反相成的力量，是否还具有其他的哲学信息，这是我们需要思考的问题。

阴阳观念如何起源，由于资料不充分，这个问题至今没有定论。学者们的猜测主要围绕着两个方面展开。其一是对生产生活的观察，比如人有男女、天有黑白、光照有向背、物体有凹凸等，先民根据这些现象创造了代表二元对立的阴阳概念。直到今天，我们形容男女在性格上的差别，还会用"阳刚""阴柔"来表述；指称白天和晚上那颗高悬于上的天体，也会用"太阳""太阴"（月亮）来说明；光照好的房间我们称为"阳面"，光照不好的我们称为"阴面"；凸起的印文我们叫"阳文"，凹下的印文我们叫"阴文"。

其二是对占卜活动的延伸。宋代类书《太平御览》曾经援引过比《周易》更古老的《归藏易》，其中提到在夏朝时有"枚占"这种占卜方法（"昔夏后启筮享神于大陵而上钧台，枚占皋陶曰不吉"），后来"枚占"演变为掷筊，即在向神灵许愿之前扔置两个呈半月形、一面平坦一面圆弧凸的"筊"，通过其正反的不同形式来判断神灵的旨意：一平一凸说明神灵应允所许之愿，两平说明神灵尚未决定，两凸说明神灵不认所许之愿。当然，阴阳观念的这两种起源也许还存在着因果关联，比如正因为在生活生产中观察到了事物的对立，才产生了占卜中对这种对立意象的取用。

从目前已知最早的文字记载来看，甲骨文中有"阳"字，金文中有"阴阳"合用，但其内容都与二字最原始的阳光洒射与否之含义相关。阴阳真正含有哲学上的意义，是从西周末期被解读为六种天象上的"气"开始的："天有六气，降生五味……六气曰：阴、阳、风、雨、晦、明也，分为四时……。"（《左传·昭公元年》）"风雨晦明"从字面上看都是天气现象，阴阳与其并列，含义应该近似。《国语·周语》载有伯阳父对阴阳二气的讨论，更具体地把其看作引发地震的物质性要素："夫天地之气，不失其序；若过其序，民乱之也。阳伏而不能出，阴迫而不能烝，于是有地震。"在伯阳父看来，当本应在外发显的阳气被压制而本该蒸散的阴气被迫聚集时，天地之气的运行秩序便被打破，在土地上便有地震的现象产生。

值得注意的是，伯阳父认为，自然界的变化也会引起人类社会的变化。换句话说，人与自然分享着同一个秩序准则，其中一方的失范也会招致另一方的混乱。不过，《国语》中没有说明阴阳与人类社会到底有什么关系。对于这个问题的解密还要参考《左传·昭公二十五年》中子大叔论述什么是"礼"时提到的"民有好恶、喜怒、哀乐，生于六气"这句话。子大叔认为，六气不仅是引发不同天象的原因，亦是人诸多情感的来源。根据这个前提可以猜测，一旦阴阳的自然秩序颠倒，人情亦随之被破坏，社会秩序便因此而倾覆。

西周时期阴阳概念的哲学意义，主要体现在它对从"天命"到"德性"这一过程的补全。阴阳的存在解释了人从天那里禀受德性，实际是天所产生的"气"在人体中再次作用而产生的内在性。当这些内在性按照一定秩序存在时，德性便因之而彰显。虽然子大叔没有具体说明物质性的六气是如何产生各种情感情绪的，阴阳作为其中的两种基本要素仍然为当时的人们提供了一种用以解释自然和社会的抽象观念。前文中说到了《易传》中"一阴一阳之谓道，继之者善也，成之者性也"这句话，如果不了解阴阳含有气的性质，就无法明白它与"性"的关联。现在我们知道，所谓"成之者性也"，说的就是阴阳二气对"性"的塑造。如果想继续弄清这句话剩下的部分，也就是"阴阳"与"道""善"概念的关系，则需要借助于老子的论述，老子使阴阳概念的哲学性进一步加深。

对于中国人来说，老子是一个不必介绍的古代名人，即使没有读过《老子》这本书，也会对其中的一些语句有所接触。比如，很多人把"上善若水"作为自己追求的境界，很多执法机关的外墙上会写着"天网恢恢，疏而不失"，这些都体现着老子对我们潜移默化的影响。但实际上，我们并不知道老子是谁，写《史记》的司马迁比大多数人都诚实，他在《老子韩非列传》中就承认，被称作"老子"的除了我们非常熟悉的李耳，还可能是老莱子和太史儋。这就说明至少在西汉，人们对老子这个人已经无法获得准确的认识了。

不仅如此，就连《老子》这本书，我们大部分人的认识也是不准确的。按照如今我们大部分人的想象，老子在东周时曾写下了五千言的著作（对老子感兴趣的人，可能还会"知道"他在出函谷关时把这部《老子》留给了函谷关尹），然后这部著作一字不差地传到了近两千五百年之后我们的手里。这种认识是不符合学术常识的，离我们时代越久远的古书，它在流传过程中由于再版、抄录、部分散佚等客观原因所造成的混乱程度就越高，所以对古代思想的研究，一定要以目录学、版本学、训诂学、校勘学等非思想性的工作为基础，这些工作也是研究思想的学者不足为外人道的辛苦所在。

1993年秋天，湖北省荆门市郭店村附近的土冈上来了几个鬼鬼祟祟的人，他们熟练且粗暴地挖开脚下的泥土，一扇斑驳古旧的椁板露了出来。他们在椁板的南端用专业的锯子挖开了一个洞口，把棺椁内能够看到的器物搜刮一空，然后仓皇逃离了现场。几天后，当考古人员发现这座被掠夺过的古墓时，大量的陪葬物已被洗劫，只留下些在盗墓贼眼中不甚值钱的竹简，但也正是这批竹简，几乎改写了先秦哲学史。其中便有《老子》。这也是我们至今为止发现的最早版本的《老子》。

然而，这批竹简中的《老子》和我们今天在书店里买到的《老子》在内容上有很大的区别：字数上，郭店竹简本《老子》只有一千七百多字，是今本《老子》字数的三分之一；编目上，郭店竹简本不分上下经且没有章次；内容上，今本《老子》中对儒家的批判、对权术的论说在郭店竹简本中均不存在。简单来说，郭店竹简本更像是一个缩减本的《老子》。只是，"缩减"这个词似乎在说，确实存在着一个像今本《老子》一样的"完整本"在前，然后郭店竹简本对其进行了删减。

有一些学者根据随竹简共同出土的一只漆耳杯得出了类似的观点。这是因为，漆耳杯的底部刻着"东宫之帀"的字样。有学者认为，这个形似"帀"的文字是"师"。所谓"东宫之师"，就是楚国太子的老师。很有可能，作为太子老师的墓主自己做了一个《老子》的删减本，对太子进行教学，去世之后又把这个删减本作为自己的陪葬品。至于这位老师究竟是谁，学者们的猜测主要集中在陈良、环渊、慎到，还有我们十分熟悉的屈原这四个人。但也有学者反对这种猜测，因为"东宫之师"的"师"未必就是老师，也可以解读为制作这个漆耳杯的工师，即东宫的工匠。而且，即使"师"是老师，墓主也未必是这个杯子的原始持有者，可能是礼物转赠，也可能是旧物收藏。所以，对"老师删减《老子》以教太子"的猜测，并不足以有力地说明这座楚墓中的竹简《老子》为什么会有内容缺失。

如果不能证明郭店竹简本是删减本，我们可否换一个思路，假设今本《老子》是"扩充本"呢？也就是说，《老子》最初被创造时并没有今天我们所看到的这么多内容，这些多出的内容是《老子》在流传过程中不断被后人附加的集体性成果，就像有人主张《红楼梦》的后四十回是高鹗续写的一样。证据之一是，郭店竹简本没有今本《老子》"大军之后，必有凶年"这样的表述。梁启超曾经考证，春秋时代没有能导致荒年的战争，战国时代才有，所以很可能是生活在战国及其后时代的人补充了这句话。证据之二是，清代学者汪中曾考证函谷关是战国秦献公所建，生活在春秋时代比孔子还要早的老子（《史记》记载孔子曾以晚辈弟子身份向老子请教）不可能穿越到战国而出函谷关。我们所说的"老子"很可能不是一个人，《老子》这本书也不是由一个作者完成的。至于到底是谁补充了《老子》，从目前学术界已有的猜测看，太史儋是一个热门人选，毕竟司马迁很早就提出了这个可能，而且太史儋既然见了秦献公，那他很有可能谈了理国治民的权术之学，这和今本《老子》多出来的内容也相符。

即使太史儋不是今本《老子》的作者或唯一的作者，认为《老子》有一个动态的成书过程也是相对严谨的学术态度。我之所以要花费一些篇幅介绍老子其人其书的学术考据，除了因为上文谈到的阴阳概念确实与之相关，更试图展现学术世界和常识世界的区别：与充斥着道听途说、直接武断的后者相比，前者则充满着种种不确定与怀疑。讨论老子的阴阳观不是一个简单的事情，因为今本《老子》中出现的"道生一，一生二，二生三，三生万物。万物负阴而抱阳，冲气以为和"，在郭店竹简本中并没有，所以我必须用上述的考证来铺垫，我们所讨论的"老子阴阳观"中的"老子"只是一个虚指，不是必然指代李耳。

老子在这里提到了万物都具有阴阳，且阴阳二气互相激荡（"冲"），之后彼此融合化作一体（"和"）。单看后一句，阴阳的含义还比较好理解，但加上前一句，"一二三"分别指的是什么，阴阳和"道"有什么关系，这就成了一个十分专业的中国哲学问题。老子把"道"作为一个根本概念，因为他认为，万物的生长变化不是随机混乱的，而是具有一个先天规律。既然我们人也是万物中的一员，那行动当然也受道的支配，这也使得我们无法上升到比道还高的地位去认识道、定义道。

所以老子的思想中，道是无名的，我们用"道"这个字去指代它，只是一种迫不得已的描述性的称呼。《老子》第二十五章就有："吾不知其名，字之曰道。"除了"无名"，道其实不能被进行任何经验性的感受，所以它也是无形无声的。在这个意义上，老子称道为"无"，就像蚂蚁无法感知人类的存在而以为它们的世界中并没有我们一样，在我们的世界，道也是无法显现的"无"。这个"无"并非说道不存在，而是说包括人在内的万物无法在自身所处的维度中以任何形式接触到它，这也是《老子》在第四十一章中说的"大音希声，大象无形"。当然，从老子的论述来看，人虽然无法接触到道，但还是能够凭借自己的思考认识到有一个不可认识的道存在。

顺着这个理解，"道生一"就是"无中生有"的意思，即无名无形的道必然意味着有名有形的万物的存在，这也就是《老子》第四十章所说的"有生于无"。换句话说，当把万物运行的规律作为世界的根本时，我们已经承认了万物在运行着，所以能从"无"中推出"有"这个概念，被推演出来的"有"在未被做区分之前，作为一个整体存在，可被视为"一"。但是既然知道了"有"，我们自然会注意到"有"与"有"之间的不同，也就是这个事物与那个事物的差异。我们区分这些事物时，很容易注意到事物属性上的差异，而差异最简明的形式便是对立。比如：石头是硬的，布是软的；了不起的盖茨比是富有的，可怜的阿Q是贫穷的。所以所谓"一生二"，就是从万物整体中发现了属性上的对立。

从老子后面的说明来看，这种属性上的对立是由于万物所含有的阴阳二气造成的。发现属性对立或有差异的结果，是把个体事物从整体中区分出来，即确定个体事物的存在，所以所谓"二生三"，就是说属性的差异除了意味着属性在不同角度的二元对立，还意味着通过属性差异而确定的个体。通过不同的属性差异，我们可以确定不同的个体，个体的数目是无穷的，这就是所谓的"三生万物"。简而言之，"一"代表万物存在的整体，"二"代表万物存在的差异方式，"三"代表差异方式及由其确定的个体。在这里"生"并非母鸡生小鸡的那种物质性的生成，而仅仅表示一种结论的推演。

在从"一"到"三"再到万物的推演中，阴阳的作用是揭示万物从浑然一体到各自有别的原因。老子的论述中，虽然也用"气"来描述阴阳，但这个"气"已经不是物质性的"气"了。老子用"二"来指代阴阳，说明在他心中，阴阳早已从"六气"中脱离开来，而不再与天象有关。可以说，老子谈及"阴阳之气"时所表达的，是蕴含在万物之中的一对要素，它们虽然表现为事物属性上的对立，但又必须与对方共存。

如果非要用一个现代词语对其加以解释，"力"（force）是一个较为合适的选择。晚清思想家章太炎就曾说："诸儒所谓气者，应改称为力，义始相应。"当代新儒家的代表唐君毅亦曾有过相似看法。在电影《星球大战》中，有一种被称为原力（The Force）的设定和老子所说的"气"十分相似，它的分类也和光的两种相反状态相关：代表善良与正义的正面力量被称为"光明原力"（与"阳气"类似），代表邪恶与愤怒的负面力量被称为"黑暗原力"（与"阴气"类似），二者分别被绝地武士与西斯尊主控制，并分别通过沉思和仇恨而涌现。光明原力与黑暗原力虽然彼此对立，但又互相连接，所以在《星球大战8》中，我们能看到代表光明的蕾伊与代表黑暗的凯洛·伦产生了心灵连接的情节。《星球大战》小说也提到了光明原力与黑暗原力是一个统一的整体（The Unifying Force），这个性质基本上可以比拟阴阳二气的和合共存。

用"力"来理解阴阳，《易传》中"一阴一阳之谓道"的含义就清晰了，即阴阳两种力量的相互作用与转换乃万物变化发展的总规律。《易经》作为卜筮用书，关注的内容本来是事物变化发展的凶吉，"道"概念的出现使这种关注不再以结果为目的，而是将事物变化的规律本身作为考察内容，而且考察的对象也从具体的事件转变为作为整体的普遍万物。这个考察的结果便是阴阳。由此也可以看到《易传》和《易经》有着两种截然不同的性格：后者事无巨细地讲述每一卦、每一爻所代表的事物微妙的变化，其目的是实际的预测应用；前者则高屋建瓴地用阴阳把经验世界所有繁杂的变化总结成两种相反力量的交替，其目的是，在理论上设立一个可以在根本上表达万物的变化是什么的概念。而当人们跳出具体事件的吉凶预测，从整体上认识万物运行的规律并以之指导行动的时候，好的结果便会出现，即"继之者善也"。

现在再来反观《易传》中的这句话，就会发现，它把"以八卦断事物变化之凶吉"的卜筮原理转化成"由阴阳彰显道之善与不善"的抽象原理，后者正是《易传》的哲学性。这个哲学性仅凭《易传》的寥寥数语很难归纳出来，必须参考同时代其他作品中对阴阳更加深刻的论述。

通过对老子论述的参考，我们已经知道，把阴阳理解成"力"的目的，就是把二者从与物质关联的想象中解放出来。受物理学概念的影响，现代人看到"气"这个字，总会联想到由原子或者分子构成的气体。于是，一些学者在解读包括老子在内的中国古代哲学家的阴阳论述时，完全采取了经验性的立场，视二者为构成万物的基质。这样一来，阴阳二气似乎就变成了阿那克西美尼意义上的本原。也有学者顺着道生阴阳的判断把道视作万物本原。

"本原"本是一个固有的名词，在先秦时代表达"根本"的意思，但鉴于在现代学术中，"本原"不可避免地对应着古希腊的arche，所以使用它的时候一定要慎重，至少在心中要清楚，老子并没有像古希腊哲学家一样，讨论过万物是由哪种或哪几种质料性的存在构成的。道是规律，阴阳是力，如果不是强行想象的话，我们很难在老子思想中找到他对事物物质性生成和变化探索的痕迹。被誉为近现代中国最具原创性的哲学家牟宗三在《才性与玄理》中就曾指出，（道）不是一个能生能造之实体。同理，阴阳亦不是能生能造的万物基质。

不过，如果仅仅把讨论的范围放在《老子》和《易传》，阴阳的非物质性还算相对清晰。毕竟，这对概念在两部著作中出现的次数都不是太多，而与之相关联的"道"的概念在两部书中也没有物质性的描述。但一旦把讨论范围扩大到后世思想家对《老子》的解读，阴阳的非物质性就成了问题。这是因为，自汉代起，老子的"阴阳"概念就被解读为物质性的气，这种解读直接影响了现代学者对老子本义的分析。当然，思想创造和学术研究是两回事，前者完全可以借用已有的思想资源进行新的解读创造（就像《易传》对《易经》所做的那样），但后者却需要对事实加以厘清和说明。所以，如果站在学术角度研究《老子》，注意到老子和汉代思想家论述阴阳的差异，要比直接用汉代的结论反过来诠释《老子》更严谨些。

那么，汉代思想家为什么不用抽象的"力"来理解阴阳之气，而是赋予二者以物质性呢？其原因就在于他们对"气"的概念有了新的认识。而正是由于这个认识，中国哲学才有了和西方哲学对话的初步可能。

■ **基质与属性**：天人感应下的阴阳

在甲骨文中，"气"的字形与"三"十分相似，表示在天地之间存在着流动的气流。在上述对"六气"的说明中，我们知道"气"最开始的含义与天象相关。引发不同天气的流动气流，既包含流变性，又具备物质性，这也是后续"气"含义变化的两个方向。老子的"气"就是由前者而引申出来的，代表互相对立又互相融合的阴阳力量。除了"阴阳之气"外，老子还有两次谈到气，"专气致柔，能婴儿乎？"（《老子》第十章）、"心使气曰强"（《老子》第五十五章）。在这里，气被具体化为可被心念操纵的力量，也就是念力。在《星球大战》中，原力也是靠心来收放操纵的。正因如此，一个原力强大的人甚至可以通过操控对方的原力来控制对方的心念。

这种被心操纵的力量是先秦思想家提到"气"时的普遍用法。孟子曾说："我善养吾浩然之气。"（《孟子·公孙丑上》）在解释这个"气"时，孟子提到了"配义与道"和"行有不慊于心，则馁矣"。显然，物质性的气不涉及正当性（"义"）的问题，而"行为使内心不安，则气散"的解读是在说明信念对气的影响。庄子曾假借孔子之口说："无听之以心而听之以气。"（《庄子·人间世》）这里的"气"仍是"力量"的含义。

徐复观把这句的"气"解释为"心的某种状态的比拟之词",且不说在先秦从未有这种用例,光是"不听从心而听从心的状态"的解释也让人疑惑。学者对此多有曲解的原因,就是没有从"力"的角度去看"气"。其实,这句话的意思是,不要听从内心,要听从自然的力量。换句话说,就是不要主动地用心去控制人本有的力量,让后者自然发挥才是高级的修养境界。庄子劝诫的内容虽然是放弃心对气的控制,但反过来也说明"气"在当时的确普遍被认为是心控制的对象。所以说,气在先秦时代的最主要含义就是"流变的力量",当这种力量在性质上被做最抽象的归纳时,它就成为对立的阴阳之气。当这种力量被赋予到人身上时,它就成为心灵控制的念力。

然而,除了这种相对抽象的含义外,在先秦,"气"也由于其原始字义中物质性的方面而产生了一个特殊的含义:精气。"精"有"细小"的含义,所谓精气,就是指含有极其细小的物质性基质的气。对于精气的论述,主要出现在《管子》中:"人,水也。男女精气合,而水流形。"在这句话中,我们明显能看到上述以水为本原的思想痕迹。

不过,它同时也表明人的形成,除了水还需要"精气"。这是因为,人与石头、树木不一样,人有感觉与思虑,所以在水凝结为人的肉身之后,还要依靠精气的赋予,才能具有人内在的精神,这便是稷下道家所讲的"(水)凝蹇而为人,而九窍五虑出焉,此乃其精"(《管子·水地》)。这种对精气的理解也保留在我们的现代用语中,比如要说一个人无精打采时,我们会用"没有精气神"来形容。在《管子》中,精气作为人九窍之感性和五虑之知性的形成原因,由于涉及人的构成而带有了物质性,并有把人的精神活动物质化(用精气运动解释感知)的倾向。按照这种理解,每个人只有在禀受了精气之后,才能进行心智活动。

如果精气只是与人的心智有关的要素，那么它的物质属性还不是很明显。在《管子》中，我们还能找到精气与自然现象有关系的论述：

> 天地精气有五。(《管子·侈靡》)
>
> 然则春夏秋冬将何行？东方曰星，其时曰春，其气曰风。风生木与骨。其德喜嬴……南方曰日，其时曰夏，其气曰阳。阳生火与气。其德施舍修乐……(《管子·四时》)
>
> 春者，阳气始上，故万物生。夏者，阳气毕上，故万物长。秋者，阴气始下，故万物收。冬者，阴气毕下，故万物藏。(《管子·形势解》)

第一条引文是说精气分为五种。第二条引文揭示了答案，表明这五种精气和五行相关。五行之外，不同的精气还与不同的方向、天体、季节、拟人属性一一对应，构成了古人对自然的认识体系。举例来说，对应南方的天体是太阳，对应南方与太阳的季节是夏天，夏天生出的精气是阳气，阳气又生出了火与水蒸气，阳气的属性像人一样善施舍、喜欢愉悦。在第三条引文中，季节的差异被归纳为阴阳二气运动状态的不同。这些引文虽然很可能来自不同的作者，但作为一个学派，我们还是能看到稷下学宫试图用"气"来连接阴阳与五行，从而建立一个认识自然、解释自然的概念体系。从《管子》开始，原本各自独立的"阴阳"与"五行"形成了紧密的联系，而用精气来解释自然现象的做法，也使得西周早期"阴阳"概念中所蕴含的与天象相关的物质性，在战国时代有了延续与发展。

如果说《管子》表述的精气与阴阳之气的等同不够直接的话，那么到了两汉，随着中医学的发展，二者的关系则有了直接性的表述。比如，《黄帝内经·素问》说的"阴平阳秘，精神乃治；阴阳离决，精气乃绝"就是在讲：如果阴气平和，阳气固密，人的精神就会运行良好；反之，如果阴阳分离断绝，精气也会衰亡。

在这里，我们可以看到阴阳二气已经和精气形成了紧密的关系，这个关系也被汉代其他思想家所接受，于是出现了"阴阳材物之精"（《吕氏春秋·有始览》）、"天地之袭精为阴阳"（《淮南子·天文训》）等说法。这些说法虽然未对阴阳之气和精气谁构成了谁有不同的阐释，但一致的是，它们都把阴阳之气看成与精气同质的物质之气，这便是阴阳在汉代被彻底物质化的原因。由于精气是构成万物的要素，它的存在便早于具体的事物。在这个角度上，它也被称为"元气"，比如：东汉王充在《论衡·言毒》中说，"万物之生，皆禀元气"；班固等人写的《白虎通义·天地》中也说，"天地者，元气之所生，万物之祖也"。

除了"精气"概念在汉代被普遍接受，《管子》中试图把阴阳与五行结合的努力，也在西汉被董仲舒继承，并发展出更加庞大的框架。这个框架叫"天人感应"，它的出现深刻影响了日后中国哲学的性格。我们已经知道，天在西周人眼中既是对神的革新，又是人德性的来源。所以，人虽然没有像木偶一样被上帝控制，但是社会运行的价值准则仍然不是由人随意创造的，而是外在地来源于天。这个设定在中国古代知识分子心中是颠扑不破的定律，即使是现代的中国人，也常常把"人在做，天在看"挂在嘴边。

在类似的表达中，天是监督者，它检视人是否按照天的运行规律来组织自己的社会活动。董仲舒所说的"天人感应",就是在肯定这一定律的前提下,进一步把天的运行规律具体化为十要素之间的互动:"天、地、阴、阳、木、火、土、金、水九,与人而十者,天之数毕也。"(《春秋繁露·天地阴阳》)这十要素中,天、地代表的是自然现象,人既代表自然,也代表社会活动,二者通过阴阳与五行产生了一一对应的关系。

> 天以终岁之数,成人之身,故小节三百六十六,副日数也。大节十二分,副月数也。内有五脏,副五行数也。外有四肢,副四时数也。乍视乍瞑,副昼夜也。乍刚乍柔,副冬夏也。乍哀乍乐,副阴阳也。(《春秋繁露·人副天数》)
>
> 君臣、父子、夫妇之义,皆取诸阴阳之道。君为阳,臣为阴;父为阳,子为阴;夫为阳,妻为阴。(《春秋繁露·基义》)

在第一条引文中,我们可以看到,董仲舒认为,人的三百六十六块小骨节对应一年的天数,十二块大骨节对应一年的月数,五脏对应五行,四肢对应四季,睁眼与闭眼象征昼夜,性格的刚柔对应冬夏,情绪的悲喜对应阴阳。

在第二条引文中,我们可以看到,董仲舒把君臣、父子、夫妻这三对社会关系也纳入了与阴阳的对应之中。特别值得注意的是,由于社会关系有等级上的差异,与之对应的阴阳便也有了价值上的不同。在董仲舒之前,阴阳只代表相互对立的两个对象,本身并无优劣之分,但到了董仲舒这里,"阳尊阴卑"的口号被明确地提了出来,阳所代表的事物都是重要的、主动的,阴所代表的事物都是次要的、被动的，后者必须服从前者的统率。被现代人认为是糟粕的"三纲"，就是在"阳尊阴卑"观念下产生的。不得不说，虽然董仲舒提出"三纲"的原意并非给君主专制树立合理性，但是这个口号还是被后世的统治者利用，成了维护政权的工具。

我们可以发现，尽管这两条引文所表现出来的内容不能穷尽董仲舒对"天人感应"框架中十要素关系的论述，但也仍然能够窥一斑而知全豹地认识到，这个框架中阴阳五行与事物之间的对应关系的复杂性远远超过了《管子》。

在董仲舒的思想中，阴阳之气仍被看作物质性的精气。他说："气之清者为精……精积于其本，则血气相承受。"（《春秋繁露·通国身》）精气的物质性基质十分细小，所以精气本身是清澈不可见的，它不断地在人生命的萌芽处积累，构成了血液、气脉等身体器官。董仲舒认为，精气在本质上是生于天地之间的一种气，它除了能构成包括人在内的万物，还能从不同的角度分成阴阳之气、四时之气、五行之气等，"天地之气，合而为一，分为阴阳，判为四时，列为五行"（《春秋繁露·五行相生》）。

但值得注意的是，随着"精气"概念越发成熟，"阴阳之气"的物质性含义越发成为一个可以被替代的内容。董仲舒虽然承认精气与阴阳之气的同一性，但在他的"天人感应"框架中，阴阳还对应着许多抽象的对象（如社会关系）。如果阴阳只是物质性的气，这个对应就不是那么令人信服。于是，董仲舒的做法是，在不否认阴阳的物质性含义的基础上，把"阴阳"另外作为属性来看待。

这样一来，阴阳就成为像五行、八卦一样的符号，任何相反的两个对象，无论是抽象的还是现实的都可以被其所代表："在上下，在大小,在强弱,在贤不肖,在善恶。恶之属尽为阴,善之属尽为阳。"(《春秋繁露·阳尊阴卑》)在董仲舒之后,阴阳的属性意义也被确定下来,并一直沿用至今。比如,最常见的便是医院的化验报告上会显示"阳性"或"阴性",以代表某种症状存在和不存在。

至此,我们终于可以对中国哲学的"阴阳"概念做一个总结了。阴阳在我们的话语体系中主要有四种含义:第一种是光的有无,这是它的原始含义;第二种是物质性的气,这是从西周开始的,它所具有的主要含义,这种物质性的气一开始只被视为天象上的气流,到了汉代才被看作构成万物的精气;第三种是抽象性的力,这是反映在以《老子》《易传》为代表的先秦著作中的特别含义,作为力量的阴阳解释了万物变化的内在原因;第四种是符号性的属性,这是被董仲舒正式确立并在之后广为流传的常见含义。

阴阳的四种含义	①光的有无(原始含义)	自然现象
	②物质性的气(天象气流→万物精气)	万物形成基质
	③抽象性的力	物质变化原因
	④符号性的属性	万物对立或主从关系

表四　阴阳的四种含义

在后三种含义中,"阴阳"这个概念在不同阶段被使用的目的,分别是被用来描述万物的形成基质、变化原因以及对立或主从关系。而形成基质、变化原因以及对立或主从关系作为思考的对象,已经不属于经验世界的范畴,它们要求对具体事物的超越。这样一来,阴阳便具有了哲学的性质。可以说,阴阳是当之无愧的中国的哲学概念。

■ 万物化生的本体：宋学中的理气论

随着董仲舒把属性的含义赋予"阴阳"，阴阳就不一定要与"气"连接。再加上随着"精气"概念在汉代愈发受到重视，"气"也成为一个不需要依附其他概念、自身便能表达构成万物基质的概念。所以汉代之后，中国的哲学家更倾向于直接用"气"概念来探讨事物的生成、构成问题。不过在这些讨论中，真正有创建性的观点直到北宋才出现。这个创建性观点的提出者是张载，他对于"气"的论述使中国哲学进入了一个更加纯粹与深刻的阶段。

张载生活在北宋中期，年轻时关注国事。其时恰逢西夏的开国皇帝李元昊完成了内部剃发易服的国族意识建设，转向北宋发起军事行动。生活在陕西的张载意欲组织民间武装力量来对抗西夏的进犯，并特意去延州（今陕西省延安市）拜见了时任招讨副使的范仲淹，向其陈述了自己的想法。范仲淹是临危受命奔赴西北前线的，到了之后并没有着急起兵进攻，而是以修塞防守来消耗西夏军资，并用人不疑地招纳脱离西夏的羌族各部归附北宋。所以他没有采纳张载起兵的提案，而是建议年轻的张载以读书为要务："儒者自有名教可乐，何事于兵？"（《宋史·张载传》）意思是，儒者可以因为研究名教而快乐，何必醉心于国家军事呢？张载听了范仲淹的话，回家潜心读书。嘉祐二年（1057年），三十八岁的张载赴汴京（今河南省开封市）赶考，得中进士。值得一提的是，这一年的科举考试的应试者中藏龙卧虎，被后世称为"千古第一榜"，主考官是欧阳修，进士名单中，除张载外，还有苏轼、苏辙兄弟，曾巩、曾布兄弟（其中曾巩还是欧阳修的学生），理学家程颢（张载是他的表叔）等人，日后他们都成为朝廷的重臣名将。

不过，从思想的创造性来看，张载绝对是这些人中的佼佼者。他的整个思想都是围绕着"气"概念展开的。在上一章中，我们知道了作为事物的本质，实体具有能"是"的性质，研究"是"的学问被称为"本体论"。张载思想的起点便是追问"气"的本体是什么，在他的著作中可以看到"本体"概念的身影。有鉴于此，我必须指出东西方哲学中"本体"概念的差异：中国哲学或东亚哲学中的"本体"是指"本来的样子"；西方哲学中的"本体"主要有两个含义，其中之一是之前我们讲亚里士多德时提到的"一个存在是其所是的本质"，另外一个含义要等讲到康德的认识论时才能说到，这里先留个悬念。

大略地讲，"本来的样子"与"本质"有共通之处，在某些情况下，某个事物本来的样子可能就是它的本质，这也是为什么不少学者选用"本体论"来翻译ontology。但是我们一定要意识到，包括张载在内的中国古人在使用"本体"时，并不会思考"是""实体""属性""主词""谓词"这些西方哲学才有的概念群。换句话说，中国的哲学家并没有在亚里士多德的思考脉络中使用"本体"。

张载谈气的本体，不是追问气的本质，而是要说明气在形成万物之前是什么状态。他说："太虚无形，气之本体。其聚其散，变化之客形尔。"（《正蒙·太和》）气本来的样子是看不见、摸不着的太虚，太虚并非像氧气瓶装着氧气一样盛着气，它不是一个空间，也不是一个实物，而是气散离时的状态。当然，气不会永远处在太虚的状态，而是通过不同的形式凝结成不同的事物。气的聚散往大里说可以决定一个事物的有无，往小里说可以影响事物的存在状态，所以张载认为，气的聚散就是事物变化的外在形式（"客形"）。

```
气  ————————→  万物
太虚（本体）        客形（外在形式）
```

图示19　张载的"气学"

气的聚与散被张载称为"气化"，气化是宇宙万物变化的根本原因。气之所以能够气化，是因为它天生含有一种能够引发聚散运动的性质，这个性质被张载称为"神"。在有了之前的论述铺垫后，"神"就一点也不神秘了，它指的就是同时拥有两种相反力量的能力。所以，说气有"神"的性质就相当于说，气之中蕴含着两种相反力量。这两种力量不是别的，正是阴阳。张载对此说道："无无阴阳者，以是知天地变化，二端而已。"（《正蒙·太和》）意思是说，万物没有不含有阴阳的，所以可知天地之间的变化就是由阴阳二端引起的。气中的阴阳二端导致了气化，气化导致了世界的变化，张载将这个世界变化的总体过程称为"道"。

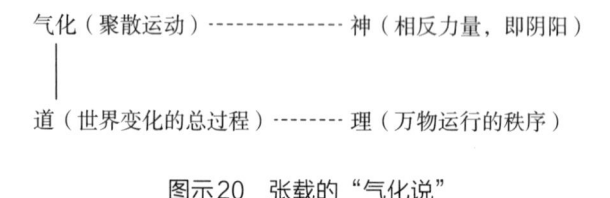

```
气化（聚散运动）------------ 神（相反力量，即阴阳）
  |
道（世界变化的总过程）-------- 理（万物运行的秩序）
```

图示20　张载的"气化说"

这个"道"与老子思想中指代万物运行的"道"的含义基本相同，不过老子的"道"也包含万物运行所具有的秩序，张载把这种秩序性从"道"概念中独立出来，并专门用"理"这个字来形容。张载提出"理"这个概念的原意，是想说明气化并不是随机的、偶然的，而是具有内在理则的，但是他没有料到，这个"理"概念竟然会在日后一跃成为中国哲学最重要的概念之一，并且"理""气"关系也随之变成中国乃至东亚儒者们最为关心的问题之一。

"理"字的本义，与加工玉的活动相关（汉字中带有"王"字旁的字多与玉相关）。加工玉最重要的工作是要依照玉石原有的纹路进行作业，"理"就指代"纹理"，后来"纹理"的含义抽象化了，变为事物本身含有的条理。在宋代之前，中国的思想家虽然也会提到"理"，以表示法则和秩序，但未对这个概念进行专门的深刻的讨论，直到张载用它来描述气化的规律，"理"才正式作为一个哲学议题出现在中国古代的思想世界中。

这个议题最先围绕以下这个问题展开：如果气的运动因为理的存在而井然有序，那么是气先存在，还是理先存在？按照张载的理论，在虚空之前，没有任何具体的或者抽象的事物存在，理不可能先于气存在；但理如果在气存在之后才出现，甚至理的存在要依附于气，那么理又如何能铁面无私地对气的运动进行归正呢？张载虽然提到了"理"，但是由于没有意识到这个问题，所以未加论述，真正回答了这个问题的人是南宋的朱熹。

朱熹是张载的表侄程颢、程颐兄弟的三传弟子李侗的学生，他的思想与二程的思想被后人合称为"程朱理学"。顾名思义，理学正是把上面所说的"理"作为对象进行研究的学问，它是中国哲学发展的高峰，并直接影响了古代朝鲜、古代日本和古代越南等国家的思想发展，对东亚儒学的成熟以及中国哲学的世界化做出了重要的贡献。在这个过程中，朱熹以其广博的知识体系和精深的思想观念，成为后世东亚儒者学习与崇敬的对象，研究朱熹思想的"朱子学"也成为全世界学者进入中国哲学的必经之路。

二程与朱熹之所以像张载一样，也把"理"概念从"道"概念中提炼出来加以论述，是因为其时"道"除了像"理"一样表达万物运行规律外，还有"儒家精神传统"，即"道统"的含义。另外，"道"所指涉的运行规律具有整体性和普遍性的特点，而"理"亦可指代某个具体事物的内在规律。"理"概念在宋代被重视的事实，从侧面说明了当时人对规律的考察进入了更加细致的阶段。正是这个原因，即使"理"概念在先秦时已然存在，程朱在某种意义上说仍是"理"的哲学性的挖掘者和发现者，程颢就曾说："吾学虽有所受，'天理'二字却是自家体贴出来。"（《二程外书》）二程虽然是对"理"概念进行深入研究的发起者，但真正把这个研究推向高潮的是朱熹。对于上述理与气孰先孰后的问题，朱熹明确回答说："理与气本无先后之可言，但推上去时，却如理在先气在后相似。"（《朱子语类》卷一）朱熹在这里的意思是，正常情况下，理与气同时存在，但一定要在理论上推出个先后关系，也就只能承认，理是先于气存在的。

如果认为理是先在的，张载关于太虚的说法显然就不成立了，所以朱熹在二程的基础上另外构建了一套理论体系，即理学；张载的学问则被称为气学，与朱熹同时代的陆九渊和后来的王守仁又创立了心学，三者构成了宋元明三代的学术主体（三者之外，另有实学也占有一席之地）。在理学的体系中，"理"概念具有无可置疑的价值上的优先性。朱熹曾说：

> 天地之间，有理有气。理也者，形而上之道也，生物之本也。气也者，形而下之器也，生物之具也。是以人物之生，必禀此理，

然后有性，必禀此气，然后有形。(《晦庵先生朱文公文集》卷五十八）

这里朱熹把理与气分别归属于形而上的世界与形而下的世界，认为前者是事物的根本，后者是事物的材质，并进一步强调人和物因为理而有了本性，因为气而有了外形。这里面有一个问题是，按照朱熹的说法，理具有普遍性，但事物的本性是个别的，一个普遍性的理如何形成个别的事物本性呢？朱熹对此回答说："万物皆有此理，理皆同出一原，但所居之位不同，则其理之用不一。"（《朱子语类》卷十八）即每个事物都含有一个理，这个理在根源上都是形而上的理，但由于不同事物有不同的情况，所以理在事物中的展现不同。朱熹又说："理只是这一个，道理则同，其分不同，君臣有君臣之理，父子有父子之理。"（《朱子语类》卷六）这样一来，"理"这个概念被朱熹分成了两层：其一是普遍的理，其二是存在于具体事物之中具有不同表现的理。前者是气化的总规律，后者是气化成物之后事物自身的本性。二者是总与分的关系，不是两个不同的理，这个思想被称为"理一分殊"。

推究起来，这个命题是程颐最先提出的，朱熹只是继承了这个观点而已。"理一分殊"还有一个好处，它为我们认识普遍的理提供了一个反向的思路：既然每个事物中都蕴含着理，那么如果尽可能多地去发现和了解不同事物的理，去异取同，我们就会在理的不同表现之下发现普遍的理本身。这种通过钻研不同事物所含之理而认识普遍之理的方法，被朱熹称为"格物"。

"格物"本是《大学》的八条目之一，在这里，朱熹是在新的意义上使用这个词。后来王守仁曾一度信奉朱熹格物之说，并以庭前绿竹作为格物的对象，但是格了三天也没得到什么理，一着急还生了病。从此，他抛弃了程朱借助外物认识理的方法，转向了人的内心，这便是"心学"之义。

在以上朱熹关于"理"的理论架构中，我们明显发现气的地位被降低了，气成了仅与经验世界相关的第二等要素。虽然没有气，万物不能获得物理上的材质与形状等属性，但真正使万物成为它们自身的是理。在这样的解读下，气成为服从理指挥的士兵。这种理先气后、重理轻气的思想，随着朱熹在学术上影响力增大而成为后来理学的主流观点，直到明代罗钦顺和王廷相两位思想家出现才有所改变。他们两个人都不承认理先于气存在，而把理视作气中之理，强调理不能单独存在，这样就重新回到了张载的立场。

之后，理学与气学交互发展，理与气的先后、轻重问题也一直处于此消彼长、你进我退的状态。这个学术争论影响了整个东亚儒学，特别是古代朝鲜儒学的发展。其时朝鲜思想世界亦有"主理"与"主气"两派，其观点各有所据，不相上下。张载与朱熹之后，关于气与理的争论，由于时间跨度大、涉及人物多且理论条目繁杂，直到今天还是学者们潜心研究的课题。

在本章的开头，我们曾确立了一个目标，即从新的视角入手来重新考察古代中国的哲学品质。和大部分以孔子或老子作为开端的哲学史著作不同，本章在考察古代中国的早期思想时，是以五行、八卦和阴阳这三个概念开始的。以概念代替人物进行研究，其目的不仅在于要从时间上追寻到更古老的时代，更在于要跳出以往学者们树立的范式，从而进行新的理论的构建。

在对五行的分析中，我们发现，即使西周前后在字面上出现了与古希腊元素说类似的谈论对象，中国先人也没有提出有关本原的思考。"五行"概念并非说万物来源于五种元素，而是说万物可被分成五类，五行只是一种象征符号。同样作为象征符号的，还有八卦。但值得注意的是，五行与八卦并非把万物归纳分类那么简单，而是试图表达事物之间的生克与事物自身的变化。换句话说，这两个概念的出现代表着先人在思考之后，开始对万物进行一些设定，这些设定并不是经验观察的结果，而是纯粹思考或合理推演的结果。这就使得当时的人们具备了像古希腊人一样，在经验世界之上寻找未知世界的能力。稍晚的"阴阳"概念的出现，就是中国古人运用这种能力的阶段性成果。

"阴阳"概念是依傍八卦而出现的，它的任务已经不是像八卦一样表达事物的变化，而是要揭示这种变化的原因。对这个原因的寻找，意味着彼时的中国先哲正式开始了对未知世界的解读，而象征对立的阴阳基本实现了赫拉克利特用"逻各斯"表达事物对立统一的那种想法。就像赫拉克利特较为淡化"本原"概念一样，在《易传》中，谈论阴阳的作者也没有对"万物从何而来"产生兴趣，那个时候阴阳还只是被设定为存在于未知世界的两种原力。

但显然，随着"精气"概念的出现，"气"的物质性开始愈发被重视。在汉代时，它与"阴阳"分离而单独表达构成事物的基质。从《管子》中以水、地作为万物根本再到认为气能构成万物，属于中国本土的本原思考脉络终于出现了。水、土（地）、气都是古希腊本原理论中常见的内容，中国古人则围绕着"气"进行了更持久、更深入的思考，其结果是，"气"这个概念成了整个中国哲学的公共话语，而不是某位哲学家的一家之言。

在"气"概念被持续使用与思考的过程中，代表气运动规律的"理"概念开始受到重视，气与理存在的先后关系也成为宋代及之后的中国哲学家讨论的焦点。在以张载为代表的气学与以程朱为代表的理学的互相博弈中，气与理对事物存在所起的作用越来越清晰，前者提供了事物存在所需要的材料，后者提供了事物存在所需要的本性。

气与理的这种分工，很容易让人联想到亚里士多德质形论中所谈到的质料与形式。不过，气不仅能提供事物的质料，还能决定事物的形状，而后者在亚里士多德看来，是形式的内容之一。不仅如此，亚里士多德所说的形式，还包括"某事物之所以是那个事物的内在原因"。理虽然也会使某事物是它自身，而不是其他事物（因为其他事物还有其他事物的理），但与形式不同的是，理总有一种想溢出具体事物而回归自身的冲动，即从事物中理的不同表现回到事物之外的理本身。换句话说，形式在数量上可以是复数，有多少个事物就有多少个形式，但理在数量上只能是一，事物中的理只是这唯一之理的不同表现（"理一分殊"）。可以说，形式是为事物服务的，它帮助事物是其所是，而理却让事物为自己服务，借事物发显自身。

从"理"这个概念看去，万事万物都分享着一个共同的理，所以万事万物也具有共同之处；从"形式"这个概念看去，事物各有其本质，互相独立，互不打扰。这两个概念一个要从万物中归纳出一个普遍性，一个要在某一类甚至某一个事物中确立它的个别性，一个是整体主义的视域，一个是个体主义的视域。说到这里，你应该能明白看似一致的理与形式在实际上是多么不同了。

小结

中国关于气、理的论说与古希腊的质形论的根本不同，在于后者是围绕"实体"概念展开的，而对前者来说，由于古汉语中不存在系词，先人从未从语言逻辑的角度去思考一个事物能"是"的性质是什么，所以中国哲学中没有与"属性"对应的"实体"概念。于是，西方哲学有一个从本原问题进入本质问题的思考路线，而中国的思考路线则是从本原问题进入普遍性法则问题。这是两者哲学发展的显著差异。

但必须承认的是，从中国先哲用"气"思考万物从何而来开始，中国的思想世界就打通了一条与西方哲学相连的道路，尽管之后的终点不尽相同，但试图超越经验世界对未知世界进行解释的行走过程却是一样的。即使"哲学"的概念来自西方，但我们仍然能把它装在自己的思想上。只是用哲学的方法来研究中国的思想时，我们必须注意，中西方哲学的发展顺序与发展程度并非一致，所以对于在古希腊时代就讨论完结的本原问题，在中国汉代时才正式出现且一直被深入讨论到近代。正是在这个意义上，我们既要承认"气"概念所包含的囊括中西的普遍的哲学品质，又要认识到它如何通过贯穿整个中国哲学史的发展而成为独特的"中国风"。

第三编

意识：自我的认知过程

第六章

观念与经验中的哲学

通过上一章的内容，我们知道中国哲学同样存在着一个走出洞穴的过程。在这个过程中，"气"概念的出现标志着中国古人对未知世界初步完成了理论上的构建。"理"概念的出现，说明中国哲学具有不同于西方的理论发展路径。但不论中西方哲学在之后的发展中有何不同，一个不能被否认的事实是，二者都是以对"物"的思考完成从早期宗教到哲学的转向的，这个"物"既包括某一个、某一类由属性与实体构成的事物，也包括具有普遍性的天地万物。

现在，我要提出一个关键的问题，可以使我们对哲学的讨论进入一个全新的层次与领域。这个问题就是，如果不凭借经验感知，那么我们根据什么对"物"做出相关的哲学判断？以我们讨论过的内容为例。我们知道，巴门尼德在反对用眼睛、嘴巴得出的意见时，提出了用逻辑上的同一律来推导真理。不过我们也知道，亚里士多德由于发现了逻辑解决不了的问题，从而进入了形而上学的论域。在这一章里，我们要打破砂锅问到底地去质疑：当逻辑所代表的知性能力也不靠谱时，我们还能运用什么能力去思考真正的哲学问题并且得出结论呢？问出这一问题就意味着我们从形而上学的晦涩中跳了出来，进入了"认识论"的范围。

■ 感官无法触达的世界：古希腊哲学的认识论

西方哲学最初主要围绕着"本原"与"本质"这两个概念展开，这说明西方最早的哲学思考起源于对经验观察的疑惑，人们开始觉得有一些值得探索的要素并不能通过眼睛、耳朵、手等感知。事实上，我们想深入甚至彻底地认识这个世界的话，就不能单靠感官。道理很简单，因为某个人的某种感官只能片面且表面地接触这个世界，它所形成的认识并不能保证是对真实的客观显现。一旦人们开始自觉地希冀打破自己的局限而去追求真实，他所在的经验世界就成了一个需要逃出的牢笼。

对此，柏拉图曾经做过一个著名的比喻：在一个洞穴中有一堆火和一些人，火燃烧的光芒把人的影子照在洞壁上，人被锁链锁着不能动，只能面对前面的洞壁，永远看不见背后的火与旁边的同伴。这些人生来即如此，被囚禁洞中。在柏拉图看来，绝大部分人都如洞穴中的囚徒，他们一辈子看到的只是影子，根本看不到真实的人，更看不到洞外的世界。如果柏拉图能未卜先知，他完全可以把"洞穴喻"换作"影院喻"，后者对于现代人来说更容易想象——对于坐在影院看大屏幕上放映《终结者》的观众来说，他们看到的既不是施瓦辛格本人，也不是施瓦辛格生活的真实世界。

不管是洞穴还是影院，柏拉图想要表达的是，我们感知到的内容离真相还差得太远，哲学追求的是走出洞穴看到真实的天地。正是这种对真实的渴慕，让哲学家开始关注自身的认知能力与认知过程，哲学也因此产生了"认识论"这个研究领域。

认识论，顾名思义，是对人认识（尤其是对哲学真理的认识）的研究。在希腊语中，episteme是"知识"，logy是"说"，epistemology这个词的原意是"关于知识的论说"，所以它也可以被翻译成"知识论"。认识与知识，是行动与结果的关系。epistemology的核心是求真，两个译名各有偏重。如果翻译成"认识论"，则意在问："我们能够真正地认识事物吗？"如果翻译成"知识论"，则意在问："我们能获得真正的知识吗？"这里所说的"知识"，显然不是"肚子疼的话就多喝热水"的那种知识，而是特指关于认识对象的绝对客观真实的信息。

围绕这两个基本问题，认识论或知识论还包括但不限于以下这些思考内容：人具有什么样的认识结构？认识的过程是什么？知识的来源和范围是什么？知识与错误、知识与意见是什么关系？……这些问题的提出，代表人们认识到，要想解决形而上学中的那些难题，必须先弄清楚，人们是如何认识经验世界和未知世界的。如果不能确定人们对哲学真理的认识能力，那么所谓"本原""本质""气""理"这些概念，就都成了无源之水、无据之谈。

就像形而上学经历了从简单到复杂的历程一样，认识论也是从极为朴素的观点中发展起来的。最早涉及这一话题的观点，是古希腊以恩培多克勒为代表的哲学家提出的"同类相知"和阿那克萨戈拉提出的"异类相知"。前者是说，当认识主体与认识对象具有同样的基质时，认识才能发生，也就是"用土来看土，用水来看水"。后者是说，当认识主体和认识对象具有性质上的差异，甚至是对立时，认识才能发生，也就是"由冷知热，由咸知淡，由苦知甜"。

这种对于认识的初步判断在中国古代同样存在，生活在三国时代的青年才俊王弼曾说："凡感之为道，不能感非类者也。"（《周易注》）即感知的道理在于，不是同类的事物就不能互相感知。但与持有单一意见的古希腊元素论者不同，王弼也承认"异类相感"的道理。他提出了"情伪"的概念，试图说明认识的主体喜欢获取与自己不同的性质，"形躁好静，质柔爱刚。体与情反，质与愿违"（《周易略例·明爻通变》）。这就使得两个异类的事物也能互相接触，并产生认识。

实际上，在生活中，这两种情况确实是共存的。比如一个穷人由于知道拮据的滋味，所以他十分能体会另一个穷人所经历的痛苦；但如果不是认识到有其他人过着富有的生活，他就不会对自己的贫穷有什么感觉。这个例子说明，"同类相知"与"异类相知"都是基于生活经验的判断，它们还不能从根本上解决认识论的问题，因为它们仍然面临着"同类或异类相知的认识过程如何"的具体问题。

真正把认识活动本身作为一个哲学问题思考的哲学家是苏格拉底。和之前关心本原的哲学家不同，苏格拉底感兴趣的是如何确保知识的有效性，或者说如何获得真知的问题。为了解决这一问题，他使用了一种极有特点的方式：辩证法（dialectic）。这是一种讨论哲学问题时特有的对话方式，它要求对话的双方或多方围绕着一个主题（通常是有待被认识的对象）发表自己的观点，在不断剔除错误意见、保留正确见解后，形成最终的真正的认识。

因此，和苏格拉底聊天注定会成为一件不愉快的事情，因为他总是想方设法地抓住对方谈话中的错误部分，并对其进行深入的追问。直到回答无法继续，人们才会发现自己走的是一条死路，这样他们就会转过头来重新寻找正确的认识。这种方法的特点是引导求知者层层深入，自行得出结论，而不是直接给予求知者答案。这就像产婆帮助产妇生出孩子一样，所以辩证法被苏格拉底比喻为"助产术"（midwifery）。

无独有偶，与苏格拉底几乎同时代的孔子在教育弟子时，也提出了"不愤不启，不悱不发。举一隅不以三隅反，则不复也"（《论语·述而》）的方法。"愤"是虽然想弄清楚但是还不明白的样子，"悱"是似乎想明白了但说不出来的样子。孔子认为，作为老师，只有在这个时候（学生已经做出了思考，但还没有明确结果的时候），才有必要去启发一下学生；启发之后，如果学生不能举一反三地扩充认识，那么老师就没有必要继续教育下去了。苏格拉底和孔子观点的一致之处，是他们都强调发挥认识的主动性。这是中西方历史上关于教育最早的观点。

苏格拉底曾和一个叫拉凯斯的将军讨论"什么是勇敢"，后者先以自己的生活经验答道，勇敢就是坚守阵地不逃跑。苏格拉底问，行军作战有时需要逃跑来诱敌，难道不能坚守阵地就是不勇敢吗？拉凯斯回答说，对于骑兵来说，确实可以根据战术来决定进退，但是装甲兵需要坚守阵地。苏格拉底对此回应说，他问的不是装甲兵的勇敢，而是普遍的勇敢。拉凯斯于是更改答案说，勇敢是灵魂的某种忍耐。苏格拉底问，勇敢是高尚的，所以勇敢对应的是聪明的忍耐，而不是愚蠢的忍耐，对吗？拉凯斯说，是的。苏格拉底又问，一个聪明且计算出自己处于有利地位，所以奋力抗敌的人勇敢，还是一个不聪明且没有计算，但仍旧奋力抗敌的人勇敢？拉凯斯说，当然是后者勇敢。

苏格拉底便说，相比于善于计算的前者，后者显然是愚蠢的，但愚蠢的忍耐反倒成了勇敢，这和将军之前所说的矛盾了。

这场关于勇敢的对话远不止以上所述，事实上到最后，苏格拉底也没有给出关于勇敢的定义。但是，当对话结束的时候，拉凯斯对勇敢的认识一定比之前更加深刻了。在这种辩证法的运用下，所谓正确的认识，不是一个静态的结果，而是动态的过程。苏格拉底明显认为，正确地思考比简单给出答案更为重要。于是他说："没有经过审视的生活是不值得过的。"

现在，让我们暂时从苏格拉底这个充满智慧的劝告中跳出来，重新回到他对认识的看法上。苏格拉底对于认识活动本身，比之前的哲学家具有更清晰的问题意识，但这种如助产术一般的问答方式真的解决了"如何获得真知"的问题吗？辩证法只是一种辅助性的引导，揭示答案的任务必须靠求知者自己完成，这就意味着苏格拉底对真知的探讨，实际上隐藏了这样一个前提：求知者必须具有主动思考的能力。不难想象，如果求知者没有这种能力，即使经历再多的旁敲侧击、循循善诱，恐怕也都无济于事。所以，从理论的完整性上看，苏格拉底如果想说明人如何获得真知，就必须先说明人如何拥有这种能力。这便引出了一个我们早已经熟悉的概念：灵魂。

在不断被我们提起的毕达哥拉斯学派的思想中，对灵魂的净化是修行的重要目的，而且这种净化需要通过聆听音乐、思考数学，以及对一些特定教规的遵守来完成。如果你还不大清楚"思考数学"和"净化灵魂"有什么关系的话，不妨借助苏格拉底的观点，把灵魂视为一种思考能力的来源，再去试着揣摩一下——这就好像肺是呼吸能力的来源，我们运用这个能力多呼吸清新空气的话，就会净化肺一

第六章｜观念与经验中的哲学

样。数学由于被看作万物的本质，对数学的形而上的思考就成了让灵魂清爽的方式。

毕达哥拉斯学派的观点为我们揭示出这样一个结论：与灵魂有关的"思考"，并非一般意义上的头脑活动（比如"今晚是否要穿礼服赴宴"），而是指向更根本的哲学问题的心智活动，后者在苏格拉底看来，是经过辩证法的帮助所得出的最终的真正认识（比如"什么是美丽"）。

在古希腊哲学中，有三个概念可以表达人的心智活动：其一是"精气"（pneuma），其二是"心智"（nous），其三是"灵魂"（psyche）。

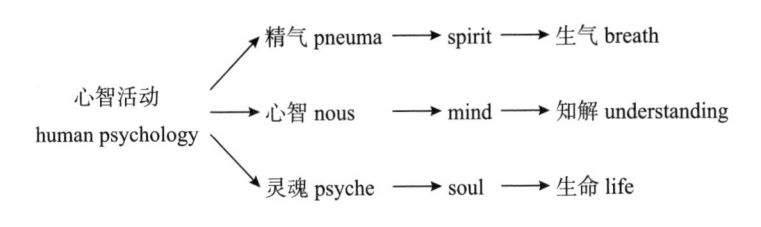

```
                   ┌→ 精气 pneuma  →  spirit  →  生气 breath
心智活动           │
human psychology  ─┼→ 心智 nous    →  mind    →  知解 understanding
                   │
                   └→ 灵魂 psyche  →  soul    →  生命 life
```

图示 21　古希腊哲学中的心智活动

如图示 21 所示，"精气"指的是构成生命的气息，它常常被古希腊医学家用以描述连接着身体器官、使心脑得以运转的能量（energy）。第一次使用这个词的人是阿那克西美尼，他提出的作为世界本原的"气"就是 pneuma 这个词。也因此它不能完全从物质性中摆脱出来。"心智"指的是感性与理性这两种体会理解的能力。在讨论元素说时，我们曾提到阿那克萨戈拉使用"心智"概念来表述元素之间的聚合力量。"灵魂"是构成生命的非物质性存在，它控制着我们的爱与恨等诸多精神要素，是定义自我（把自己与他人区别开）的最终依据。在宗教故事中，人类的灵魂常常是魔鬼觊觎的对象。魔鬼常常花言巧语地对人类做出各种诱惑，以使其交出自己的灵魂。其中最为人熟知的就是歌德笔下出卖灵魂、与魔鬼签订契约的浮士德。

苏格拉底对于灵魂的看法显然没有这么神秘，在他的论述中，"灵魂"有一种被心灵化的倾向。pneuma、nous、psyche这三个词的含义本就十分相近，pneuma有时也被翻译成"灵魂"，而psyche有时也被翻译成"心灵"。从苏格拉底的使用来看，psyche更多地与认识活动相关。它之所以被看作是认识的来源，是因为苏格拉底认为，灵魂自身天然包含着符合真正知识的原则。所以，只要我们通过一些手段（比如辩证法）找到这些原则，那么获得真知就是可能的。

从总体来看，苏格拉底对于认识的论述可以总结为，"通过辩证法来挖掘灵魂中的真知原则，使其得到相应的认识"。在这个过程中，灵魂是源头，是前提，辩证法是过程，是手段。人不仅要学会助产思想的辩证法，更要对自身灵魂的内容加以考察，两者缺一不可。苏格拉底认为，传统的自然哲学家只把目光放在自然事物上，没有认识到自己的灵魂中已经包含了真知的根源。如果不能对这个根源加以重视，就不能得到确定的知识。所以他认为，思考世界的首要任务是思考自己，特别是思考自己的灵魂中拥有怎样的内容。他把刻在德尔斐神殿上的名言"认识你自己"作为激励他人的警句，把哲学思考的对象从大千世界拉回到人内在的灵魂。

苏格拉底这种对认识的讨论称得上完备吗？显然，作为最早一批对认识活动本身加以思考的哲学家，他的讨论不是完美的，甚至也不是完整的。不难发现，在苏格拉底说明人的灵魂中包含着真知的原则之后，讨论就止步不前了。这自然给热爱思考的人留下了一个提问的机会：为什么灵魂之中天然地含有真知的原则？这个原则究竟是什么呢？回答这些问题的人是苏格拉底的学生柏拉图，他继承了老师用灵魂讨论认识的方式，并把这种讨论推至更加精细的程度。

不过这种精细是以神话作为开头的。在《斐德罗篇》中，柏拉图（借苏格拉底之口）描述了这样一个故事：宙斯率领众神和诸灵魂乘着马车在天境翱翔，神祇们的马车行驶得十分顺畅，灵魂的马车由于所系之马的顽劣则出现了危险，致使灵魂从天境跌落到地上。跌落的灵魂伤了翅膀，只能与地上的肉身结合成人，并按照原来在天上的等级拥有国王、政治家、运动员、医生、匠人、农民等不同的身份。其中国王是爱智之人，也就是哲学家的代表。如果受伤的灵魂在一千年中三次选择过爱智的生活，那么其翅膀就会重新长出，而那些历经千年也没有选择哲学的灵魂，将被做出审判，可能继续做人，也可能成为动物。

在柏拉图的这个设定中，天上的灵魂本来掌握着一切真知，但是与肉体结合成人后，便忘却了这些知识。人学习知识的过程，其实就是回忆真知的过程。因此，柏拉图的认识论被概括成"灵魂回忆说"。灵魂回忆说并非一次天马行空的想象，而是专门为了回答这样一个两难的问题：当一个人已经知道了某个知识时，就没必要去了解它了；当一个人完全不知道某个知识时，也没有办法了解它，因为他连用什么方式接近问题的真相都不知道。

在柏拉图的著作中，这个两难问题是由一个叫美诺的人提出的，所以它又被称为"美诺悖论"。美诺悖论旨在说明，所谓的学习是不可能发生的，对于知识，人只有已经掌握和干脆不能掌握两种状态。虽然这并不符合生活经验（"知识明明就是可以学习到的啊"），但我们又没法说出这个悖论在哪里出了问题——至少，这是我第一次接触美诺悖论时的感觉。

如果此刻的你和当时的我有着一样的感觉，就会比较容易理解接下来我要说的话。其实这个感觉本身已经说明了美诺悖论的一个理论缺陷：它把人对于知识的掌握泾渭分明地分成彻底知道和彻底不知道，忽略了处于知道与不知道之间的那种认知状态——就像我们"知道"这个悖论有问题，同时又"不知道"问题是什么，但稍加点拨便能恍然大悟的这种状态。

换句话说，对于很多知识，我们都处于一种"知道一点点"或者"心里知道，嘴上说不出"的模糊地带。一个最常见的例子是，对于某个被盛赞不已的艺术作品来说，我们看了之后会觉得确实好，但是却没法说清楚哪里好、怎么好。所以，对于美诺所设想的那种"完全不知道"，即"认知空白"的状态，我们是不大具有的。于是，对于一个没有完全掌握的知识，我们可以借助已经掌握的部分来推导出合适的方法，从而实现更深入地学习。

但是，举出这种处于知道与不知道之间的认知状态，能彻底解决美诺悖论吗？如果我是美诺，我会按照如下说法反驳。当人处于知道与不知道之间时，他处在一个动态的过程，即不断地凭借已有的知识获得更多的新知识。反过来说，一个人之所以能掌握新知识A9，是因为他已经掌握了旧知识A8，而对于A8的掌握又是靠着更早的知识A7完成的。但是，如此回溯下去，总会存在一个知识A0。在获得它之前，我们没有任何与之相关的知识，这时如何获得A0就出现了美诺悖论。

这就是说，在获得第一个知识的时候，美诺所提出的问题仍然是有效的。这个悖论因此成了令当时的人们大为苦恼的问题，于是像柏拉图这样的哲学家就必须把认识论作为正式的思考对象，并去回答人究竟为什么能从一无所知的状态获得第一个知识。

很显然，柏拉图的灵魂回忆说解决了这个问题。所谓的一无所知只是灵魂的遗忘状态，人获得新知识在本质上是对旧知识的回忆。深信灵魂转世的毕达哥拉斯就宣称自己记着前世的诸多事情。灵魂回忆说就这样把一个维度（地上的人）内未知的知识，转化为另一个维度（天上的灵魂）内已知的知识，从而回避了说明第一次求知如何进行的问题。之所以说"回避"，是因为在另一个维度内，灵魂仍然面临着如何求知的问题，只是灵魂和人不一样，不能设想灵魂也需要求知，至少柏拉图认为灵魂天生就掌握了真知。

在这样的论述下，柏拉图实际上偷偷改变了游戏规则，把认识论变成了记忆论。不过即使如此，他仍然需要回答，人通过什么方式来唤起对知识的记忆。和毕达哥拉斯、苏格拉底这些灵魂论者一样，柏拉图也认为灵魂需要被净化，这个净化的过程就是让灵魂回忆自身的过程。柏拉图认为，人的灵魂具有三种品质：理性、激情和欲望。当理性主导灵魂时，知识便能够被再认知；当欲望统治灵魂时，灵魂会受到损害，知识也无法被回忆。由于欲望是和肉体结合最紧密的性质（欲望主要是肉体上的欲望），人只有努力摆脱肉体的束缚才能彻底地净化灵魂。正是在这个意义上，柏拉图说灵魂回忆就是练习死亡，而哲学家是唯一不怕死的人，因为他们知道只有当肉体消散时，灵魂才能彻底发挥理性的作用。

当然，这不是说在肉体尚存时，我们无法获得知识，而是说由于理性常常受欲望的牵扰，在很多情况下我们获得的知识是有瑕疵的。对于这种知识，柏拉图称之为"信念"（doxa），比如社交媒体上作为流行观点的那些养生秘诀，便是信念的代表。柏拉图认为，在信念阶段，灵魂还没有彻底回忆起关于事物本质的"知识"（episteme）。一说起"本质"这个概念，我们就能猜到，在柏拉图心中，灵魂原本拥有的知识一定与各种事物的"理型"（idea）相关，事实上也确实如此。

目前学界对于在柏拉图思想中，知识与信念是兼容的还是相异的存在不同的意见。放下这些最前沿的争论，光就灵魂回忆说本身来看，柏拉图确实为我们提供了一种解决认识问题的思路。但是作为现代中国人，我们早已脱离了灵魂信仰的语境，所以柏拉图的这个思路并不能使我们觉得问题被彻底解决了。于是，我有必要介绍当时解决认识论的另外一种思路。

就在柏拉图去世几年后，爱琴海东部的萨摩斯岛上诞生了一个叫伊壁鸠鲁的男孩。长大后，他创立了自己的学派。由于他只在自己的庭院中活动，所以他被称为"花园哲学家"。他庭院的入口有一块牌子，上面写着：陌生人，你会在这里过上舒服的生活，因为快乐在此乃是至善之事。追求快乐的伊壁鸠鲁直到今天，仍经常被误认为是享乐主义的代言人。实际上恰恰相反，他严格区分了强烈而动态的快乐与平和而静态的快乐，认为后者才是真正的快乐。这是因为他注意到，就前者来说，像性欲、名利欲等被满足的时候，虽然有刺激的快感产生，但人们永远得不到满足，因而陷入痛苦之中；只有平和的快乐（比如欣赏画作而不是摇滚蹦迪）才能使人没有痛苦，且长久地处于"宁静"（ataraxia）的状态。

伊壁鸠鲁的快乐观与他的认识论相关。他认为，正如你我时时刻刻都能验证的那样，人能够感觉是一个不需要证明的事实，而人之所以能够感觉，正是由于身体内的灵魂发挥了作用。但这个灵魂并没有与宙斯同游的辉煌过去，它和肉体一样，都是由原子构成的，只不过构成灵魂的原子更加精细而已。

很明显，伊壁鸠鲁的观点深受德谟克利特原子论的影响。在原子论的观点下，伊壁鸠鲁并不承认灵魂转世。他认为，如果由原子构成的身体在人死亡之后就消散了，由原子构成的灵魂同样不可能独立存在。毕竟，有灵魂就会有感觉，但我们从未听人说过"死之后的感觉"，所以人死之后，灵魂也会随之湮灭。灵魂湮灭意味着"我"不存在了，所以死亡是一件与"我"无关的事情。在这里我们可以看到，尽管伊壁鸠鲁与练习死亡的柏拉图对灵魂的看法不同，但二者都在自己的立场上对消除死亡的恐惧做了理论上的努力。

由于伊壁鸠鲁不相信灵魂转世，所以他必须在灵魂回忆说之外，构创一种新的理论来回答人如何产生认识，尤其是美诺悖论中"人如何获得第一个知识"的问题。他的观点是，知识是在感觉的不断积累中形成的，即使是"第一个知识"，也需要在实际经验中凭借着多次感觉而形成。比如，当一个人第一次看到体形硕大且长着两只角、一边吃草一边哞哞叫的动物时，他会通过感官对其形成一种印象。当这个人以后再看到类似动物产生新的印象时，他会调动起心中已有的印象与之比较，如果符合，便把这些印象所对应的外在事物归为一类，然后给它起一个名字：牛。这样，这个人就获得了关于牛的知识：牛吃草，牛有两只角，等等。

换句话说，伊壁鸠鲁认为，在人获得"第一个知识"之前，虽然没有知识储备，但是具有感觉储备。因为人时时刻刻都在感觉之中，这些感觉都会留下印记。值得注意的是，被留下的印记不再是单纯的感觉（因为单纯的感觉需要与感觉对象同时存在），而是人动用自己的心智能力形成的可以长久存在的知觉。伊壁鸠鲁特别用了一个词来形容这种知觉：prolepsis。国内有不少论著把这个词翻译成"预见"。但这个翻译会让人误会 prolepsis 与对未来的预测有关。所以，请允许我根据它本有的意思（被储存的感觉），使用"储觉"这个翻译。

储觉是伊壁鸠鲁回答人如何获得知识的核心概念。围绕储觉，我们可以把他的认识论整理成以下两点。

第一，伊壁鸠鲁认为知识来源于感觉，这就意味着，他坚信即使有时会出现偏差，感觉总体上还是能为我们提供一种相对真实的信息。感觉的对象是事物的各种属性，在柏拉图和亚里士多德的哲学中，属性并不能反映事物的实质。伊壁鸠鲁却不承认事物背后还有真正的实质存在，他认为人通过各种感觉的累积已经可以充分了解一个事物，在属性之外设立一个独立的理型或实体是多此一举的。进一步，对于苏格拉底所沉迷的辩证法，伊壁鸠鲁也认为是多余的，因为名称足以让人认识一个事物，再通过各种辩论得出定义的做法是不必要的。

第二，储觉作为一种被留在脑海中的印象，它预设着某种能力，即把各种当下的感觉加工成一个可以长久保留的知觉。这说明储觉与感觉的联系是，前者的形成要以后者为基础；储觉与感觉的差异是，前者是间接的、稳定的，而后者是直接的、变动的。比如说，一个人如果对鲜红的苹果形成储觉，那他一定见过苹果。即使实际中的苹果会腐烂变质，但在这个人的头脑中，苹果仍然是新鲜的样子。

不过到这里为止，储觉行使的似乎只是一种原封不动的保留能力，即它像彩色复印机一样，把我们看到的一切复印在脑海中。但是在伊壁鸠鲁的描述中，储觉在脑海中留下的显然不是一比一还原现实的模仿品，而是经过提炼的加工品。提炼的目的是让被保留的对象凸显出某些重要的性质，这样在下次遇到同类事物时，储觉就会根据这些性质做出判断，认定它们是相同的事物。这说明，除了保留能力，储觉最起码还具备提炼与分析的能力。

现在，我们来比较一下柏拉图与伊壁鸠鲁的认识论：同样在某种程度上解决了美诺悖论，柏拉图理论的关键，是在人的认识能力之外设立了一个具备完满知识储备的灵魂；伊壁鸠鲁理论的关键，是以人的感觉为基础设立了一个可以整合印象的储觉。前者认为，认识（获得真知）的过程是一种回忆，前者不相信感觉的真实性；后者认为，认识（获得真知）的过程是感知的累积，后者不相信灵魂中天然包含什么知识。柏拉图的认识论是一条向内封闭的、通过持续的概念分析而上升到真知的路线；伊壁鸠鲁的认识论则是一条向外敞开的、通过不断累积实际感觉而总结出真知的路线。

然而在这样的差异中，我们必须看到，柏拉图虽然认为认识是一种回忆，但他并没有完全抛弃感觉。这说明，在回忆知识的过程中，感觉也同样会或多或少地参与其中；否则，我们很难想象一个人可以在不与现实有任何接触、没有任何感觉的帮助下，就能回忆起有关世界的知识。同样，伊壁鸠鲁虽然认为认识是储觉的结果，但他也没有否认概念分析的作用。毕竟，在对诸多类似的感觉进行概括的时候，他也会运用"相似性""差异性"这些与感觉无关的概念。这表示，尽管二人的认识论有重大的差异，但也无法完全否认对方的理论，这便为融合二人理论、创建更具综合性的认识学说提供了可能性。

作为柏拉图的学生，亚里士多德比伊壁鸠鲁年长几十岁，他继承了老师对于灵魂的重视，但不同的是，在有关灵魂的讨论中，他也重视感觉经验。亚里士多德把灵魂分为三个等级：第一等级是植物灵魂，具有消化和繁殖的功能；第二等级是动物灵魂，具有感觉和欲望的功能；第三等级是人的灵魂，具有理性的功能。其中高等级灵魂拥有低等级灵魂的功能。所以对于人来说，其获得真知的过程，首先是通过感觉获得对事物表面的认识，然后再通过理性获得对其本质的认识。

在这个感觉认识阶段的论述中，亚里士多德没有先于伊壁鸠鲁使用"储觉"概念，而是用自己的质形论来说明人是如何获得初步知识的。他认为，感觉能够接受的是事物的形式而不是质料。这是因为，感觉作为一种能力，它是与作为质料的感官相对应的性质（比如，鼻子是质料，嗅觉是形式），按照同类相知的原则，形式只能和形式接触。亚里士多德做了一个形象的比喻。他认为，灵魂在感知外物时，就像蜡块被图章盖上印记一样——蜡块保留下来的只是图章的形式，而不是图章的质料，灵魂保留下来的也只是外物的形式，而不是外物的质料。这个被保留下来的感觉形式还不能体现出外物的本质，因为感觉在接受这种形式时完全是被动的，没有任何关于本质的思考。亚里士多德认为，要想获得真知，还需要用理性对感觉形式进行进一步的提取。

在感性和理性之间，亚里士多德提出"想象"作为二者的过渡环节。想象的作用是对感觉留下的形式进行比较，把相似的形式整理成一个更加具有概括性的形式，这样理性才能运用自身的能力，在这个经过整理后的形式中接收到事物的本质信息。于是，亚里士多德的认识论便可以总结为这样一个过程（如图示22）：首先，感觉被动地接触外物，产生关于外物的感觉形式；其次，想象把感觉形式归纳为可以脱离具体事物而存在的普遍形式；最后，理性在普遍形式中获得某类事物的本质认识（真知）。

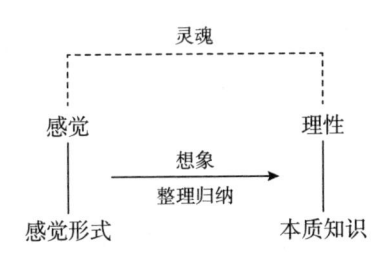

第六章 | 观念与经验中的哲学　　　　　　　　　　　　　　　　　　177

图示22　"想象"在感觉与理性之间的过渡作用

　　总的来看，亚里士多德虽然比伊壁鸠鲁更早地提出了自己的学说，但他的认识论中那种对后天感觉与先天灵魂的综合倾向，确实在客观上可以将伊壁鸠鲁的认识论与柏拉图的认识论在某种意义上融合到一个体系中。这也说明，哲学理论的发展并不是严格按照时间顺序进行的，同时，这也是本书没有用哲学史式的陈列方式来进行写作的原因。

　　亚里士多德的这种融合显然是有选择地进行的。对于柏拉图强调的"灵魂中拥有一切知识"的主张，他便没有采纳，而是用先天的理性认识能力取代了老师所说的先天的知识储备。也就是说，他和柏拉图一样，认为灵魂中先天就具有某种要素，只是亚里士多德认为这些要素是认识真知的能力，而柏拉图则认为这些要素是真知本身。这样一来，亚里士多德虽然不必像柏拉图一样，需要说服我们相信一个灵魂失忆的故事，但仍需要向我们解释，灵魂中的理性能力为何存在、如何运行。很遗憾，他并没有回答这个问题，这个问题成了古希腊认识论留给后人的待解之谜。

　　在继续讲述近现代哲学史如何解开这个谜题之前，我有必要稍微介绍一下古希腊哲学中除了灵魂理性论、感觉经验论，另一种认识论学说：怀疑主义。顾名思义，怀疑主义就是对一切"确定"采取不确定的态度。这里的"确定"也包括"人可以获得真知"这样的判断。

自从巴门尼德开启了"真理之路"与"意见之路"的区分后，古希腊的哲学家都热衷在经验世界之外寻找超越感觉的真理，于是就有了关于"灵魂""本原""本质""理型""实体"等诸多精彩的论述。这些论述有一个最大的共同点，就是需要对理论进行一个不能再被问为什么的设定，比如"事物是由元素构成的""现实世界的万物是对理型的模仿""属性之下存在着一个实体"等。由于这些论题既不能被经验证实，也无法从逻辑推理得出，所以只能被强行认定是那样。这种哲学理论被称为统称为"独断论"（dogmatism）。与之对应，凡事都要问为什么的怀疑主义，则被称为"怀疑论"（skepticism）。

在怀疑论者看来，独断论的诸多理论都无法被证实，所以不值得相信。而在独断论者看来，怀疑论只是一种耍聪明的装模作样的思考——实际上，它没有任何思考，只是把对某理论的质疑保持下去而已。虽然怀疑论的某些质疑确实能够引起我们的共鸣，但也不得不承认，这种坚持到底的怀疑使得怀疑论本身不大可能有实质性的理论建树。

比如，被认作是怀疑论的创立者的皮浪就提出了一个著名的口号："悬置判断。""悬置"（epoche）的意思是把所有判断束之高阁，既不承认，也不否认。这样一来就避免了怀疑论本身的一个悖论：如果一切判断都是值得怀疑的，那么"一切判断都是值得怀疑的"这个判断本身是否可以怀疑呢？皮浪提出"悬置判断"，就是为了告诉世人，怀疑论者根本就不会提出"一切判断都是值得怀疑的"这样的命题。

事实上，他们不会提出任何命题，同时也不相信他人提出的命题。

相比于伊壁鸠鲁和柏拉图的两种认识论路线，怀疑论者大概既不相信感觉经验的真实性，又不相信人有可以超越感觉对本质进行探索的能力，所以无法获得任何对于世界万物的真实认识。这种态度导致古希腊怀疑论滋生出了一种独特的人生观：放弃是非争辩，永远保持"不动心"（ataraxia）。

"不动心"这个翻译出自《孟子》。孟子的徒弟公孙丑问他，如果能在齐国称相，老师是否会动心呢？孟子回答道，他四十岁之后便不动心了。孟子所说的"不动心"，主要指对荣辱名利保持平常心，但皮浪的"不动心"则更为消极：对一切现象都保持无情感、不作为的态度。在一个广为流传的故事中，皮浪面对朋友跌入泥坑没有丝毫反应，径直走过，不加理会。这多少使得怀疑主义带上了出世的色彩，相比于以人伦道德为本的儒家，它更趋近于提倡"无念"的禅宗："百物不思，当令念绝。"（《六祖坛经·般若品》）只不过禅宗的"百物不思"是以大量的佛教教义作为基础而形成的，而怀疑论的"不动心"则仅仅是一种简单的生活态度。

从上可知，作为古希腊认识论中的一种特殊论调，怀疑论没有正面回答任何有关认识的问题。但是这种怀疑精神还是影响了后来的哲学家，使其在构建理论时多了一份谨慎。在经过漫长的岁月后，怀疑论终于转化成一种必要且恰当的哲学态度，为近代认识论新理论的出现提供了一个可参照的思想起点。

■ 知识源自天赋观念：近代唯理派的认识论

古希腊认识论未能继续向前的终点成为近代认识论发展的起点。在对古希腊时代遗留问题的解答中，西方哲学迎来了自身发展的第二座高峰。于是自近代开始，西方哲学最重要的研究主题已经不是本原与本质，而是认识本身。可以说，整个近代西方哲学史就是一部认识论的发展史。正是由于这个原因，西方近代哲学的发展被称为"认识论转向"。

不过在这个转向开始之前，哲学曾经有很长一段时间与基督教纠缠在一起。可以说，哲学在走出古希腊时代之后并没有获得独立发展的机会，而是成为基督教徒用以解释教义的工具。

在基督教诞生不久、向希腊化地区传播的过程中，基督教徒入乡随俗地使用古希腊哲学的概念对教义进行诠释，于是古希腊的哲学思维影响了基督教的性格。在《新约》的《约翰福音》中，我们可以读到"太初有道"这样的话。这里的"道"就是"逻各斯"（logos）的意译，是完完全全的哲学概念。

在古罗马帝国的君士坦丁大帝颁布了《米兰敕令》使基督教成为国教之后，他专门对教会组织进行统一管理。于是，对经文制定诠释标准的公教会（Catholic）成立。公教会的掌管者被称为"教父"（Pater）。公元2世纪至6世纪前后，教父们不断地从古希腊哲学中吸收理论上的资源，对基督教教义进行阐释与创新，后世的哲学史家便给教父思想中与哲学息息相关的部分起了一个名字：教父哲学（patristic philosophy）。

教父哲学虽然取得了一定成果，但仍然不能完全解决不断涌现的新的神学问题。以至于在公教会的学校,老师和学生之间就这些问题展开了深刻的讨论。讨论中不乏颇具洞见的观点出现,这些观点不仅完善了基督教教义,也丰富了哲学理论。后世把公元9世纪到14世纪末这些在教会学校中讨论出来的哲学理论称为"经院哲学"(scholasticism)。经院哲学虽然有理论上的分歧,但是在用古希腊哲学(特别是柏拉图和亚里士多德的哲学)阐释神学教义的立场上,则是一以贯之、毫无疑问的。当然,教父哲学亦是如此。所以,二者常常被合起来称为"中世纪哲学"(medieual philosophy)。

我会小心使用这个名称,因为在漫长的中世纪里,并非所有的基督徒都愿意按照教父与经院的规定去理解教义,至少注重灵修与巫术的诺斯替教派(gnosticism)就主张通过神秘体验来获得对教义的直观认知。公允地说,对于这种神秘主义中是否隐藏着什么其他的哲学成分,当代学者研究得还远远不够。基于此,"中世纪哲学"仍是一个有待扩充内容的概念。

只不过我们要明确一点,西方在中世纪能被称为哲学的思想,无论如何扩充,在本质上都是服务于宗教的。用西方哲学史著作中一句流行的话说,"哲学成为宗教的婢女"。这便使得它在理论的建立上有了诸多不可跨越的雷池,比如,不能否认全能上帝的存在。于是,无论教父哲学还是经院哲学,都只能在极其有限的范围内存在,这也是为什么"认识论转向"要到文艺复兴之后才发生。同时,这亦是我决定越过中世纪哲学,直接把古希腊认识论与近代认识论对接的原因。

当然,这并不是说中世纪没有认识论。比如,奥古斯丁在说明作为被造物的人如何用有限的心灵去认识无限的真理这一问题时,提出了"光照论",认为是上帝的光芒使我们看见了永恒的真理。只是这种认识论与其说是为了解决人如何获得真知，不如说是为了凸显上帝的权威与信仰。所以即使略去中世纪哲学的介绍，也不妨碍我们对认识论发展线索的说明。

一般认为，中世纪哲学之后所发生的认识论转向肇始于法国哲学家笛卡儿。当然，在为笛卡儿奉上这一桂冠的同时，我们也要认识到，他的成就与当时人文主义和科学革命的社会背景密不可分。如果说在人文主义对人的尊严与自由的讨论中，宗教还占有一席之地的话（比如，人文主义者皮科在《论人的尊严》中说，人在一切存在之链中具有特殊的位置，而这个特殊性是上帝赋予的），那么在科学对自然的研究中，宗教则被视为应当远离的对象。

近代科学的最大特点就是对"眼见为实"的经验规律的重视，而不去沉迷任何超越性的神秘法则。比如伽利略、开普勒，还有后来大名鼎鼎的牛顿，都是实验型的科学家而不是古希腊式的沉思者。这种科学上的开拓与发展影响了哲学的思考方式。笛卡儿十分赞叹当时人们所取得的科学成就，他对不少科学领域都抱有兴趣，甚至尝试研究与胚胎有关的问题。不过作为哲学家的笛卡儿仍然强调哲学对于科学的重要意义。这个意义体现在，科学不能对自己所使用的方法进行反思，这个反思只能由哲学来完成。

笛卡儿认为，科学研究的基本方法是数学，但是日益重视经验观察的科学家没有办法对数学进行实验，以证明它的可靠性，所以哲学必须解决这个问题。笛卡儿对于这一问题的思考，基本上跳出了古希腊时代以来的哲学体系。换句话说，与深受柏拉图和亚里士多德哲学影响的中世纪哲学不同，笛卡儿把自己的哲学建在了一块无人之地上。他用自己的思考方法大胆假设——至今为止的一切知识都不可靠，然后以此出发，试图重新确立知识的基础。这个方法被称为"笛卡儿式的怀疑"。

所谓"笛卡儿式的怀疑"，就是怀疑一切。比如，当你躺在沙滩上享受阳光的时候，你有没有想过这一切不是真的，而是在做梦呢？不仅感觉会欺骗我们，理性也未必准确。笛卡儿认为，即使是一加一等于二这样明白无误的计算，也可能是某个魔鬼歪曲了我们的心灵，使我们误以为其正确。所以，我们要把怀疑进行到底，不要相信一切号称不证自明的知识。

笛卡儿的这种普遍怀疑，很难说没有受到怀疑论的影响，但是与后者不同的是，笛卡儿通过怀疑找到了一个不能被怀疑的基点：怀疑本身。也就是说，我们可以怀疑一切，但"我正在怀疑"这个思维活动是不能被怀疑的。如果有人怀疑"我正在怀疑"这个事实，那么他对这个事实的怀疑恰恰证明了他正在怀疑。进一步说，这个思维活动的进行者"我"也是不能被怀疑的——这便是笛卡儿那句脍炙人口的"我思故我在"的由来。必须注意的是，笛卡儿从"我思"推出了"我"的存在，但这个"我"除了思想没有其他内容。在笛卡儿的哲学中，"我"也可以被看作能够进行思想的心灵的指代者。这种主观主义的倾向在笛卡儿之后，还要蔓延相当长的时间。

在确定了"我"与"我思"的真实性后，笛卡儿给出了一个确定真知的标准：一切像"我思故我在"这样清楚明白的知识，都是不必被怀疑的。但实话实说，判断现实中究竟有什么知识像"我思故我在"一样清楚明白，仍然是有难度的。笛卡儿的解决办法是，先找到一个这样的知识，通过对这个知识的确定，进而确定其他知识的真实。这个知识就是"上帝存在"。

众所周知，上帝是全知全能全善的，与之相对应，人则有各种局限性。笛卡儿认为，一个有限的人的心中产生出"上帝"这样一个无限的概念是不可能的，因为一个不充足的原因不可能产生一个充足的结果。中国的一句谚语"龙生龙，凤生凤，老鼠生儿打地洞"，说的就是结果（子女）无法突破原因（父母）的限制。作为现代人，我们也许可以提出不少反例，但是在笛卡儿的时代，"原因要比结果更加完满"是公认的道理，所以人无法凭借自己的思维能力创造出无限的"上帝"这个概念。

于是，"上帝"概念的来源只能外在于人，只能是一个比人完美的无限的存在，这个存在当然就是上帝。换句话说，是上帝制造了"上帝"这个概念，并把它放入人们心中。这样一来，笛卡儿不仅找到了一个和"我思"一样清楚明白的原则，确定了上帝的存在，更通过上帝的存在确定了人拥有一种来自上帝的天赋观念。

与中世纪哲学不同，笛卡儿所说的"上帝存在"并非要为宗教背书，而是借用当时大家熟知的"上帝"概念来说明真知的来源，即所有的天赋观念都是确定无疑的（毕竟全善的上帝不可能欺骗我们）。从此出发，除了"上帝"这个概念，我们还能确定另外一种重要的天赋观念：广延（extension）。所谓广延，就是物质占据空间的根本属性。比如，人虽然有高矮胖瘦之分，一块蛋糕也有大小软糯的区别，但是可以确定的是，它们都占据着空间，哪怕是人被埋葬在墓地、蛋糕被吃进肚子之后，也是如此。笛卡儿认为，这种认为事物占据空间的想法，并不是我们从经验观察中获得的。比如，我们一定不会认为电影中的人物只有屏幕那么薄。这说明广延不是事物自身给我们的印象，它同样是上帝制造之后放在我们心中的。由于上帝不会欺骗我们，所以广延所对应的万事万物也必定是存在的。这样一来，从"我思"确定心灵之存在到证明上帝存在，再到从广延确定事物的存在，笛卡儿完成了对普遍怀疑的解答。

在天赋观念之外，笛卡儿也承认人还拥有另外两种观念：外来观念与虚构观念。前者是外在事物给人造成的感觉印象，后者是人的主观幻想，它们都不是知识的来源。在这种区分下，数学既不是感觉，也不是幻想，只能是天赋观念。于是，笛卡儿就证明了作为科学基础的数学的可靠性。

笛卡儿关于真知来源于天赋观念的论述，在近代引领起一种认识论上的见解，由于这种见解不相信感觉的可靠性，且认为人天生具有一些天赋观念，通过对这些观念的推演便可以获得真知，所以它被统称为"理性主义"（Rationalism）或"唯理论"。在笛卡儿之后，唯理论的代表人物是荷兰哲学家斯宾诺莎与德国哲学家莱布尼茨。

和笛卡儿一样，斯宾诺莎承认天赋观念的存在，并把它们称为"真观念"（True Ideas）。不过，和笛卡儿从普遍怀疑推演出清楚明白的"我思"不同，斯宾诺莎对真观念的推演是从方法论上的一个悖论开始的：我们做任何事情都需要某种正确的方法，但要证明这个方法是正确的，就需要另外一种新方法，而这个新方法同样需要被证明其正确性，如此便会无穷倒推下去。于是斯宾诺莎说，如果要找到一个无须证明自身的最根本的方法，这个方法就只能是思考（或者反思）。因为思考只需要由观念构成，而不需要借助实际的事物。但如果对正确性追问到底，就会发现，即使是观念，也有真假之分。于是，斯宾诺莎为了保证作为根本方法的思考是正确的，就设定了真观念的概念，它天然地存在于人心中，既是思考的起点，也是验证思考是否正确的标准。所谓正确的方法，便是对真观念在具体实践中的确认。

如果我现在告诉你斯宾诺莎真观念的具体内容,即告诉你究竟什么可以确保我们正确思考,你一定不会惊讶,因为真观念的具体内容就是上帝。唯理论哲学家似乎对上帝总怀着一种"众里寻他千百度"的执着,其中的道理是显而易见的——没有什么比把具有深厚西方文化传统积淀的上帝概念作为天赋观念的赋予者,更容易让人接受得了。只是唯理派所论说的上帝,多少带有哲学化的变形。在斯宾诺莎看来,上帝似乎成了世界全体——他习惯把世界全体称为"自然"(nature)——的代名词,他认为没有任何东西在上帝之外,上帝是唯一无限的存在(之所以说上帝是存在的,是因为"存在"作为一种属性或状态必须在上帝之内而被上帝拥有)。

斯宾诺莎把这个唯一无限的存在称为"实体"。我们已经知道了这个概念是如何被亚里士多德提出的,这个概念的内容不断被后来的哲学家所丰富。比如在笛卡儿那里,实体被看作独立于其他所造之物而存在的东西。"所造"二字,说明上帝像玩乐高一样创造了实体。实体不是别的,正是能够思考的人的心灵和具有广延属性的万物——当然,严格说来,上帝也必须是一个实体。在这种设定之下,心灵与万物互相独立,互不影响,所以笛卡儿的理论也可以被称为"心物二元论"(Mind–body Dualism)。

不过,正如你看到的这个英文单词一样,人是心灵与物(身体)的结合。如果二者真的没有关系而各行其是,那么我们在突然内急的时候就没有办法用心灵控制身体,这并不符合我们的生活经验,更不是我们希望发生的事。为了解释这种现象,笛卡儿对自己的理论做了一个修补,他设想了一个可以储存和运作精气(animal spirits)的松果体(pineal gland)作为身心的连接点。这样一来,似乎身心就存在了某种层面的相互作用，但是对于松果体属于心还是物，则没有详细说明。

问题延续到斯宾诺莎这里，斯宾诺莎同样使用了实体这个概念，并将其定义为在自身之中且仅通过自身被设想的东西。"在自身之中"说明实体的存在不依赖于任何外在的要素，"通过自身被设想"说明实体必须能够直接地向思考者（的心灵）显示。换句话说，上帝是一个仅凭自身就能被人认识的无限实体。实体这个概念既是人们认识上帝的结果，也是上帝赋予人们的真观念。由此出发，人的认识便获得了牢固的基础。

在斯宾诺莎的观点中，由于上帝、自然、实体这些概念都可以互换，所以实体只有一个。笛卡儿所说的心灵与万物，在他看来都是这一个实体的不同样式（modus），而笛卡儿所认为的心的思考能力和物的广延性质，也都是这一个实体的不同属性。斯宾诺莎认为，实体的样式是实体属性的一种现实化显现，属性与样式之间有严格的连接关系，而且样式与样式之间也有牵一发而动全身的相互影响的关系。这样一来，心、物虽然分属不同样式，但彼此之间却拥有对应性，于是心、物就不再是二元的关系了。

不过，斯宾诺莎的这种实体观不久就被同属唯理派的莱布尼茨所反驳。斯宾诺莎把事物之间的区别说成是同一实体的不同样式的区别，但莱布尼茨认为，事物之间的差异是本质上的差异。这就意味着，实体不是一个或几个，而是多个。莱布尼茨认为，实体是小到不能再被分割的东西，它没有广延（因为任何占据空间的东西都可以被分割），通过组合便形成了万物。为此，他还特意给实体另外起了一个名字：单子（monad）。

如果你还没有感觉到这种观点是受到了古希腊原子论的影响，那么现在是时候了解了。在这种设定下，没有广延的实体不必然对应着物质。事实上，在莱布尼茨看来，精神活动也是实体排列组合的结果，而且能够进行这种活动的不仅是人，人用心灵加以思考的能力只是一种最高级的精神现象而已。在实体不受外物影响这一点上，莱布尼茨是同意笛卡儿和斯宾诺莎的，但是为了说明不受其他单子影响的单子如何互相组合而成为某个具体事物这一问题，他还是搬出了上帝，说在这位至高之神的安排下，彼此无关系的单子们才能走到一起构成事物。这样一来，我们就可以看到近代唯理论对实体的论述，主要有以下三个模型：

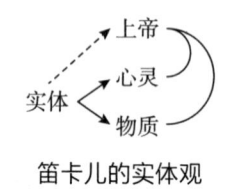

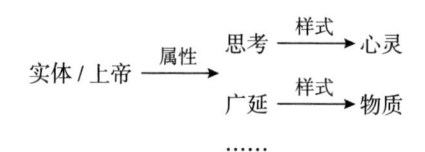

笛卡儿的实体观

斯宾诺莎的实体观

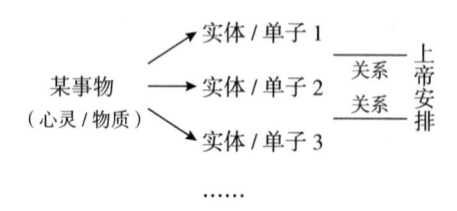

莱布尼茨的实体观

图示 23　唯理派的实体观各有不同

从这些模型可以看出，唯理派对实体看法的差异，主要源自对实体与事物关系的不同见解（实体就是事物；实体的样式是事物；实体组成事物）。唯理派哲学家之所以要讨论实体问题，是因为在研究人的认识时，首先要解决"人的认识是真实的吗？"或"我所认识的这个世界是真实的吗？"这样的问题。

在上面的说明中我们可以看到，笛卡儿、斯宾诺莎、莱布尼茨等人通过各自的推演得出，确实存在一些真实的东西，它（们）或者可以被我们认识，或者可以为我们的认识提供令人安心的保障。这个/些真实的东西就是实体，并且几乎在所有情况下，实体都被唯理派看作是上帝本身（或与上帝相关）。其原因在于，我们只能通过思考认识到这个世界是真实的，但不能决定这个世界的真实性。所以，我们要给认识的可靠性找到一个坚定的基础时，只能依托于比人更加完满的存在——上帝。

在上文中，我们已经反复提及，"上帝"这个概念在近代唯理论中并不是一个宗教概念，它是为了说明，我们的认识不是在看到一幅画、听到一首歌的瞬间发生的，而是在那之前依靠某种预先赋予我们的观念而发生的。通过这些天赋观念，我们才能确定自己看到的是一幅 $0.8\,\mathrm{m} \times 0.8\,\mathrm{m}$ 的肖像画，听到的是某个过气歌手的成名作。只不过，要是去追问这些天赋观念从何而来，除了借助神灵的帮助，似乎也没有什么更好的选择。

唯理派的核心共识，就是作为认识发生前提的天赋观念。但是，你觉得天赋观念这个概念的设定，在多大程度上解决了问题？坦白说，作为一种被称为"观念"的东西，它似乎并没有什么实际内容。如果上帝真的会预先在我们心中置入什么观念——以我鄙薄的想象看——也应该是"不必仇恨犹大的子孙"或者"在信奉我的同时,不能再去拜送子观音"之类的,而不是让不懂哲学的人完全摸不着头脑的"实体"概念(难道上帝更偏心哲学家?)。而且对于智识水平远低于神灵的人来说,他真的能认识到天赋观念的全部细节吗?比如,如果把笛卡儿对于上帝的证明反过来说,我们同样可以证明魔鬼的存在。因为有限的人的心灵不可能设想出无限恶的魔鬼来,所以"魔鬼"这个概念必然是真实存在的魔鬼置入我们心灵中的。这样一来,我们的天赋观念里是不是也有些黑暗的成分呢?

当然,我在这里提出的这些问题并不能完全否定唯理派的功绩。无论如何,它们都为确立人的认识基础做出了理论上的贡献,只是天赋观念的提出并没能完美地解决问题。同样这么评价唯理派的,还有与之针锋相对的经验派。

■ 用感知连接世界:近代经验派的认识论

在对天赋观念提出批评的众多经验派哲学家中,英国哲学家约翰·洛克是著名的一位。他一针见血地指出,如果真有天赋观念的话,为什么大多数人都不自知呢?比如,作为读者的你在阅读此章之前,就不知道上帝已经把一个观念放入了你的脑海中。如果心灵之中存在着一个观念,为什么我们从未感觉到?洛克还颇为警觉地提醒说,统治者可能会把一些利于其政权的原则说成是天赋的,这样人民的服从就成了天经地义的事。在理论错误与实践危害两个方面对天赋观念提出疑问后,洛克直接给出答案说,人的知识不来源于任何天赋的东西，而仅仅来源于我们的经验。

如果把洛克的思想展开，更确切的描述是，知识来源于"观念"（idea），观念则是我们经验或者反思经验的结果。必须注意的是，洛克所使用的观念可不是唯理派天赋观念的那种观念，它包含了知觉、思辨、信仰等一切人的精神活动。总体来说，洛克认为观念有两层来源。其一是外在感觉（sensation），是我们直接与外物接触时获得的。比如，靠近火会感觉到烫。其二是内在反省（internal sense），这是我们的心灵对观念的再次感受与思考。比如，靠近火感觉到烫之后，便产生了"人生如被火烤炙一样痛苦"的感受。外在感觉是人被动获得的观念，内在反省是人主动形成的观念。无论被动还是主动，在通过观念形成知识之前，人的心灵之中一无所有，像一块白板一样，观念则是后来印在白板上的痕迹。这便是洛克解释人的认识过程而提出的著名的"白板说"（theory of tabula rasa）。

当然，无论是外在感觉还是内在反省，它们在白板上留下的印记都不足以直接成为我们称为知识的东西。洛克说，在外在感觉与内在反省所造成的观念中，既有简单的，也有复杂的，心灵通过自身的能力把前者相加、相减和比较得到后者，而后者则常常与知识相关。比如，我们把色彩斑斓、有毒等观念加到一起，可以得到某种蘑菇不能吃的知识；把"官"与"民"等观念中的独特性减去，得到"人"的观念，进而知道了在政治上人人平等的知识；把日食现象留下的观念和潮汐现象留下的观念进行比较，而得出二者之间具有因果联系的知识；等等。无论如何，在洛克看来，一个观念是无法形成知识的，知识必须由两种及以上的观念彼此产生关系而形成。所以，所谓知识，就是观念之间的关系，而观念之间的关系归根到底又是心灵运作的结果。

从心灵动作的角度来看，洛克把知识分为直观知识、推演知识和感性知识。直观知识是对观念的直接反映，比如"奇数不是偶数""汉字与英文不同"等。推演知识是利用直观知识的确定性得出新的结论，比如从"死是不好的"推论出"不可杀人"。至于感性知识，洛克特别说明，它不算是真正的知识，因为它不是来自观念之间的关系，而是来自观念与事物是否相符的比较，这种比较在他看来是不准确的。比如，当我们听到一只狗在叫，就不能得出结论说"狗是会叫的"，即使后来又遇到了第二只、第三只，直到第一百只都在叫，也不能肯定地说，世界上所有的狗都会叫，虽然在一定的范围内认为"狗是会叫的"并没有什么问题。

在这里我们能看到，当观念和现实进行比较时，就涉及一个归纳的过程。从统计学的角度看，归纳只能让我们接近事实，因为在绝大多数情况下，你的归纳不可能穷尽所有的样本。与感性知识相反，直观知识和推演知识则不需要经验上的归纳，它们仅依靠着头脑中的活动就可以得出结论。

不知道你是否对洛克的这个知识分类感到满意，无论你的打分是多少，我都要在这个时候指出一个容易令人困惑的地方。那便是，如果感性知识是不准确的，是否意味着事物在我们心中留下的关于外在感觉的观念是不准确的？进而来看，对其再感受的内在反省观念也会是不准确的？在洛克的思想中，外在感觉留下的观念和感性知识是不同的，后者仅涉及事物那些不确定的属性，而前者除了包含这些不确定的属性，也包含事物确定的属性。洛克根据属性的确定性把事物的性质分为两种：第一性质和第二性质。前者指诸如广延性、运动/静止性、数量性这些事物固有的不可改变的属性，后者指诸如颜色、形状、气味这些非事物本身固有的属性。现在我们就可以知道，外在感觉之所以给人留下准确的印象，是因为它包含关于事物第一性质的观念（尽管认识到这种观念可能还需要内在反省能力的帮助）。而感性知识之所以不那么准确，是因为它关注的对象仅仅局限于事物的第二性质之内。

特别值得一提的是，洛克在划分出事物的两种性质之后，也承认了唯理派经常讨论的实体概念。就像这个概念最初的含义一样，洛克也认为，事物第一性质的诸多属性需要实体作为支撑者，因为在逻辑上，先有实体，然后才有实体的运动、静止等。但洛克随即又说，实体概念只是观念上的一个假设，并不是真实的存在。从其知识分类来看，实体属于推演知识一类。

洛克对实体的暧昧态度使我们无法理解，事物的第一性质究竟如何附着在一个不存在的基质之上。他的继承者（尽管洛克本人一定不会同意），出生于爱尔兰的虔诚主教乔治·贝克莱则在理论上完全否认了实体乃至于物质的存在。贝克莱认为，洛克之所以对实体概念左右为难，是因为他从对事物的属性划分开始就搞错了。在贝克莱看来，事物的第一性质不是什么固有属性，它和第二性质一样可以变化。同时，它和第二性质绑定在一起无法分离，因为我们根本就没办法感知没有颜色的广延。

贝克莱还认为，物质那种占据空间的属性，不过是我们视觉与储觉的叠加结果而已。比如，由光线的深浅，我们知道了物质的形状；由触碰时的软硬，我们知道了物质在形状内的质料。按照这样的思路，物质的第一性质反倒需要以第二性质为基础。实际上，贝克莱哲学的所有目的，正是要移除认识过程中物质本身的作用，去凸显心灵的作用。所以,他的观点常常是消解事物本身的固有性质,强调精神活动留下的观念才是认识的唯一来源。

在这个立场下,贝克莱坚决否认实体的存在。他认为,我们完全没有必要设想,事物需要一个实体来承担它的各种属性。实体这个概念暗含着证明事物存在的私心,但是贝克莱觉得人只能停留在对事物的感受上,我们既没有必要也不能够证明,事物除了能给人留下观念,还有什么其他内容。换句话说,我们感受到一片片长在树上的、绿色的树叶时,就已经知道,当前正在给自己印象的是树叶而不是其他。它虽然名为"树叶",但并不意味着这个名字一定要对应一个实际的存在。名称更像是一种对观念的临时概括,你叫它"树叶"也行,叫它"叶子"也行,甚至随便给它起个名也行,但不能因为名称的存在就说它对应着一个存在。在这里,我们看到了贝克莱对中世纪唯名论的继承。

贝克莱否定实体存在,后果是万物的存在没法被证明。这是一个灾难性的结论。难道说,我们一直暗恋的那个女孩或男孩是不存在的吗?难道说,我们每个月都会去一次的私房餐厅从未存在吗?对于这种问题,贝克莱会回答说,脸红心跳、辗转反侧、津津有味、酒足饭饱这些都是存在的,但是那个人或那盘菜除了能留下观念,并不存在,我们之所以——按照常识来说——觉得人和菜都是存在的,只是因为我们感知到了这些观念而已。基于此,他得出了一个惊世骇俗的结论:存在就是被感知。

大部分第一次听到这个结论的人,一定会本能地反对。英国作家萨缪尔·约翰逊就曾经用踢石头一脚的方式来证明石头的存在。不过这种脚上的疼痛真的能证明石头的存在吗?在VR(虚拟现实)技术普及的今天,我们完全可以做到戴上VR眼镜,连上神经传导线路,在凌空踢出一脚的同时，刺激脚上神经。但是你一定还不服气，会接着反驳说，就算现在感觉不到万里长城，难道万里长城就是不存在的吗？需要了解的是，贝克莱的意思是人与物的唯一连接是观念，人只能通过观念感知事物，事物也只能通过给人观念而被感知。例如，当你在华盛顿和人打赌说，北京的万里长城存在，你实际说的是："我现在去北京八达岭万里长城，我会立刻感知到它。"这仍然符合"存在就是被感知"的原则。

提出"存在就是被感知"的贝克莱是想说明，知识的来源不是事物而是观念，但这种纯粹经验主义的论调反倒会让我们怀疑知识的确定性——眼见的不一定为实，我们怎么去证明作为知识来源的观念就是正确的呢？而且，如果知识的来源是观念，那么观念的来源又是什么呢？对于这些问题，信仰虔诚的贝克莱当然要宣扬上帝的威力。所以在其哲学中，是上帝把观念置于我们的感官中，让我们有能力去感知；也是因为上帝的存在，我们的感知才有了正确性的基础。

但这样一来，是不是意味着上帝可以在我们的感知之外存在呢？贝克莱当然承认上帝的存在，只不过他认为上帝不是广延性的存在，而是一种精神上的存在。与之相应，人既然要接受上帝的恩赐，也必须是一种精神上的存在。但存在一般是实体的根本属性，按照贝克莱的说法，上帝和人就都成了一种"精神实体"或者"心灵实体"。作为一位哲学家，贝克莱极力反对实体这个概念，但是作为一位称职的主教，贝克莱又不能否认精神实体的存在，尽管精神实体本身就是一个有些怪异的概念。

这种由于特殊身份而导致的上帝信仰，并没有贯彻到每一位经验派哲学家的思想中，至少在苏格兰的大卫·休谟这里，上帝就是一个值得怀疑的对象。作为经验论者，休谟严格执行观念须从经验中来的原则。他认为，我们既然在经验中无法感知上帝（上帝是高是矮，是黑人还是白人等），上帝就不存在。当时关于上帝的存在，最著名的专门性论证是威廉·派里提出的"钟表匠类比"，即如果一个构造精巧的钟表需要一位制作者，那么构造精巧的世界同样需要一位创造者，这个创造者便是上帝。但休谟认为，钟表需要钟表匠制造，这确实是我们可以经验的，但世界需要上帝来创造，则是我们不能经验的事，所以二者并不能拿来类比。并且，休谟更为透彻的反驳在于，他根本不承认一个创造物必须有一个创造者，更直白地说，他不承认原因与结果的必然联系。

因果关系是我们思维的一种常见形式，我们习惯用"事出有因"来分析某个事件。但休谟指出，所谓因果关系，只是两个现象总是紧密地一前一后发生而已。我们反复地感受到这两个现象的紧密发生，便会留下印象，以致提起其中一个现象时，总会联想到另外一个。休谟认为，用这种联想去回忆过去没有什么问题，但用其预测未来，则存在风险。

举个例子来说，假如住在楼上的夫妻每次吵架的顺序都是丈夫摔碗然后妻子哭泣的话，我们心中就会有这种联想：丈夫摔碗的结果是妻子哭泣，或者说妻子哭泣的原因是丈夫摔碗。有一天，当再一次听到丈夫摔碗的时候，我们可以根据因果关系推断出妻子会哭泣吗？虽然大部分情况下是如此，但是这一天丈夫可能是由于洗碗时手滑把碗摔在了地上。不仅如此，假如又有一天，我们听到了丈夫摔碗后妻子开始哭泣，我们仍然不能确定上述的因果关系成立。因为这次的真相可能是，丈夫在吃饭时心脏病突发，倒在地上的同时把碗摔碎了，而妻子因为伤心过度开始哭泣。这个例子说明，因果关系并没有一个不证自明的理论基础。休谟把原因与结果都还原为人感知的现象，然后试图指出在感知之外不存在任何原则，所以我们不能用因果关系对那些发生在未来的、尚未被感知的事情做出什么判断。

因果关系一直被视作可以独立于经验的思维方式，休谟的质疑给了运用因果关系进行理论推演的唯理派重重一击。但问题是，如果彻底否定了因果关系，由人类思考所留下的诸多文明成果可能都不复存在了，这个代价实在太大了。所以，休谟也把自己的目标调整为，只是质疑因果关系超越了经验的必然性，而不是彻底否定因果关系。他（不得不）承认，我们在思考问题时，使用因果关系是可以的，只是不能盲目地认为，因果关系是绝对的。

在这里，休谟表达出一种温和的态度（因此，有人称他为"温和怀疑者"），即人没有办法彻底脱离因果关系而思考。为此，他特别解释说，人在天性中拥有一种使用因果关系的倾向，这使得我们看见一个事物时，总是去联想产生它的原因或它所造成的结果，这是一种无法革除的习惯。在休谟看来，这种联想解释了为什么有人相信实体存在。

某人在五岁时去过一次万里长城，他对于万里长城的感知便留在了心中，转化为一种记忆。当他五十五岁再次游览万里长城时，他发现万里长城与他记忆的长城基本保持一致。于是，他便用两次的经验产生联想，认为不仅这五十年间万里长城一直在同一个地方，而且在接下来的五十年甚至更长久的日子中，万里长城也都将屹立于此。其实休谟想说的是，观念虽然可以长久地存在于我们心中，但并不代表观念所涉及的对象也能长久地存在于我们心灵之外。休谟仍然坚信经验派的共识，即观念是我们与事物的唯一连接，只不过他以更加谦逊的措辞修改了贝克莱的观点，认为在心灵不去感知事物的时候，事物是否存在是一个不可讨论的问题。

不仅如此，休谟对观念在形成之后能够长时间保持的特性也给予了足够的关注。为了强调这种特性，他把人对事物的感受结果称为"知觉"（perception），并认为知觉中包含着鲜明而强烈的"印象"（impression）和不那么生动但能长久保持的"观念"（ideas）。休谟把印象又细分为"感觉印象"和"反省印象"，前者是对事物各种属性的感知，后者是对前者进行再次感知而产生的情绪与态度等。当这些印象留在心中成为一种记忆或想象的材料时，观念便出现了。所以在休谟看来，观念就是印象的"摹本"（copy）。

如果你还没有被这些名称搞烦的话，可能会看出，休谟不过是给洛克所说的观念的两种来源起了个名字而已，他不仅完全继承了洛克的观点（观念的出现必须依靠感觉或反省），就连洛克所说的知识来源于观念之间的关系（所构成的复杂观念）也全盘接受。

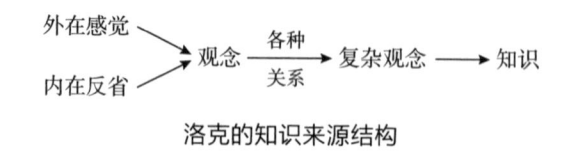

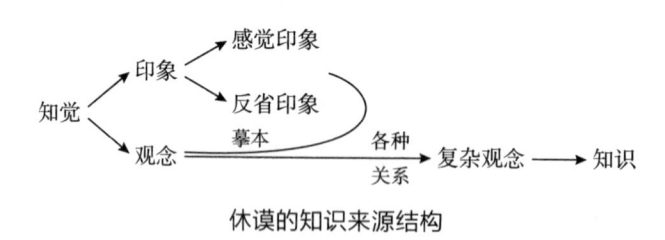

外在感觉 ↘
　　　　　　观念 —各种关系→ 复杂观念 → 知识
内在反省 ↗

洛克的知识来源结构

　　　　　　　↗ 感觉印象
　　　　印象
　　　　　　　↘ 反省印象
知觉
　　　　观念 ——摹本—— —各种关系→ 复杂观念 → 知识

休谟的知识来源结构

图示24　休谟对洛克的继承

第六章 | 观念与经验中的哲学

在洛克的思想中，心灵对复杂观念的不同对待方式，导致了不同种类的知识产生：直观知识与推演知识只涉及观念自身或观念之间的比较，而感性知识则涉及观念与物质的比较。休谟同样注意到了这两类知识，称前者为"分析的"（analytic）知识，后者为"综合的"（synthetic）知识。

所谓"分析"，是指仅凭观念本身的意义就能判断命题的真假，比如"三角形有三个角""本书的作者有能力写一本书"等。这些知识是真的，因为只要我们好好分析"三角形"和"作者"这些词的含义，就能得出"有三个角"和"能写书"这样的内容。这种分析不需要借助其他条件。所谓"综合"，是说仅凭观念本身的意义无法判断命题的真假，需要借助其他的现实经验，比如对"三角形的面积是54 cm^2""本书的作者经常坐地铁的时候看书"等命题来说，判断它们的真假就需要借助经验的证实。

休谟认为，分析的知识具有确定性，是必然的真理，像数学、逻辑等都属于这一类知识，而综合的知识具有不确定性，是偶然的真理。就像洛克承认感性知识也是必要的一样，休谟也认为综合的知识对于扩大我们的生活经验是有好处的，科学就属于这一类知识。后人把休谟的这个知识分类称为"休谟之叉"（Hume's fork），它对之后的认识论发展产生了重要的影响。

在讲述休谟之叉的影响之前，我们可以看看经验派的观点是否给唯理派造成了障碍。唯理派虽然认为在发生认识之前，我们心中已然存在着天赋观念，但不否定有一些观念是在经验中获得的。经验派抓住了这一点，认为既然人已经能通过实际的感觉与思考来获取信息，那么设定天赋观念就是没有必要的。经验派哲学家认为，人只能通过感知与世界万物连接，而连接的结果除了能在心中留下观念，对于心外的事物我们不能做出更多的判断。对于洛克来说，即使不能做出外物存在的判断，实体这个概念仍有存在的必要，否则就没法解释，给予我们知觉的事物的性质是附着在什么之上的。对于贝克莱来说，既然我们感知不到经验之外的事情，说事物能够独立于人存在就是不对的，所以并没有物质实体。但同时既然我们能感知到事情，那么拥有感知功能的心灵以及让心灵拥有这种功能的上帝就是存在的，所以可以说精神实体是存在的。对于休谟来说，不仅物质实体无法被感知，精神实体也无法被感知，实体是否存在是一个不可知的问题，对此不必费神讨论。这便说明，经验派尽管在"知识来源于观念"这一点上达成了共识，但对"观念来源于何处"却没有达成统一的认识。

如果不是像休谟一样对此问题存而不论的话，就只能像洛克一样躲躲闪闪地承认实体的存在（这样就倒向了唯理论），或者像贝克莱一样借助于上帝的力量（不过坦白说，贝克莱说是上帝让我们感受到观念，唯理派说上帝在我们心中赋予观念，这两种说法已经很相似了……）——无论是哪一种，似乎都走到了经验的反面。

■ 信仰的归信仰，知识的归知识：康德的认识论

经验派与唯理派各自的问题说明，每天都在发生的人的认识活动并不是一件容易解释的事情，在双方理论都遇到了瓶颈之后，德国哲学家伊曼努尔·康德的出现彻底打破了这种局面。就像当时每一个醉心哲学的人，都要在唯理论和经验论中选择一种作为自己的立场一

样，年轻的康德早期所接受的哲学训练偏向唯理论（尤其是莱布尼茨的理论）。但后来，康德接受了经验论（尤其是休谟的理论）对理性主义的批判，认为唯理论在本质上是一种"独断论"（dogmatism），因为唯理派哲学家所说的命题——如"上帝存在"等——不能被其他人验证真假。虽然唯理派对这些命题会做出论证，但这些努力在经验派的眼中更像是诡辩。

在《纯粹理性批判》的序言中，康德说，但凡不知道认识能力的界限与性质，就贸然对某物（如上帝、物质）的存在给出肯定结论的都是独断论。不过按照这个标准，似乎哲学从古希腊开始就要被冠以这个恶名，毕竟对实体的论述可是亚里士多德的拿手好戏。所以，如果独断论都是不可接受的，那么西方形而上学的传统将不复存在。休谟确实说过，即使我们把有关形而上学的书都投入烈火中也没有什么关系，因为它们未给人带来任何知识。但康德却有些老派地认为，我们不能轻易扔掉形而上学，保持对上帝等概念的思考对人是具有意义的。

所以，走出唯理论的康德也不打算做一名经验论的拥趸。其原因除了他对传统哲学保持着留恋，还在于经验论对感性知识或综合知识的轻视使得科学没有受到经验论者应有的尊重，而康德却对科学的发展抱有极大的敬意。所以他决定走出唯理论和经验论，另辟蹊径地解决人的认识问题，而在这条新路上，他颇具创造性地把科学的方法引入了哲学。

这个科学的方法是康德的独特思考，他认为真正的科学并非如经验派所说的那样，是一门对各种现象整理归纳找出规律的学问。恰恰相反，科学要先确定一些原则与规律，然后再用它们去检验和解释世界。比如，与康德几乎同时代的艾萨克·牛顿所提出的著名的"牛顿第一定律",就是对理想状态的设想,而不是对现实的总结,但这种设想并不影响它在现实中的应用。与之相似,在解决哲学上的认识论问题时,康德认为我们也可以转变视角,不要认为认识要符合认识对象,而应认为认识对象要符合认识本身。

经验论者认为,知识来源于观念,这隐含着一个前提,即观念要准确地反映认识对象才行。否则,如果我看见桌子,却呈现出椅子的观念,而你看见桌子,却呈现出柜子的观念,人和人就没法沟通了。但康德的意思是说,你与我之所以都看到了桌子,这并非由于我们的观看被桌子规定了,而是由于桌子被我们的观看给规定了。换句话说,在我们看到这张桌子之前,我们就已经具备了某种认识要素,它决定了人能够准确地看到一张桌子而不是其他(当然,由于病理原因造成的视觉障碍除外)。

这个认识要素不是唯理论所说的天赋观念,而是一种认识的功能或认识的结构,不过这种功能或结构可以说是天赋的。所以康德"让认识对象符合认识"的观点,既延循了经验派对认识过程的重视,又在某种程度上保留了唯理派关于"天赋"的思考,颠覆了以往哲学对认识的想象。就像当初哥白尼把天体运动的中心从地球切换到太阳一样,康德把确立认识准确与否的标准从事物切换到了认识结构,所以他的这个观点被称为认识论上的"哥白尼革命"(Copernican revolution)。

这场革命成功的关键,是要证明在接触认识对象之前,人确实在认识结构中已然具备了什么要素。康德认为,如果不找到这些要素,不仅无法解释清楚人的认识过程(特别是认识起点),也无法像以前一样"口无遮拦"地谈论形而上学。因为在他看来,传统形而上学之所以会遭到近代经验论的批判，就是因为那些哲学家在还没有搞清楚认识结构中是否具有一种能力使人认识到"上帝""实体"之前，就对这些概念大谈特谈。而康德的任务是回答能够认识到这些概念的能力是什么，以及这个能力在何种条件或限制下认识了这些概念。正是这个原因，康德的哲学被称为"批判的哲学"。这里的"批判"并不是反对攻击的意思，而是为形而上学的使用设定一个界限。

这个界限的设定，是从考察人最基本的认识环节——感性认识开始的。传统的认识论对于人认识过程的第一步总是语焉不详的。因为这里面涉及很多关键的问题，比如：我们究竟是主动地发觉了事物的性质，还是被动地接受了事物呈现给我们的印象？这些性质或印象是否能如实地反映事物？事物是否独立于我们的认识而存在？康德认为，外物是存在的，这是引起我们认识的前提。但是像经验论者一样，他认为人不能以超出认识能力的方式去认识一个事物。所以在认识之外，这个事物究竟是怎样的，我们并不能知晓。为此，康德还特意拟定一个称呼来形容独立于人的认识而存在的客观事物——"物自体"（Thing in Itself），有些时候这个概念也被康德称为"本体"（Noumenon）。

这里，我们必须小心翻译为我们留下的陷阱——这个同样被称为"本体"的概念，和我们之前所讨论的"本体"有很大的区别。康德使用这个概念是想说明，物体本来是怎样的存在我们无法了解，我们能够了解的关于事物的信息是被加工过的。"加工"说明我们的认识不是傻傻地等着外物把它自己送到眼前，而是主动地攫取外物的某些信息。在洛克那里，这种攫取的发生被称作"直观"，这个概念似乎是说，在感官接触到外物的一瞬间，我们自然就产生了印象或感受。康德把理论又往前推进了一步，他希望自己能够解释这种直观究竟是如何发生的。其答案是，人天然具有两种直观的能力：空间感与时间感。这是我们一切感性认识，或者说一切认识发生的起点。

空间感让我们知道了事物的位置、大小、形状、动静等信息，而时间感让我们能够以可以理解的顺序获取这些信息。可以想象，对于一个拥有另一种空间感或没有空间感的外星生物来说，当它看到一盒图钉时，其印象很可能是，每一根图钉都四散在空中，颜色斑斓，像小水母一样不停地蠕动。而作为人类，最能体会这种空间感失调的情况大概就是不幸患上爱丽丝梦游仙境症的时候，此病症会因为神经系统错乱而影响视觉，导致病人看到周遭物体会将其缩小或放大。同样地，如果我们不具备时间感，当某人对你说"你今天裙子的颜色真好看"的时候，你的听觉不能按照顺序接收这句话，导致听到的可能是"天今看好真色你子的裙颜"。更严重的是，如果你的记忆是混乱的，那么你就搞不清做菜的时候应该先放油还是先放菜，也搞不清自己明天的考试是入职面试还是中学会考。

康德把古希腊的质形论引入自己的思想中。他认为，空间与时间是感性直观的形式，而物体的属性或性质等是感性直观的质料。只有形式，人什么也感觉不到；只有质料，人没有适当的方式来获取感受；只有当二者同时存在的时候，感觉才会被触发。值得注意的是，一旦通过时间感与空间感使得感觉发生，事物留给我们的印象就不再是其本来的样子。就好像一个宝盒中盛放着一枝花朵已有一千年之久，你不打开它，就不会知道花是什么样子；但是打开盒子的一刹那，花就会因迅速脱水而枯萎，你只能看到它干瘪的样子，但这不妨碍你进一步去研究它。只不过，这个研究需要进入认识的第二个阶段：知性。

在康德的认识论中，只有上升到知性的阶段，人才可能去思考，确切地说，是以概念为单位、以逻辑为方法的思考。思考的对象不是别的，正是经过空间感与时间感加工过的感性材料，这也是知性的质料。当这些材料来到知性面前的时候，它们还只是一幅幅画面、一段段声音或者一股股气味，只有经过知性的处理，画面才有意味，声音才有含义，气味才有蕴意。

康德认为，知性表现为做出判断的能力，而之所以能够做出判断，是由于我们的知性之中天然地包含某些范畴——确切地说，是十二个范畴。在导论中我们介绍亚里士多德十范畴的时候，曾经提到过康德的十二范畴。康德把这些范畴以更加清晰的条理分成了四组：量的范畴、质的范畴、关系的范畴、模态的范畴。每一组都找到了三项具体的范畴，比如属于模态范畴的三项是：可能性和不可能性、存在与不存在、必然性与偶然性。作为概念的起点，康德认为，这些范畴在每个人出生时就存在于其头脑中了，就像感性拥有天然的直观形式一样，知性也把这些范畴作为自己的形式。

只不过，由于范畴的运用更为复杂，所以知性中没有直观，取而代之的是，知性拥有一种被康德称为"统觉"（apperception，这个词最早由莱布尼茨提出）的整合能力，它可以把杂多的感性材料统一到某个或某几个范畴之下，也可以把运用范畴得到的信息统一在一组知识中。更重要的是，康德认为统觉能力证明了"我"的存在，因为所谓的自我意识不是别的，正是那种把所有知觉综合为一个统一体的过程。如果说，笛卡儿是从"我思"推出了自我的存在，康德则是从"我能够整合知性的材料"推出了自我的存在。

人通过整合知性材料已经足可以获得知识，但康德说，我们的认识过程并没有到此为止，在知性之后，人还拥有理性。如果说，知性表现为运用概念进行判断的话，理性则表现为运用判断进行推理。康德认为判断与推理的一个不同在于，前者不能脱离经验，而后者可以脱离经验。当我们判断说"这枝玫瑰是红色的"时，它是基于现实的一条信息，但当我们推理说"玫瑰是红色的，这朵花是玫瑰，所以这朵花是红色的"时，它并不受经验的限制（尽管在现实中，玫瑰并非都是红色的，但这并不影响我们推理）。康德认为，推理的实质是在无条件的前提下所进行的具体分析。

在上述推理中，"玫瑰是红色的"就是排除了现实条件的经验，而"这朵花是红色的"是对无条件的具体分析。这说明，在人使用推理进行思考时，具有一种设想"无条件"的天赋。而康德认为，人之所以会有这样的天赋，是因为理性之中天然蕴含着理念。正如他借用亚里士多德的"范畴"说明知性中天然蕴含的东西一样，这里他也借用了柏拉图的"理型"。与柏拉图不同的是，康德的理念特指本来存在于我们的认识结构中，并赋予我们追求"无条件"禀性的最高要素。"最高"的意思是，对人的认识来说，理性的理念已经是终点，知识都到此为止。

理性的理念有三个：上帝、世界、灵魂。康德认为，"世界"这个理念代表了认识对象的无条件，"灵魂"这个理念代表了认识主体的无条件，"上帝"代表了一切事物（一切认识对象和认识主体）的无条件。所以，只要这三个理念存在，人在发生认识的时候，就永远有一种把知识扩大到无条件的程度的倾向。比如，我们不仅想知道下雪的原因是什么，还想知道一切事情的终极原因是什么。这也是形而上学会存在的原因——很明显，康德选择了三个最能代表形而上学的词来作为理性的理念。

但与传统形而上学不同的是，康德并不认为我们可以围绕这三个理念形成具体的知识。这是因为，当对上帝、世界或灵魂做出判断的时候，我们是在用知性的范畴对理性的理念进行分析，但范畴只能向下去分析感性材料，而不能向上去分析完全与经验无关的理念。传统形而上学中诸如"灵魂是否存在""上帝是否全善""世界是否无限"的讨论，正是犯了这样的错误。康德认为，把理性的理念与知性的范畴结合，是一种对理性的误用。他强调形而上学一定要在合理的范围内展开自身，而不能随意跨出边界与经验发生联系。他写出了《纯粹理性批判》，就是想要告诉人们真正的理性有一个严格的界限。

坦白地说，理念作为整个认识过程的终点或最高点，其上不再有更高级的能力或要素。所以对于理念，我们除了由感性开始一步步地到最后推导出来它们，并不能对它们进行进一步的探索。本来我们在知性阶段已经能够获得知识，但是康德还要在其上设定理性阶段，就是为了表明，人可以通过理性进一步整合知性知识。虽然整合的结果仅仅是在理论上确定了三个不能被继续追问的理念，但这个过程本身却表明了，人拥有一种对知识的永恒追求（尽管这种追求有时会出错）。

更重要的是，康德通过这种理论上的设定，保留了形而上学的意义。他虽然认为传统的形而上学值得批判，但是又不同意把其彻底取消。因为只要上帝、世界、灵魂这三个理念存在于我们心中，人的认识就有一个终极的指向。这个终极指向虽然在理论上永远无法到达，但并不妨碍它对人的实际行动的影响。比如，我们无法用知识证明上帝的存在，但这并不妨碍我们因为信仰上帝而多做好事。所以康德特别指出，如果能够限制知识的范围，就会为信仰留出位置。虽然理性的理念无法给予我们知识，但却能够为我们提供实践上的价值。于是，在完成了对纯粹理性的规定之后，康德又开始了对实践理性的说明，只是后者已经与认识论无关，而是进入了道德哲学的领域。

从上述的讨论中我们能看到，康德构建了一个始于感性、终于理性的认识结构。如果你是一个善于发现的人，大概已经对康德认识论的特点有了一个明显的感受，那就是，他在充分承认经验重要性的同时，又在认识结构中设定了很多超越经验的东西，比如，感性的时空形式、知性的范畴、理性的理念等。康德像经验派一样，认为知识确实是从经验开始的，但这并非意味着知识来源于经验。这就好像我在晚上六点把朋友请到家中为他们做石锅拌饭，但石锅拌饭并不是在六点才出现的——所需的食材是我早上去超市购买的，而所需的器皿则是从我出生起家中便有的老物件。

可以说，康德像唯理派一样，承认人身上有天赋的东西，只不过它不是具体的观念，而是具体的认识能力而已。康德认为，这些认识能力在类似于"尝到一碗糖水"这样具体的经验发生之前就已经存在了，并且正因为这些能力的存在，我们只能以一种被这些能力所规定的方式来认识事物。时空感、范畴和理念的组合像是一副神奇的墨镜，只有戴上它，我们才能看见东西，但是看见的东西也无可避免地变成了墨镜的颜色。不管如何，康德认为构建认识论的关键在于，说明墨镜是如何让我们看到世界的，即经验之前的能力是如何发挥作用的。所以，他的认识论又被称为"先验的"（transzendental）哲学。

请注意，"先验"这个概念在康德这里，指的是一种哲学研究的方法,这种研究的内容仅限于讨论人的认识结构在经验发生之前已然具备了哪些能力,以及这些能力如何发挥作用。用康德自己的话来说,凡是不涉及认识对象而只涉及(在认识对象之前的)认识方式的知识,就是先验的。

几乎所有学习康德哲学的人在一开始都会把"先验"与另外一个词——"先天"(apriori)搞混。正如你我所知,在日常的交谈中,"先天"的意思是"从出生起便具有的",但是为了理解康德的思想,我们可以暂时放下这种含义。康德的"先天"不是一个时间的概念,它被用来形容完全不需要依靠经验而存在的性质,即普遍必然性。这是因为,所谓个别的东西或偶然的东西,都是我们在一个个具体的事例中经验观察的结果,而如果某个东西能脱离经验而存在,就是说,无论我们是否用经验对它进行验证,它都是那样,那么它只能是普遍必然的。比如,无论我们是否用经验验证正方形的四个角之和等于360度,它都必然如此,而且所有的正方形都如此。对于人的认识来说,我们也拥有着可以独立于经验而存在的能力,所以时空感、范畴、理念这些要素在康德看来都是先天的。可以说,所有先验的东西都是先天的,但并非所有先天的东西都是先验的。因为"先验"只是康德试图在认识论中去探索"先天"是否可能而获得的知识,"先验"仅仅是针对认识结构中的先天要素而说的,在认识论之外,还有另外的知识也可以属于"先天"。所以,"先天"的范围要比"先验"大得多。

实际上,如果你们还记得"休谟之叉"对知识的划分,就会得出结论:所有分析命题都是先天的知识。比如,"红苹果是红色的"这个分析命题,就具有可以脱离经验的普遍必然性——无论何时何地,所有的红苹果都必然是红色的。不过康德认为,在休谟的这种知识划分下，分析的命题并不会带来更多的知识——红苹果当然是红色的，它不仅是红色的，还是苹果，但这根本不算是什么知识。与之相反，综合的命题，比如"猎豹跑得比狼狗快"，却可以增加我们的知识，但这种知识又不是必然的，比如有一头猎豹由于天生供血不足而无法快跑，它就没有办法在速度上比过狼狗。于是，康德便设想能否有一些内容，它既能增加我们的知识，而且还是必然的呢？出于这个设想，康德创造了先天综合判断。

康德认为，分析命题虽然都属于先天的知识，但并非所有的先天知识都是分析命题，一些综合判断也可以是先天的知识。康德在这里表达了与休谟不同的对"综合的"理解，他认为"综合"并不一定要对经验进行归纳总结，任何在头脑中进行的构造都属于"综合的"活动。举例来说（康德自己的例子），五加七等于十二，它是普遍必然的先天知识，但它不是分析命题，从"五加七"中分析不出"十二"，但是通过头脑的构造，人们可以把两者等同起来，所以它既是先天的知识，又是经过构造的综合判断。康德认为，不仅数学、科学属于先天综合判断，哲学也如此。他在认识论中所提出的先验内容，几乎都是先天综合判断，比如"人有时空感""知性通过范畴去理解感性材料"等。换句话说，康德构建先验哲学的过程，就是他说明先天综合判断体现在认识论中如何可能的过程。

康德关于认识的探究，可以说是近代认识论的高峰，之后的哲学家只要试图在认识论中有所建树，都要或多或少地对他的理论进行回应。在领略过这座高峰上的景色后，我们基本上可以对西方的认识论做出一个总结性的回顾。

认识问题走进哲学的领域，是因为我们对本原的探索在理论上要求我们首先回答这种探索是如何发生的。换句话说，如果不先弄清人对万物的认识是否可靠，那么我们对物的判断就无从谈起。在古希腊哲学中，苏格拉底最早用"灵魂"谈到了人的认识，后来柏拉图借由这一概念提出了"回忆说"，认为一切知识都潜在地保存在灵魂中。而伊壁鸠鲁则提出了"储觉说"，认为知识来源于感性经验的层层积累。读过本章的你肯定会发现，近代唯理派与经验派关于认识论的分歧，实际上在古希腊时代就以某种方式存在了。尽管这期间亚里士多德的认识理论有综合两种理论的倾向——既承认感觉拥有获取关于事物信息的能力，又承认灵魂之中拥有天赋的理性可以认识到与事物有关的真理——他的理论仍然没能够彻底整合"知识来源于天赋要素"和"知识来源于经验要素"这两种观点。

这两种观点表面上是在讨论知识的来源，但在回答的过程中，由于立场不同，实际上又牵引出了其他问题。比如，一些哲学家之所以提出了天赋的要素，是因为他们在解决知识来源问题的同时，也希望说明知识的确定性——毕竟说起来，灵魂或上帝赋予我们心中的知识应该不会错。而另外一些哲学家之所以看重经验的要素，是因为他们意识到，知识来源的问题亦涉及具体的知识生成过程，如果不从我们的感官入手，认识过程就没法被一步步清晰地描述出来。基于这样的不同侧重点，认识论在近代分成了重视天赋观念的唯理派与重视经验能力的经验派。

笛卡儿、斯宾诺莎、莱布尼茨这些唯理派的哲学家认为，我们的头脑中天生就具有一些观念，它们不仅是知识的来源，也为知识的确定性提供了保障。在天赋观念中，"实体"是最重要的一个。唯理派哲学家认为，如果不是我们头脑中预先拥有这个观念，人就无法认识万物的存在，认识就不可能发生。在唯理派那里，"实体"概念与上帝有着密切的关系。事实上，所有天赋理念到最后都要依托于上帝。唯理派的这些观点遭到了经验派哲学家的反对，洛克、贝克莱、休谟这些人认为，我们无法超越自己的认识去断定，在认识之外还有什么东西独立存在。人必须接受这样一个事实：我们关于外物的任何知识都是从经验开始的，既然我们能从感性中获得外物的信息，就不需要再去设定什么天赋观念。重视过程的经验派为知识的形成提供了必要的描述，他们认为在感官最初获得印象的时候，知识尚未形成，只有当印象转变为观念、观念结合成复杂观念的时候，知识才会出现。不过，与唯理派相同的是，经验派为了保证在经验中获得知识的过程是普遍且准确的，也不得不在经验之外借助一些作为前提的假设。比如，需要实体的存在以便提供感觉内容，需要上帝的存在以便保证感觉本身的有效，但这些前提似乎都在某种意义上违背了经验论的初衷。

  近代唯理派和经验派关于认识的争论的结局是，双方都在一定程度上意识到，他们不可能完全驳倒对方——唯理派需要承认经验对形成新知识的作用，经验派也需要承认天赋要素对知识确定性的保证。这就为康德对两者的综合提供了基础。康德敏锐地看到了，唯理派对天赋观念的独断论成分以及经验派对经验唯一性的强调所导致的怀疑论成分，他的解决办法是为人的认识设定先验要素——与天赋观念相比，先验要素虽然也是天赋的，但却不是现成的什么观念，而只是一种能力，知识的形成仍需要经验材料的补充；与经验认识相比，先验要素又是普遍必然的，它规定着我们只能以一种形式认识世界，这就为知识的确定性提供了保证。在康德看来，作为先验要素的时空感、范畴和理念，它们虽然是先天地而存在于人的认识结构中，但它们同时也是被构造出来的，且可以也必须经由经验验证。这就使康德的认识论一方面保留了传统形而上学的先天性，又融合了近代科学的经验性。

小结

从本章的讨论中我们可以知道，创造一种认识论学说的关键在于能否描述出一种相对精细的认识过程，以及能否指出知识的来源及确定性的保证。与本原论或本体论不同的是，认识论必然关联着我们对自己身体（感知器官与认知技能）的研究，这就在某种程度上导致与认识有关的问题绝不应该仅仅属于哲学。就像越来越多的人意识到的那样，也许用核磁共振成像等技术扫描大脑的活动，远比认为是上帝把什么观念置于我们心中，更有利于人类探索自身的心智工作机制。

生活在今天的你我都应该承认，对于类似"人如何产生认识的？"的问题，仅靠哲学是无法回答的。不过直到1975年，美国学者才把哲学、心理学、人类学、语言学、人工智能和神经科学等学科整合在一起，成立了专门研究人的认识的学科：认知科学（cognitive science）。其中，又产生出控制论、神经语言学、神经心理学、心理哲学、语言哲学、认知人类学等诸多子学科。不过从另一方面看，即便有了这些学科的帮助，我们仍然还不能彻底了解，当一个孩子学会"1+1=2"时，头脑中的神经究竟在怎样运行。这就要求我们去进行更为深入的理论探索，而哲学上的认识论也会朝着更加多元的方向继续发展。

第七章

心灵与意识中的哲学

在上一章中，跟随着唯理派与经验派的讨论，我们开始对人认识世界这件事有了一定深度的思考。不管你是否同意伊壁鸠鲁、莱布尼茨或康德这些人的观点，一个确定的事实是：人通过感官与思维获得信息的过程也许并不像我们想象的那么容易解释；由信息形成的知识和建立在知识之上的信念，也并没有我们认为的那么准确。不过，生活——就我个人的理解来看——并非只追求精准和正确，丰富同样是它的目标。一种只允许谈论真理的生活显然是丰富的反面，所以认识论虽然是对认识活动的深入思考，且这种深入思考形成了很多卓越的见解，但它并不能决定我们生活的全部样貌。

所以，认识论的研究内容既包含知识如何形成、如何进行可靠的内在探索，也包含知识究竟应该在多大程度上作用于我们生活的外在思索。通过讨论自古希腊时代起的西方先哲，我们已经大概清楚了认识论的内在探索是如何进行的，在本章中，我们也会在东方的传统语境中看到相似的探索。但更值得注意的是，本章还将展现东方文化是如何对认识论进行外在思索的。这种思索构成了东方认识论的独特个性，恰好为西方哲学提供了一种特别的补充。

■ 从圣人生知，到格物致知：儒家的认识论

和古代生活在其他大陆板块上的先民一样，中国人的祖先亦很早就注意到了人获取知识的认识活动。在认识的诸多环节中，有一个环节受到了古代中国人的特别强调，那就是看。与听、尝、触摸这些利用感官而进行的初级认识活动相比，在中国早期文化中，看并不单纯指涉那种利用视觉进行信息采集的生理性工作，在某些情况下，它还意指一种在根本上领会世界规律的认识能力。在《周易》中，后一种意义的用例屡见不鲜："复，其见天地之心乎！"（《周易·复卦·象传》），"观天之神道，而四时不忒"（《周易·观卦·象传》），"圣人有以见天下之赜"（《周易·系辞上》）。

在这些例子中，看的对象不是具体的事物，而是抽象的规律。"天地之心"是指宇宙运行的本质；"天之神道"与"天地之心"差不多，也是指自然的运行规律；"天下之赜"则是指社会运行的实际情况。这些内容按照一般的理解，都不是通过看能得到的，而是需要从观察、分析到领悟的一整套认识过程。据此，我们也可以说，中国人在很早的时候是用"观""见"等字来表达认识论中所说的"认识"。

不过，值得注意的是，这种认识不是人人都能有的。你如果对中国早期文献有一定的了解，就会知道能观看"天地之心"的人并非像你我一样的普通人，而是为普通人做出典范的圣人。《周易·系辞

上》中有一句话叫"圣人设卦观象",说的就是圣人通过总结天地万物的运行规律而创设了八卦,再通过八卦来推演事物在某个具体时段的具体变化。如果你想知道圣人是如何认识到万物的运行规律的,《周易·系辞上》中的另外一句话可以作为参考:

> 仰以观于天文,俯以察于地理,是故知幽明之故;原始反终,故知死生之说;精气为物,游魂为变,是故知鬼神之情状。

这句话是说:圣人通过观察天文、地理等自然现象,知道了隐秘或明显的规律;通过追寻万物的开始和终结,知道了生死的道理;通过了解精气构成万物、游魂变化无常,懂得了神鬼的情状。

即便我把这句话用现代汉语翻译出来了,你可能仍然没有搞清圣人的认知过程。确实如此,这段文字中虽然提到了"知",但仅从文字上提供的信息来看,对于圣人究竟是如何从对自然或生命的观察而获得知识的这一点来说,它仍然是一个谜。不过,这种不清晰的表述也从另一个方面为我们的思考提供了可能:也许《系辞》的作者并非有意卖关子不去说明圣人的认识过程,而是圣人根本就没有什么认识过程;对于圣人来说,知道就是知道,而不需要像我们一样进行反复的学习和总结。

《论语》中孔子的一些话为这个猜测提供了有力的支持。在《论语·述而》中,孔子说:"我非生而知之者,好古,敏以求之者也。"在这里,孔子谦虚地把自己评价为一个勤奋的历史发烧友。他虽然否认了自己是"生而知之"的人,但言下之意似乎是,那种一出生就能洞悉世界的人也确实是存在的。在《论语·季氏》中,孔子明确地把人按照认知能力分为四种:"生而知之者,上也;学而知之者,次也;困而学之,又其次也;困而不学,民斯为下矣!"

按照南北朝经学家皇侃的解释,这四种人说的就是:天生就知道的圣人、通过学习才能知道的贤人、追求实际功用而去学习然后知道的普通人,以及即使有实际需要都不会去学习而什么都不知道的蠢人。孔子对于人与人之间区别的论述,我们最为熟悉的是后来被编成《三字经》的"性相近,习相远",即从人的本性来看,大家都是相似的,造成我们不同的原因是后天的习惯。但大多数人不知道的一点是,在《论语》原文中,孔子说了这句话之后,还说了一句"唯上知与下愚,不移"(《论语·阳货》)。也就是说,"性相近,习相远"说的只是普通人,对于圣人和蠢人来说,他们不仅相差十万八千里,而且根本没法改变这种区别——圣人无论做什么都是圣人,而蠢人怎么努力仍然很愚蠢。不管这种观点有多么令人不能接受,但是它都代表了孔子以及当时绝大部分人的想法,即人生而不平等。在这个令现代人无法忍受的前提下,我们能够得出一个重要的结论:圣人不需要认识过程,就能够直接认识世界。

当然,这里所说的直接认识世界,并非指圣人从出生开始就具备了过去、现在和未来的全部知识,而是说,圣人能够直接认识到世界的根本规律和人生的重大道理。这就是说,如果一个春秋战国时代的圣人穿越到了今天,他仍然要学习一下怎样在超市用支付宝付款,但是对于今天社会上的根本矛盾和人们心中的普遍需求,他从出生的时候就已经明白了。这种设定使得中国的认识论在开始就与西方的认识论有了一个区别,即通过对人的区分使得某一类极其优异的人存在,免除了被追问认识何以可能的必要。

在上一章对西方认识论的说明中,我们曾讲过一个词叫"直观",说的是对知识的直接获得,比如我们基本上不用任何思考就知道"金丝猴不是熊猫",这个判断就是一个"直观知识"。一般来说,直观知识具有逻辑的必然性,所以人们认识起来毫不费力。但从圣人身上,我们看见了另一种"直观",即对天地万物根本规律的直接获得。这样,我们再回过头去看《周易》中类似"见天地之心"的表述就会理解,当"看"这个动作被用于圣人时,它就不再是感官活动,而是一种直观活动。

只不过,这个直观与洛克所说的直观不同,它的对象是世界的奥妙。本来,越浅显的东西,越容易直观,但圣人也能对深奥的东西进行直接的证悟。更加令人丧气的是,如果我们只是普通人,那么就没办法理解圣人是如何"见天地之心"的。我们就不该去问"圣人是如何做到的"这样的问题,因为很有可能圣人的天赋异禀使得他自己都没有意识到在做某事。所以,我们对圣人只能羡慕,羡慕他干脆没有必要讨论认识论中的诸多问题。

但是,圣人不涉及认识论并不代表其他人也不涉及认识论。毕竟,在孔子的分类中,除了圣人,还有三种人。对于他们来说,西方哲学中所提出来的"认识何以可能"的这个问题仍然需要解答。换句话说,我们虽然在中国的圣人身上看到了近代唯理派所提倡的天赋观念的影子——圣人从出生起就被赋予了关于宇宙规律的知识——但就像唯理派仍需要回答经验认识的作用一样,大部分不是圣人的中国人仍需要去搞清楚,既然他们不能像圣人一样洞悉一切,那么他们究竟是如何认识世界的,以及这种认识是否准确。

在孔子对人的分类中,他也承认了学而知之或困而知之的普通人的存在，而既然要去学习，就一定会涉及具体的认知过程。只是孔子并未对这个问题产生什么兴趣，他的兴趣在于为当时的人们（尤其是君主）树立一种合乎传统道德的典范，这一点我们会在后几章中谈到。孔子对于圣人的那种特殊感情并没有完全被后人继承（虽然每个时代的中国人都在谈论圣人），至少从他一去世，他的几位徒弟就着急给老师立上圣人之名这一点看，圣人这个概念最初那种不可企及的神秘感和权威感在逐渐消失。到了据说是孔子嫡孙孔伋所作的《中庸》中，甚至出现了这样的观点："或生而知之，或学而知之，或困而知之，及其知之，一也。"这就是说，即使有的人从一出生就有了天赋的知识，有的人需要通过后天的学习才能拥有知识，但在他们获得知识之后，就又都平等了，并没有什么不同。你可以明显地看到，在这种说法中，生而知之的圣人似乎不是那么高高在上了，起码就认识活动来说，随着普通人后天的学习，圣人的优势会不断减少。

与此相应，在这种说法中，普通人的认识活动也就越来越受重视，横亘西方几千年的认识论问题随之呼而欲出。于是，中国古人越来越注意到认识本身这一问题。在与《中庸》成书年代几乎同时的《大学》中，我们可以读到这样一句话："致知在格物。"所谓"致知"，就是获取知识的意思。"格物"的意思则比较复杂，不同时代的儒者的解读有很大的不同。如果选取相对流行的并且我本人也认同的一个解释的话，所谓"格物"，就是对具体事物进行研究探察的意思。这就是说，人并不是天生就有知识，而是要在具体的经验学习中去获得知识。这个观点使得《大学》在中国的认识论问题上具有了特别的地位，因为它一反之前的圣人生知论调，揭示出普通人经验认识的必要性和重要性。

提起《大学》，中国甚至东亚世界都非常熟悉它所提出的"八条目"：格物、致知、诚意、正心、修身、齐家、治国、平天下。大家通常把这八个条目理解成儒家对自我修养之路的规划，并且在这个规划中，每一个条目既是上一个阶段的目标，又是下一个阶段的前提。不过，请做好准备，现在我要从一个新的角度（认识论的角度）去为你解读这句话。

从《大学》之前的传统观点看，能够治国的是君主，能够平天下的是圣人。但在八条目中，圣人如果想平天下，就要从最基本的格物，也就是对事物的经验性考察开始，这就完全取消了圣人生而知之的优势。随之而来的问题是，如果圣人不是生而知之的话，那他和普通人有什么区别呢？所以，我在这里尝试提出一种相反的观点，即《大学》中的八条目并非是在指出一条普通人的成圣之路——"成圣"实际上是一个有些自我矛盾的概念，因为依靠后天努力而成为的圣人就不是圣人了——八条目指出的是，在本质上就比别人优秀的圣人并不存在，存在的只有努力格物的普通人和不努力格物的普通人罢了。

当然，这种区别只体现于人的内在性，我们必须承认，如果从人的外在条件来看，区分人的标准还有很多。而这些外在条件确实可以反过来决定人能够在多大程度上发挥自己的内在努力。不过，对于《大学》来说，我们也不能要求它把人生的所有道理都谈到，只要想到它在刻意消弭圣人与普通人的认识能力鸿沟这一点，就值得我们对其予以肯认了。在肯认之后，我们需要思索的是：如果说从《大学》开始，中国古人就已经正式注意到了人的认识活动，那么中国哲学又是如何解读这种认识活动的呢？它是走上了和西方认识论同样的分叉之路（唯理派与经验派），还是另辟蹊径地走出了新的道路？

这些问题仅凭《大学》是无法回答的，但在沿着认识论继续寻找答案之前，我们可以再注意一下《大学》留给我们的一个线索，那就是这样一句话："心不在焉，视而不见，听而不闻，食而不知其味。"这句话的意思是，如果心思不在原本的地方，看到了也相当于没看，听到了也相当于没听，吃东西也不知道是什么味道。在日常生活中，我们经常能体验到这种状态，就比如在公司开会的时候，你心里想的是晚饭的着落，就会不知道会上口沫横飞的发言者到底在讲什么，而吃晚饭的时候，你心里想的又是老板交代你晚上必须完成的材料，那么即使吃的是平常最喜欢的鳗鱼饭，也丝毫不觉得有多好吃。

也就是说，《大学》指出了这样一件事：通过感官获得感觉和意识到自己获得了这种感觉是两码事。在西方近代经验派那里，感觉是整个认识活动的第一步，通过感觉获得的信息还要进一步被整合成观念，才有可能构成知识。从《大学》也能看出，感觉是十分表面的认识能力，在它之上，还有更加高级的认识能力：用心整合。如果心不发挥作用对各种感觉所获得的信息进行整合，这些信息就不能被有效地吸收到我们的意识思维中。直到今天，人们还在用"心不在焉"来形容对感觉信息不做主动反馈的状态。

《大学》中这种对于认识能力的区分，被之后的两位大儒孟子与荀子继承下来了。不得不承认的是，作为儒家创始人的孔子，并没有太多地关注纯粹的认识论问题，而这个不足在孟、荀二子出现之后被解决了。

孟子把人的认识官能分为两种——"大体"和"小体"，并认为，从对这两种官能的依靠程度来区分，人也可以分为"大人"和"小人"："从其大体为大人，从其小体为小人。"（《孟子·告子上》）孟子或者儒家所说的"大人"（有时也被称为"君子"）或者"小人"，从严格的学术意义上看有两层含义：其一是政治身份，即古代贵族与庶民的区分；其二是道德身份，即高尚之人与鄙薄之人的区分。从原始儒家的政治构想来看——尽管这个构想在中国几千年的历史中很难实现——政治身份与道德身份应该是一致的。也就是说，掌握权力的君王或贵族阶级同时也应该是道德的典范，而作为被统治者的百姓，他们常常也是不能规范自身而容易犯各种错误的代表。这种构想在今天来看，显然不符合大多数人的感受，因为无论在哪个国家，贪污的官员和平民英雄都是存在的，所以我们可以调整一下，仅从道德身份去理解孟子的"大人"和"小人"。

不过，即使在这样的理解中，我们也很容易追问：认识能力和道德有什么关系呢？请暂时按捺住好奇心，听孟子为我们解答。在对于"大体""小体"究竟有什么区别的回答中，孟子说道：

> 耳目之官不思，而蔽于物。物交物，则引之而已矣。心之官则思，思则得之，不思则不得也。此天之所与我者。先立乎其大者，则其小者弗能夺也。此为大人而已矣。（《孟子·告子上》）

我们来逐句理解。耳朵、眼睛这种感官不会思考，所以容易被外物所迷惑（比如把纸老虎看成真老虎）。不会思考的感官在某种程度上来说也算是"物"，它们对外物的反映是一种物与物相互作用的过程，在这个过程中就存在着被外物牵引，而走上不正之路的危险（比如缝衣针被磁铁吸走）。但是心不一样，心能思考。心一旦发挥自己的思考能力，就会获得信息。当然，如果心不去思考，也就不会获得什么信息。这种思考能力是上天赋予的。所以对于人来说，要不辜负上天的这种赋予，首先要保证在大的方面用心去思考，这样才不会因为感官而被迷惑。而这些不被外物迷惑的人，就是大人。

在这里，我们可以清晰地发现，孟子区分"大体"与"小体"的标准，在于其是否能主动思考。思考意味着对直接呈现的东西（也就是通过感官获得的信息）进行深入的分析与判断。现代人认为负责思考的器官是大脑，孟子则认为负责思考的器官是心，而且这个心还是天赋的。他像唯理派或者康德一样，认为认识结构中有先天的成分，只不过和唯理派或康德不同的是，这个先天的东西不是某种观念，也不是某种认识形式，而是一个半虚半实的器官。

之所以把心说成是半虚半实的，是因为孟子实际上是借用作为推动血液循环的心脏来表达（也可以说想象）：人有一个能够思维的高级器官。不过和康德一样，既然孟子说这种高级器官是天生的，那么他同样需要进一步说明：凭什么说我们从出生开始，就有着一颗能够思考的心呢？即孟子同样有一个认识上的先验论需要解决。

和康德对于认识过程既精细又决断的论争相比，孟子的解决方式是把先验的问题直接诉诸常识。这是什么意思呢？就是用大家都普遍认同的事实来回答为什么人生来有心。他说：

> 人之所不学而能者，其良能也；所不虑而知者，其良知也。孩提之童无不知爱其亲者，及其长也，无不知敬其兄也。（《孟子·尽心上》）

孟子解释说，不用学习就能够掌握的能力是"良能"，不用思考依然具备的知识是"良知"。小孩子自然而然懂得爱父母，大一点懂得尊敬兄长，这就是良知、良能的体现。对于如今的独生子女来说，尊敬兄长的情感很难体会，但是对于任何时代的任何人来说，爱父母是一条基本能被认同的事实（孟子特别强调了"孩提"这个时间段，这就排除了某些人长大之后杀父弑母的反例）。孟子用这个事实进一步把心的天赋功能细化成"良知"与"良能"，也就是对人伦道德的感受与理解。

这就是说——请注意，接下来的话对理解孟子的思想十分重要——虽然孟子认为，心比眼睛、耳朵等感觉器官高级的原因在于它能思考，但从"良知""良能"的含义来看，这种思考并非逻辑上的推理与分析，而是一种德性上的论断。这样一来，孟子就把认识问题变成了一个道德问题，或者说，孟子是用道德上大家能够接受的常识（人人都爱父母）来解决认识上如何拥有心的先验问题。

其结果是，认识论在孟子这里显得并非那么纯粹。与其说，孟子回答的是人如何拥有天赋的认识能力的问题，不如说，孟子回答的是人如何拥有天赋道德的问题。不过，这倒是完美解释了前面孟子为什么能把认识官能（"大体"和"小体"）的区分与"大人"和"小人"联系起来。现在再去看孟子所说的"先立乎其大者"，意思就不是在纯粹认识论的意义上要求发挥知性所代表的思考能力，而是在认识论与道德哲学的混合意义上要求发挥心的德性能力。

这种混合使得我们始终不能彻底搞清楚，在孟子的理论中，心对于耳目器官的作用是如何依靠德性来完成的。但这并不影响我们记住孟子特别强调的一个观点：一个人只要能发挥心中含有的天赋德性，他的认识就不会只停留在感觉的层面，从而陷入被外物迷惑的危险。

简单来说，就是高尚之人的认识更加可靠。

孟子这种对于认识的看法，在比他晚一些的荀子那里受到了挑战。这个挑战并非说荀子不同意孟子的全部观点。对于同样属于儒家学派的荀子来说，《大学》中对于心的重视在他那里同样得到了延续。和孟子一样，荀子也把心和感觉器官区分开了，并认为前者可以控制后者：

> 耳目鼻口形，能各有接而不相能也，夫是之谓天官。心居中虚，以治五官，夫是之谓天君。(《荀子·天论》)

荀子认为，耳朵、眼睛、鼻子等感觉器官各有对应的对象（声音、颜色、气味等），而且不能彼此连接或者互换（比如不能用眼睛来感知气味）。对于这些器官，荀子称之为"天官"，顾名思义，就是天赋的官能。与天官相对，心位于身体之中，没有任何的对应对象，而专门统管五官，所以称之为"天君"，也就是天赋的统治者。与用是否具备思考能力来区别心与感官的孟子不同，荀子在这里表达的不是心与感官的差异，而是二者的层级关系：没有心的调控，耳目口鼻形就没法有效地接收信息。这似乎更符合《大学》中"心不在焉，视而不见，听而不闻，食而不知其味"的设定。

在孟子那里，感官是用来感受世界的，而心是以德性的标准来判断和反思这种感受的。在荀子这里，感官仍是用来感受世界的，但心却成了感官发挥作用的引擎。所以我们明显能够看到，孟子所说的心的德性意义，也就是"大体"所具备的良知、良能，被荀子取消了。荀子的想法是，孟子假设我们先天就拥有一种道德能力，是没有根据的空想。在著名的《荀子·性恶篇》中，荀子带着一种看过无数家庭纷争调解类节目的口吻说，父子之间的亲爱、兄弟之间的和睦都是后天学习到的，到了财产分割的时候，一家人也能翻脸不认人。

而这种观点，恰恰与他对认识的判断相关，即人只有先天的感觉，而没有先天的德性，正是这些先天的感觉造成了我们在绝大多数情况下都有着各种欲望："夫人之情，目欲綦色，耳欲綦声，口欲綦味，鼻欲綦臭，心欲綦佚。"（《荀子·王霸》）意思是说，眼睛要尽可能地看到色彩，耳朵要尽可能地听到声音，嘴巴要尽可能地尝到味道，鼻子要尽可能地闻到气味，连心也要尽可能地追求安逸（也就是放松对感官的统治）。"綦"有"极度"的意思，从这个字的本义来看，天生的认识能力赋予我们的不是对成为道德模范的追求，而是要尽最大可能去满足感官的要求。

按照荀子的观点，人的天赋的认识官能似乎意味着，人的作恶倾向在出生时就存在了。现在你知道，为什么大家习惯把荀子的思想称为"性恶论"，而把与之相对的孟子的思想称为"性善论"了吧。只是稍微值得注意的是——正如学术界不少学者所强调的那样——荀子的"性恶论"并非说人的本性就是恶的，即人生下来就是坏人，而是说人生下来就有因为过分追求感官欲望而作恶的危险。那么，如何化解这种天生的危险呢？荀子认为，要通过感官之外的认知机制认识到，不能无限地追求感官欲望，哪些是合理的，哪些是过分的，要有所分辨。于是，他说："人之所以为人者，非特以二足而无毛也，以其有辨也。"（《荀子·非相篇》）意思是说，人之所以是人，并不是因为用两只脚走路、身上没有皮毛这些生理特征，而是因为人拥有分辨事物的能力。

也就是说，荀子似乎把人的认识分为感受和思辨两种，心不仅要管辖诸多感官,还要负责对感官所获得的信息进行价值上的判断。不过这样一来,荀子所说的心除了不具备天赋的道德性,和孟子的心也没有什么不同——都是比感官高级的知性官能。真的如此吗?如果深入考察荀子的思想的话,就会发现他所说的"辨"实际上与我们所说的"思辨"并非一样:后者强调的是通过思维(特别是符合逻辑原则的思维)来对外物加以区分,但前者在某种程度上,恰恰是说要停止复杂的思考,使心保持虚静的状态。这样一来,万物就会自动显现出原本的情况,而不会蒙蔽我们。荀子特意用了四个字来形容心能够分辨的原因,即"虚壹而静"。

"虚"是说,心在接触外物之前,不预先产生任何的判断,心中空空如也才不会对事物有先入为主的偏见。"壹"说的是,心始终能用相对完整且唯一的标准来看待外物。"静"是说,心虽然会参与感官的感觉活动(感受之前的控制与感受之后的判断),但它并不受感官的影响,一直保持着安静温和的状态。

在荀子看来,做到了"虚壹而静",就进入了"大清明"的境界:"虚壹而静,谓之大清明。万物莫形而不见,莫见而不论,莫论而失位。"(《荀子·解蔽篇》)"大清明"是一种透彻的状态。在这种状态中,心不用主动发挥作用去认识事物的本质,万物会自然彰显自己。这有点像"禅"的境界。这种境界的达成不是一件容易的事,至少我目前是做不到"虚壹而静"的,还会为"再来一瓶"而高兴,还会为错过末班车而烦躁。

也许我应该做一下检讨,不过在此之前,我打算先避重就轻地为你们回顾一下中国古代早期的认识论究竟在讲些什么内容。在《周易》和孔子的语录中,我们可以发现,人究竟如何认识世界这一问题并不被当时的智者关心。因为在当时，人类这个物种被分成了不同的层级，对于处在最高级的圣人来说，他们从出生起就掌握了认识宇宙本质的能力，所以他们并不会面临认识论的诘难。而普通人虽然需要慢慢地认识世界，但他们的认识活动却没有人关心。这种冷漠的精英主义在孔子去世之后逐渐瓦解，《大学》《中庸》等文献开始倡导这样一种观点：圣人与普通人的认识没有本质上的区别，圣人在某种程度上也需要经验认识。这样一来，伴随着对感官的讨论，中国的认识论正式开启了。

和西方哲学家一样，中国的先哲也不认为感官能帮助我们认识到事物的本质。于是，无论孟子还是荀子，都在感官之上强调了心的作用。但是和西方哲学家不同，孟子和荀子都没有从知性的角度强调心的作用，而是分别从天赋道德意识和虚静状态两个方面指出了心的价值。在孟子那里，人天生在心中具有道德意识（"良知"），于是自然而然地会运用这种道德意识对万物进行判断（"良能"）；在荀子那里，人心虽然担负着统管感官的任务，但是它本身是可以不着一物、虚静空澈的（"虚壹而静"），一旦达到了这种境界，万物自然会显露自身，人的认识就不会出现偏差。

哲学家	文献	角度	内容
孔子	《论语》	等级论	生而知之VS学而知之
曾子	《大学》	经验论	格物致知
孟子	《孟子》	心论	大体；良知、良能
荀子	《荀子》		虚壹而静

表五　儒家的认识论

西方认识论的核心是"知识",而在诸多"知识"中,与外物相关的知识是极其重要的一种。于是,在求知的时候,人必然要看向世界,去探寻世界中最真实、最根本的规律。在这种意义上,认识是向外求索的,所以认识论需要解决外在的信息如何在人的思维中一步一步形成知识的问题。但是,中国的认识论似乎并不认为外面的世界很精彩,起码对于孟子和荀子来说,知识的获得在于你有多么善良或者多么虚静。换句话说,在他们这里,与知识相关的是人的道德和境界,而非物的属性和本质。

这种倾向,即使到了一千年之后的宋代也仍然如此。在第五章我们说过,宋代之后中国的哲学主要由气学、理学和心学三者构成,它们分别从不同的角度对构成世界的基础、万物的本质规律以及道德的根源做了解读。这是一段十分复杂的思想史与学术史,不过你大可不必担心,我们在这里所关注的,是中国认识论发展的轨迹,至于在这条轨迹上的每一个辙印是如何形成的,则不在本书的讨论范围内。所以,我保证用最短的篇幅来说明这个问题。

作为儒学发展的第二座高峰,宋明儒学与先秦儒学的一个连接正是来自认识论,那就是对于《大学》中"格物"的重新重视。孟子和荀子虽然在一定程度上肯定了人的认识确实有感觉的成分,但根本上与感官经验无关,所以"格物"这个概念在二人的著作中一次也没有出现。这个情况在宋代被完全翻转,就像每一个去游泳馆的人都要带上泳帽一样,当时几乎每一个思想家都要对"格物"阐发观点。不过,如果孟子和荀子泉下有知的话,一定会十分高兴,因为宋代的格物论基本上是在二人奠定的认识论基础上展开的。这就是说,虽然"格物"

这两个字已经明明白白指出，这是一个与外物相关的认识活动，但到了宋明时代的儒学家这里，"格物"仍然是与道德相关的修养活动，而且这种修养在很多情况下最后都指向了被称为"静"的境界。

　　作为理学的创始人，程颢、程颐兄弟十分重视"格物"，但是他们认为，"格物"格的是事物根本的"理"。这个观点被作为理学集大成者的朱熹进一步继承。朱熹认为"格"是达到极限的意思，所谓"格物"，就是穷尽一个事物最根本的道理，而"致知"则是"格物"的结果，指的是从一个事物上获得根本的道理之后，个人的知识便从具体的、有限的状态扩充到普遍的、无限的状态。程朱理学有一个著名的观点，被称为"理一分殊"，它指的是任何一个事物中都完整地反映着那个高高在上的天理。即使有人资质不够，无法从一个事物中获得全部的天理，只要他坚持对不同的事物进行"格物"，迟早会实现对天理的豁然明朗。

　　不过，实话实说，程朱的这番话听起来很容易让人误解为，他们并没有把最关键的信息透露出来。我们从程朱的"格物"说中只知道，每个事物都含有天理，只要不停"格物"，就会获得这个天理。但是，究竟怎么"格物"，这个天理又有什么内容，他们并没有说清楚。比如，我有一双运动鞋已经穿了两年，至今我还没有从它身上明白宇宙的根本道理。或许是我的方法有误？或许我不应该穿它，而应该用来观赏？或许我穿的运动鞋种类还不够多？

　　和我有一样苦恼的人还有明代的王阳明。他因为想要从竹子中获得天理而死盯着竹子看了七天，最后不幸病倒。王阳明从这件事中认识到，不仅竹子中没有理，任何事物中都没有理，理只来自内心。所以"格物"实际上是"格心"，即端正自己的意念，别去想一些乱七八糟的事情。而"致知"的"知"也不是万物如何运行的知识,而是特指伦理道德的"良知"。王阳明在这里直接使用了孟子的概念,试图说明人对世界认识的根本是一种道德判断。不过,把"格物"说成"格心"的论调,在心学的创立者陆九渊那里就有了。陆九渊并没有做什么格物的实验,而是直接指出,一切深奥的道理早就在人心中,格物的实质就是要照顾好我们的这颗心。与理学相比,心学直接把外物对于认识的价值取消了,其结果是得到了一个颠覆我们常识的结论:认识并不需要有实际的对象,我们只需要训练认识本身("正心"),就能得到真正的知识——道德上的是与非。

稍作思考我们就会发现,认识论在中国后期的发展愈发表现出了一种向道德哲学贴近的倾向:心学把"格物"说成"格心",这是把对世界的探究转为对人道德意识的探究。理学虽然没有像心学一样否认外物的价值,但还是把"格物"说成"格理",即对伦理法则的探究。而气学也没有割舍对道德的推崇。张载虽然承认没有认识对象就谈不上认识能力,即心与外物必须是共存的,"人本无心,因物为心"(《张子语录·语录下》),但是他更强调,心不能局限于对外物的认识,只有超越外物,才能获得真知的认识。张载把对外物的认识称为"见闻之知",而把超越外物的认识称为"德性之知",并认为后者具有绝对的价值。这种区分基本上可以概括中国认识论的根本特点:对自然知识的忽视与对道德知识的重视。

然而这个特点也可以说是问题。道德知识虽然也可以算作一种知识,但它所关注的焦点在于道德,而不在于认识。你可以通过朱熹、王阳明这些人的认识论知道如何做一个好人,但是在他们的论述中,却找不到像西方哲学那样对于知识形成过程的一步步探寻。反过来说,西方哲学为什么要去一步步探寻人的认识过程呢？这是因为，只有了解了人的认识活动，我们才能确保自己在接收信息、输出信息的时候做到准确。换句话说，认识是一种求真的活动，但道德是一种求善的活动。说到这里，相信你也会认同，一个人无论再怎么品德高尚，只要他不去学习，也不会知道为什么切开的苹果放久了会变色，为什么车突然停止的时候人会向前摔倒。

不过，如果你把这个疑惑说给生活在宋元明时代的读书人听，他们未必会觉得这是问题。因为无论是理学、心学还是气学，几乎都无一例外地在自己的理论中描绘了一种对世间万物彻底了解的认识状态，就好像我小时候经常幻想的那样：有一瓶神奇的药水，喝下去就能掌握以后所有考试中的内容。不过，这样的药水应该是不存在的，中国的认识论必须在理论上回答，一个人究竟如何能通过道德上的修养（"格理"与"格心"）过渡为认识上的全知（哪怕半知也行）？

对于这个问题，宋代以降的很多儒者都采取了荀子的思路：只要保持心的虚静，事物的真实本质就会自然呈现。被视作理学宗师的周敦颐（理学的很多主题都是由他提出的）是北宋最早把这个观点继承下来的人，他提出将"主静""无欲""壹"等概念作为修养的目标——这几乎就是荀子"虚壹而静"的翻版。在程颢那里，他又提出了"敬"这个概念。不过，很快他的弟弟程颐就说，所谓"敬"，即容貌举止的严肃整齐，其根本还是为了实现心的"壹"与"静"。后来朱熹也同意这种通过敬畏来保持内心虚静的方法。陆九渊更是把这种对于虚静的追求落实到了行动中，他主张通过静坐的方式来达到内心安静。之后，静坐也确实成了儒者们修养身心的流行方法。

说到这里，我们就能发现，先秦时代孟子与荀子分别从天赋道德与虚静境界两个方面对心的强调，被宋代之后的思想家有机地结合在一起：道德知识是洞悉宇宙的根本，而掌握这种知识的方法在于对心的虚静的训练。这里面一个小小的改动在于，荀子说心是虚静的，是因为他不相信心中有天赋的道德知识，但理学家却认为包括人在内的每一个事物都天生蕴含了道德法则（"理"），心学家更是认为人心之中就有天赋的道德良知。在这种情况下，心的虚静就不再是一无所有的状态，而是在具备道德法则或道德意识的前提下，不具有邪念以及过分的欲望。这样一来，既能保证认识活动中道德的根本地位，也能保证有一定的方法来实现道德修养。

			孟子天赋道德 ↓	荀子虚静境界 ↓
理学	二程与朱熹	格物→格理	道德法则	无邪念、无过分欲望的状态
心学	陆九渊、王阳明	格物→格心	道德良知	

表六　宋代及其之后儒学的认识论

不过，坦率地说，即便宋代及其之后的哲学家开始尝试用荀子"虚壹而静"的实践活动来达到认识上的透彻，这对普通人来说仍然是非常困难的。由于我尝试了几次静坐都以失败而告终（这里所说的"失败"特指一种与心灵明澈相反的意识模糊的状态），所以我现在要说的话也许就没有那么客观：我仍旧不相信一个人能通过静坐来认识宇宙的根本道理。即使真能通过静坐得到某种认识，也无法确定这个认识就是所有人都能认同的真理。就算是认同静坐的宋元明时代的儒者们彼此之间，还不完全认同对方的观点呢。只是，无论我信不信，彼时的哲人们都已然给出了一种与西方哲学有很大区别的对待认识活动的态度，并且在理论上确实存在着一种可能性——达到虚静的境界。如果你能做到，请一定要告诉我，那是一种怎样的体验。当然我承认，不管能否达到那样的境界，尝试端正心念，总是一件有百利而无一害的事情。

人不需要钻研世界：道家的认识论

在以上的讨论中我们了解了，中国古人把本该属于认识论的问题转化成道德修养问题。这自宋代起成为中国哲学的重要内容，又被广泛地传播到朝鲜半岛以及日本，所以中国哲学中的这种认识论基本上可以代表东亚的思想世界。不过，如果足够严谨，我必须坦诚地告诉你，其实在中国哲学内部，还存在着另外一种与认识有关的观点。不过，这个"有关"可不是提供了什么认识论上的高见，而是直接宣称，认识并不像我们想象的那么重要，人不需要钻研考察这个世界。持有这种观点的，便是老庄所代表的先秦道家。

首先，来看老子。

在《老子》第十二章中，老子提出了一个反常识的观点，即感觉对象会伤害到感觉器官："五色令人目盲，五音令人耳聋，五味令人口爽。"眼睛生来就可以观看颜色，但看多了颜色，人会变盲，耳朵、嘴巴与其对象的关系亦是如此。实话实说，老子的这个观点在某种意义上是符合现代科学的：过度刺激感官会使感官的敏感性下降。比如，你如果拿魔鬼辣椒当主食天天吃，再去吃其他食物，恐怕就不会觉得有什么味道了；如果长时间盯着4K高清的电视追剧，视力一定会受到损害。

对欲望的过度追求，也是孟子、荀子以及之后所有儒家学者所反对的事情。儒家反对穷奢极欲，是因为这与道德修养相违背。医生和教师不能为了满足自己对金钱的渴望去向病人和学生收礼。而老子认为，这种对于道德的追求，某种程度上也是欲望的表现（或许可以称之为"道德欲"）。这就是为什么他说"天下皆知美之为美，斯恶已。皆知善之为善，斯不善已"（《老子》第二章）。人们以为道德上的美与善是好的，但在追求的过程中，一不小心就会沾染上沽名钓誉的做作，甚至变成岳不群那样的伪君子。

所以，老子并不是说做一个好人是错的，而是认为，即使道德是好的东西，我们也不能保证追求道德的行为是好的。或者说，如果追求道德的行为总是出现各种问题，那么道德本身是好是坏就没有意义了。我们的当务之急是，要停止那种打着道德的名义实际上却在伤害他人的行为，比如在公共绿地放生毒蛇，强迫子女结婚生子，等等。

在这样的观点下，如果像儒家一样把认识作为一种与道德相关的活动，那么这种活动当然应该被取消。于是在老子这里，"知"不是"欲"的反面，而是应该与"欲"一同被清除的对象。一个理想的社会不是人人学着如何变聪明的社会，而应该是人人学着"无知无欲"的社会。所以，老子在《老子》第十九章所说的"见素抱朴，少私寡欲，绝学无忧"，基本上可以代表他对认识活动的批判：不要思考，不要学习，不要有欲望，这样才能保持纯朴的状态，达到精神世界的平和。

老子劝人不要去学习，其根本目的是想让我们不要主动发挥认识的作用。在《老子》第四十八章中，他坦言，求学和求道完全是两种相反的事情："为学日益，为道日损。损之又损，以至于无为。"老子在这里认为，求学所代表的认识活动的目的，是增加我们的信息，但作为世界根本规律的"道"却与这些信息没有一点关系，而且通过认识获得的信息还会影响我们接近"道"。为什么呢？因为所谓世界的根本规律，并不是什么深奥的道理，而就是两个字：自然。这也是为什么老子说"道法自然"（《老子》第二十五章）。

所谓自然，就是事物本该有的样子。那么，我们又如何确定这种样子是什么呢？很简单，看它在最开始是什么样子就行。所以，一个道家学者绝对不会从事园艺工作，那些我们认为美丽的形状，对于植物来说并不是自然的。对于人来说，他最自然的状态是刚刚出生的时候：不会看，不会听，不会说。与这种状态相对应，在《老子》第十四章中，老子也把"道"的状态描绘成"视之不见""听之不闻"和"搏之不得"。总之，去进行认识活动就是对自然状态的破坏，而一旦破坏了自然状态，我们就永远站在了"道"的对立面。

继承了老子这种观点的人是庄子。

庄子是先秦诸子中一位比较浪漫的哲学家，他为哲理的解说创作了一个又一个寓言故事。我们读《庄子》，不仅会折服于道家思想的境界之高，更会钦佩庄子本人想象力的壮伟。最能体现庄子认识论思想的内容来自《庄子·应帝王》中的一则寓言。

南边海域的统治者叫儵，北边海域的统治者叫忽，中央地区的统治者叫浑沌。儵和忽没事总到混沌的地盘上走走，互相交流一下经验，浑沌作为主人对儵、忽二人十分友好。有一天，儵和忽就商量说，每次都被浑沌热情招待，挺不好意思的，咱们做点什么来回报浑沌吧。他们想来想去之后认为，人都有目、鼻、口、耳七窍，可以看到、闻到、吃到、听到世界上的精彩之物，但浑沌却什么都没有，于是决定为浑沌凿开七窍。说干就干的儵、忽二人每天为浑沌凿出一窍，凿到第七天，七窍全部凿通时，浑沌竟然死了。

在日常生活中，我们说某某人"开窍"了，是说这个人对某事的认识有了本质的改变。在一般的理解中，"开窍"是一件好事。但是在庄子的这则寓言中，"开窍"虽然同样意味着认识能力的提升，却是天大的坏事，至少浑沌就为此付出了生命。庄子这里的立场显而易见：认识具有致命的危险，最好的事情不是睁开眼看清世界的色彩斑斓，而是放弃感官的作用，混混沌沌地行处于世间。在寓言中，庄子给杀害浑沌的凶手（虽然不是主观作恶）起名为"儵"和"忽"，这是有深意的。"儵（倏）忽"是快的意思。我们总认为快是一件好事，在现代社会中人们最需要的就是"提速"，比如网络提速、火车运行提速、完成业绩指标提速等，但是这种"快"往往意味着对原有速度和进程的人为改变，这显然不符合道家对于自然的推崇。

不过，庄子这则寓言的真正深意还不在于起名，而在于原文中"日凿一窍，七日而浑沌死"这个情节。不知道大家有没有注意到，浑沌是被凿了七天才死的，但是这七天浑沌却没有进行任何反抗。庄子的这种设置十分深刻地写明了追求自然的最高境界：即使一旦有了认识能力，自身就要毁灭，我也不去阻拦毁灭的发生。对于儵、忽二人来说，他们人为地破坏了别人的自然状态，一定会因此承担某种结果。但对于浑沌来说，他从始至终都没有对外界做出任何反应，甚至对自己的死亡也没有表现出不满。这似乎表明，活着是自然的，但不可避免的死亡也是自然的，浑沌虽然遭受了死亡的厄运，但他同时也把拒绝认识世界的立场坚持到底了。

《庄子·天道》中的一段话把上述寓言中的道理表达得十分清楚："故视而可见者，形与色也。听而可闻者，名与声也。悲夫！世人以形色名声为足以得彼之情。"庄子认为，人们企图通过形状、颜色、名字、声音去认识事物本质的想法是可悲的。显然，他像老子一样对感官和感觉能力表达了彻底的否定。不仅如此，对于比感官更加高级的知性官能，也就是心，庄子同样表达了不在意的态度："无听之以耳而听之以心，无听之以心而听之以气。听止于耳，心止于符。气也者，虚而待物者也。唯道集虚。虚者，心斋也。"（《庄子·人间世》）庄子认为，虽然具有分辨反思能力的心比眼睛、鼻子这些感官更加高级，但它仍然需要我们扬弃——不管是用耳朵听还是用心听，全都是不必要的，人真正应该做的是用气听。

在前几章中，我们提到了中国哲学中作为本原的"气"的概念是多么重要，现在通过庄子的这番话，我们又了解到"气"在认识论领域内的含义有了小小的延伸——"虚而待物"，就是对待外物没反应。"气"本来是构成万物的本原，庄子说用"气"来听、来看，意思就是不要从表面的属性入手去认识事物，而要从构成事物的本质入手去理解事物。正如我们上面所说，道家认为事物的本质没有什么神秘的，只是自然而然的状态而已。你甚至可以说，事物干脆就没有我们使用"本质"这个词时想象的那种本质，所以从"气"的角度来认识事物，实际上就是让人们不要去认识事物。

这也是为什么庄子建议我们"听止于耳,心止于符"——听到的声音到了耳朵里,就让它停止吧(不发动感觉功能);心能够分辨的能力,在万物符合各自的自然状态时,也让它停止吧(不发动知觉功能)。仍然是在上述这段话中,我们可以看到,庄子为心不发动功能的状态起了一个特别的名字——"心斋"。顾名思义,心斋就是把心看成什么家具也没有的空房子。而心一旦能够保持"毛坯房"的状态,就达到了"道"的境界。可以说,道家所说的道、心斋、以气听物(当然,以气观物、闻物、尝物也是一样的)实际上都是一回事:不要去认识事物,只要保持事物的自然状态就好。

从老子和庄子的以上论述中,我们领略了中国哲学认识论的另一个面向——认识无用论。这也是为什么有人把道家称为"反智主义"。不过——正如我在上文反复强调的那样——反智只是道家的表面手段,老子和庄子的思想可不是为了抛弃认识而产生的。在他们看来,人在进行认识活动的时候会不可避免地带来各种问题,这些问题有百害而无一利,只会让人越来越远离事物的本质。换句话说,老庄所代表的道家在批判认识的同时,也承认事物有一个本质值得我们去追求,只不过追求的方式不是认识,而是放弃认识。

当然,构成这种奇特观点的根本原因在于道家所树立的价值,即事物的本质不是别的,而是事物的自然状态。在这种设定之下,人没有必要去改造事物,也没有必要通过认识去干涉事物(比如,把事物分解成一片一片的,然后放在显微镜之下观察)。事实上,如果认为事物最宝贵的本质是事物的自然状态(往往也是事物最开始存在时的状态),那么我们确实不需要进行什么认识活动。

但是在这里,我还是要扫兴地提出一个问题:如果我们真的像老庄所说，不进行任何认识活动，结果会怎样呢？恐怕我们除了知道自己闭上眼睛、捂住耳朵之后（就像那个寓言故事中的浑沌一样），万物仍在自然而然地运作，也不能知道更多了。也就是说，我们只知道自然是好的，但是对于万物各自的自然是什么，我们并不了解。比如，你如果要知道月的自然是有圆有缺，仍然需要动用感官去观察。如果我们硬要为道家解决这个问题，只有两种办法：一种是，认为老庄在某种程度上必须承认人最基本的感官功能，毕竟在现实生活中，一个人如果不看、不听、不触摸，他就无法生存；另一种是，认为一旦封锁了感知功能，达到了"道"的境界，人自然而然就获得了关于世界运转的终极知识，在这种终极知识的帮助之下，人对万物各自的自然状态可以有直接的了解。

实际情况是，在道家的思想中，这两种办法都是存在的。因为换另外一个角度想，拥有眼睛、鼻子、嘴巴等感觉器官并不是我们的错，所以对人们来说，有鼻子有眼也是自然状态。虽然在道家看来，这种自然比不上我们出生伊始感官功能尚未分化的终极自然，但它仍然是不能被强行改变的。所以道家的主张并不是说，有眼睛也不能去看，有嘴巴也不能去吃，而是说，人应该在最低限度内使用自己的感官。这个最低限度就是，能保证我们的生存就好。至于在生存之外，去追求感官上的愉悦，比如看一场身临其境的话剧、买一只金光灿灿的耳环等，就是没有必要的事了。我们十分熟悉的老子所说的"小国寡民"，就是一种满足百姓生存但不让社会繁荣的治国思路。所以，我们对于道家认识论至少要理解到这个层面：老庄虽然反对认识活动，但在最低的生存限度内承认感官的作用。

对于另一个办法，即认为只要达到了"道"的境界，对于万物各自的自然状态，即使不通过感知能力去学习也能理解的这种思路，在道家思想中也是存在的。在《老子》第十四章中，老子曾说："执古之道，以御今之有。"老子认为道是亘古不变的，掌握了过去的道，就可以处理现在和未来的事情。这也表明，万物的"道"或万物的自然状态并非像我们之前想象的那样，各有各的状态，而是它们有一种普遍的共同状态。

所以，只要我们掌握了"道"，也就明白了万物的自然状态是什么样。《庄子·齐物论》把这个道理说得更清楚："故为是举莛与楹，厉与西施，恢恑憰怪，道通为一。……因是已，已而不知其然，谓之道。"庄子认为，无论是像草秆那么轻的东西，还是像房柱那么重的东西，无论是像厉一样的丑女，还是像西施一样的美女，无论是多么离奇怪异的东西，它们所蕴含的"道"都是一致的。所以，对于万物的"道"或者自然状态的掌握，只需要因循（万物是什么样，就接受它们是什么样），而不需要深入探究（比如，从生理学和心理学去研究厉丑在哪里，西施漂亮在哪里）。

综合以上这两种补充说明，道家的认识论似乎有以下逻辑：一、放弃通过感知能力主动认识世界，但对于为了保证生存而必须使用的感知能力并不排斥；二、放弃认识活动，就能达到一种自然的状态，这种状态就是"道"；三、万物的"道"都是共同的，达到了自己的自然状态，也就能够理解万物的自然状态。

坦白说，道家认识论的逻辑虽然算得上自洽，但其中第三点是一个无法被大多数（没有达到"道"的境界的）人证实的理论。正如前面所说，道家认识论的精髓是对"道"的把握，但对"道"的把握同时也是一个无法说清楚的目标。这实际上和儒家认识论中，荀子所提出的"虚壹而静"有着相似的性质，即总在构建认识论的关键环节处设置一个玄妙的、理论上可行但实践上却不可知的环节（这个关键环节决定着我们能否实现认识论所树立的真正目标：对于儒家认识论来说，就是道德知识的获得；对于道家认识论来说，就是对自然状态的把握）。

无论是通过静坐或其他"虚壹而静"的方法去认识宇宙的根本道理，还是通过放弃感知认识的方法理解万物的自然状态，都不是容易完成的事情。所以我们不得不承认，与西方的认识论相比，中国古代的认识论，无论是儒家还是道家，都有些神秘主义的成分。不过，本章的重要目的就是要向诸位展示东方认识论的这种特点。请注意，这里说的是"东方"，而不是"中国"。接下来，你将会看到，起源于印度而发展于东亚的佛教认识论，在神秘主义的道路上走得更远。

■ 觉悟世间的虚妄不实：佛教的认识论

公元前6世纪左右，佛教在古印度兴起。如果忽略关于佛教起源的那些神奇的传说，仅仅从思想史的脉络入手，几乎大部分研究佛教史的学者都会告诉你，佛教的出现是为了抵抗当时的婆罗门教以及与婆罗门教教义一脉相承的种姓制度。当然，当时抵抗婆罗门教的不仅仅只有佛教，流传至今的耆那教也是当时反对婆罗门教的代表，只不过论及影响，佛教确实是当之无愧的沙门之王。

从佛教史的分期来看，从释迦牟尼（"释迦牟尼"是后人的尊称，相当于"释迦族的尊者"）创教到他圆寂后的一百年，该教被称为"早期佛教"或者"原始佛教"。佛教最基本的思想就是在这个阶段被创立的，在这些思想中，处于核心位置的是"四谛""五蕴""十二因缘"这些概念，其中与认识论相关的是"五蕴"说。

"五蕴"说的提出同样与反对婆罗门教教义相关。婆罗门教认为，宇宙中存在着一个超越一切的终极本体"梵"。作为宇宙的主宰者，"梵"可以称为"大我"；作为身体的主宰者，"我"可以被称为"小我"。二者的关系是"梵我一如"，即"梵"与"我"是同一的。由于"梵"是永恒不变的，与之密切相关的种姓制度中的最高层（婆罗门），就在理论上得到了永具主导权的保障。

作为种姓制度中另外两级刹帝利和吠舍的思想代表，佛教当然要在理论上反对存在着一个亘古不变的东西。所以，佛教认为世间一切事物都是变化不居的，这种变化由五类要素聚合而成（梵语中"蕴"乃聚合之意）：色（物质）、受（感受）、想（观念）、行（意志）、识（意识）。在这五蕴之中，有四蕴是和人的精神活动相关的，只有色蕴是关于物质的，但不论是精神还是物质，佛教认为其背后并没有某个神灵或者某个实体存在。

不过，如果背后没有神灵或实体存在，又是什么力量使得五蕴可以结合的呢？这便涉及原始佛教的"缘起"概念。所谓"缘起"，就是"依靠条件而生"。这里的"条件"一共有十二种，也就是上述所说的"十二因缘"，它们基本上都是指人的精神活动。原始佛教如此设定的意思是，万事万物的存在并不独立于我们的精神活动之外。换句话说，人的思维与意识是某个事物存在的前提条件。这一点对天天使用支付宝的人来说，感觉尤为明显。在互联网时代，"钱"已经完全成为精神上的产品，如果说古代的钱还是金光闪闪的贵金属，现在的钱似乎只是显示屏上的一堆字符，它之所以能让我们买来日用品，是因为大家都信任它。不过，如果我们来到亚马孙河沿岸的某个古老部落，这种信任就会受到极大的挑战——没人愿意用一些摸不着的数字来换取商品。

你也许会说，钱是什么不重要，重要的是，它能换来实实在在的东西——至少，我们用钱买到的面包是真实的。不过，从原始佛教的观点来看，面包也不过是颜色（被烤得恰到好处的焦黄色）、气味（浓浓的麦香加上淡淡的奶油味）、触觉（从嘴巴滑入食道及肠胃的感觉）等精神活动的集合。这种观点有点类似西方近代认识论中经验派的"存在就是被感知"，不过这里面的区别在于：经验派论述人感知过程的目的，是想说明我们是如何一步步认识事物的；而原始佛教论述人感知过程的目的，则是想说明事物是由包括认识在内的人的精神活动形塑出来的，对于这种精神活动的产物，不能信以为真。

从以上"五蕴"说和"十二因缘"说中，我们可以大体获得一个印象：佛教在西方认识论还没有作为一个正式的哲学领域出现之前，就已经注意到了人精神活动中的种种环节（比如感官、意志、情绪等），其细致程度比之于两千多年后在欧洲出现的唯理派和经验派毫不逊色。唯一有些缺憾的是，原始佛教在提到人的这些认识活动时，并没有像西方哲学家那样整理出一个清晰的从感性到知性再到理性的层层递进的认识过程。换句话说，原始佛教对于人精神世界中各种环节的关系，讨论得还不够明确。

这个问题在佛教发展的下一个阶段得到了关注。通常认为，公元前4世纪至公元2世纪左右是部派佛教的阶段。释迦牟尼圆寂百年之后，各地僧团纷纷兴起。由于对佛教教义的理解不同，他们在思想上产生了分歧，在多次结集商议都未取得一致之后，僧团彻底分为两大阵营——"上座部"与"大众部"，史称"根本分裂"。虽然学界至今对造成佛教根本分裂的导火索还有多种看法，但一个可以肯定的事实是，部派佛教意味着佛教思想从此开始了分化。

一般来说，当一种哲学思想能够分化、演变、融合时，它才具有长久生存的可能性。佛教之所以日后能够成为世界三大宗教之一，恰恰是因为它的教义不是铁板一块，而是充满了不同角度的理论与不同方法的解说。而这些互有抵牾、攻讦的派别之所以能够源源不断地产生，成为佛教发展的不竭动力，就是因为原始佛教在创教之初就留下了某些没有解决的关键问题。这些关键问题往往带有思想的张力，无论你从哪一边入手，都只能找到完善自己证明的方法，但做不到彻底地驳斥与之相反的意见。这样，围绕这一问题，新的思想就会不断地涌现。

在部派佛教阶段各派别所争执不下的问题之中，有一个最为关键，即"法"是否实在。这里所说的"法"，其实就是一切事物或一切现象。在原始佛教的教义中，我们已经知道，万事万物只是人的各种精神活动的结果的集合，背后并没有一个真实的主宰者。但这个结论还包含着很多有待回答的问题，比如，如果依靠各种条件而形成的事物是不真实的话，那么被依靠的条件本身是否是真实的呢？假如我们认为作为事物形成条件的"五蕴"和"十二因缘"中所描绘的那些精神现象也是不真实的话，那么这个知道"所有精神活动都是不真实的"的精神活动本身也是不真实的吗？

从以上这些问题来看，部派佛教争论不休的根本原因在于，原始佛教在论及"法"时，没有对它进行详细的分类与差异化的说明。在佛教中，"法"是一个外延很大的概念：它既包括物质，也包括精神；既指代现象，也指代本质。这样，在人们不知道诸法之中哪个是主要的、哪个是次要的，哪个是原初的、哪个是派生的时候，直接被告知一切都是不真实的，就容易产生理解上的困难。换句话说，佛教思想毕竟不是怀疑主义，它虽然揭示了万物流转的虚妄不真，但同时也想向大家指出宇宙的真相到底是什么。

所以在真与不真之间，佛教必须把握好一个宣教的尺度，否则，如果只是一味地告诉世人所有的东西都是假的，那么这种否定一切的态度必将引火烧身，导致大家对佛教教义本身是否为真产生怀疑。当然，如果认真研究原始佛教，就会发现释迦牟尼并没有一刀切地否定一切。事实上，释迦牟尼似乎早就明白在论说真与不真时，把握合适的尺度是十分困难的，所以在论述类似问题时选择了闭口不言。佛陀的这种行为被称为"无记"。但缄口不言的态度对于根器一般的学习者来说，并不是什么好事。从佛教之后的理论不断精细化的趋势也能看出，一个宗教如果想获得更多的信仰者，对于关键问题的解答是不能回避的。

在部派佛教对"法"是否实在这一问题的回答中，说一切有部的理论是最引人注意的。顾名思义，说一切有部认为，法无论是在过去、现在还是将来，都是实在的。说一切有部像古希腊原子论者一样，认为世间万物都是由"极微"的粒子构成的。这样一来，原始佛教所宣称的事物的不真实，就变成了"事物在现象上的不真实"。所谓"现象上的不真实"，就是说某事物是由粒子和各种条件组合而成的。所以，作为整体的这个事物并非真实存在，在这个事物的背后也没有什么本质或者实体可言。这就好比，我们用沙子堆起一座城堡时，城堡并不存在，存在的只是沙子。换句话说，说一切有部似乎表明，构成事物的条件与材料都是实在的，但被构成的事物却不是真实的。这就一方面继承了原始佛教对于婆罗门教认为万物背后都存在着一个主宰力量（"梵"）的反对，另一方面也颇有洞见地指出了不真实的世界中究竟什么是真实的（构成事物的条件，即"法"）。

在进入部派佛教之后，僧人们开始用"空"这个概念来形容"不真实"（在原始佛教阶段，"空"这个字也是存在的，不过彼时这个字更多指代的是一种排除杂念的冥想行为：空定）。所以，说一切有部的思想可以被概括为"我空法有"。其中，"我空"是指使一个事物作为整体而存在的主宰性力量并不存在，"法有"是指作为构成事物的各种条件和要素是存在的。必须指出的是，"我空法有"只是说一切有部的一家之言，部派佛教中的其他派别也有"我、法皆不空"（犊子部）、"我、法皆空，一切事物均一无所有"（方广部）等诸多不一样的观点。不过，我在这里之所以要着重说明说一切有部的思想，是因为这种思想引出了佛教认识论上的一个关键问题：是否有一种认识可以作为其他认识的根本？

从说一切有部对"法"的论述中，我们已经知道，他们认为事物是依靠各种条件和合而成的，在各种条件中，人的精神活动占据着很大比重。现在，我们以同样的思路追问，各种精神活动的存在需要依靠什么条件吗？在意识到这个问题之后，部派佛教（尤其是说一切有部）没有在精神活动之外另外树立某种条件，而是对精神活动本身进行了整理与区分（这恰恰是原始佛教缺乏的），认为有一种心识活动可以作为其他一切精神活动的根本。

在说一切有部的经典《品类足论》和《大毗婆沙论》中，人的精神活动被分为两种：心与心所法。所谓"心所法"，是指可以作为事物存在条件的各种具体的精神活动，比如情感上的喜怒哀乐、意志上的决定与放弃、观念上的是非判断等。而这些精神活动之所以能够形成，是由于人拥有一种根本的精神能力——心。"心所法"，顾名思义就是这种根本精神能力所产生的"法"。在心与心所法的关系中：前者是根本，是统率；后者是作用，是附属。在说一切有部的另一部经典《俱舍论》中，心与心所法被形象地称为"心王"与"心所"。

无论称呼如何，我们看到的是，从部派佛教开始，人的精神活动开始有了性质上的高下之分。在这个区分中，心或者心王代表着一种终极的能力，它掌控着其他一切精神活动。从认识论的角度看，这似乎是在说，人的感觉、知觉等认识活动被一种更加高级的超级认识能力决定着。不过在部派佛教阶段，对于这种超级认识能力或者心王究竟是什么，当时的印度高僧们并没有给出明确的答案。直到大乘佛教阶段的瑜伽行派出现，这个问题才得到相对完满的解答。

由于资料不足，现代研究佛教的学者把大乘佛教的兴起时间推断到公元前1世纪到公元1世纪。所谓"大乘"，就是"伟大的运载"，这里的"运载"说的是佛教的教义，指佛法像运载工具一样，把我们带到了解脱的境界。"大乘"这个名字是信奉其教义的僧团自己拟定的，其目的是与当时的部派佛教区分开。所以，部派佛教也被大乘佛教信仰者贬称为"小乘"。当然，这个称呼未受到部派佛教的接纳，毕竟没有人愿意承认自己的教义是二流的。

信仰大乘佛教的僧团之所以有信心做出这种"大""小"的区分，主要原因在于，他们与部派佛教的修行目标有差异。大乘佛教徒认为，修行的目的不仅要自利，还要利他，这样才能圆满成佛。在他们看来，传统的部派佛教只求自利，只希望断除自身的烦恼，获得解脱，属于境界稍差的小乘。

除了人生追求上的这个差异，大乘佛教还提出了很多不同以往的理论。其中就包括上述提到的对于人的根本精神能力究竟是什么的解答，这个解答主要出自公元4世纪前后兴起的瑜伽行派。瑜伽行派有一部经典《解深密经》，其中提到了人的一切精神活动的根本是"阿赖耶识"。它也被称为"种子识"，是说其他各种意识都是由其生出的。阿赖耶识是一切"法"的根本，它的存在保证了人们拥有认识佛法的可能性。换句话说，没有阿赖耶识，人们就不可能成佛。同时，由于阿赖耶识与其他的精神活动或者认识能力是完全不同的，即由于阿赖耶识不属于我们认识世界万物所需要的各种能力的范围，所以此时此刻就没有办法用说明某个具体事物的方法，来说明阿赖耶识有什么具体的内容。

在这里，我必须坦承，由于本人尚未修成果位，也没有从大乘佛教所说的教义中领悟和体会到真正的解脱，我能做的只是在知识上把关于阿赖耶识的一些描述传达给你。

以阿赖耶识为理论的核心，瑜伽行派构造出一个被称为"三类八识"的认识结构。至此，佛教的认识论有了一个完整的体系。所谓"三类八识"，是说人一共有八种意识，这八种意识大体上可以分为三类。第一类是代表感知的前六识：眼识（视觉）、耳识（听觉）、鼻识（嗅觉）、舌识（味觉）、身识（储觉）、意识（认知）。这六识并非大乘佛教所创造，在部派佛教阶段，人有六识的说法就已经存在了。

在这六识之中，意识与其他五识稍有不同，它没有对应的外在对象，而是对其他五识所获得的信息进行整合。这似乎是构造认识论的常见方法：在最基本的信息接受官能之上设置一个可以处理信息的高级官能。在西方经验派洛克和休谟那里，处理感觉信息的是反省，但大乘佛教所说的意识似乎在功能上更为复杂一些，它还包含着类似于推理的思维能力和类似于记忆的储存能力。从这点来看，意识有点像康德所提出的知性。不过，省略思考过程的类比多少有些不负责任。在东西方哲学中，我们经常能够发现类似的结论，但如果耐心地了解各自的立论旨趣和推导过程，就会发现相似外表之下包含的是天差地别的个性，就像《西游记》中的孙悟空和六耳猕猴一样。

三类八识中的前六识，在某种程度上代表了人类对自身最基本的认识。几乎在各种文明中，哲人们都注意到了人类在认识上所具有的两种能力：感受与思维。但关于这两种能力之上是否还有更高级的认识能力，以及这种能力是什么，各种文明则给出了不同的答案。对于大乘佛教中的瑜伽行派来说，六识的说法是对之前传统的延承，真正体现其独特思考的是第七识末那识和第八识阿赖耶识。上文我们已经知道，阿赖耶识是瑜伽行派的核心观点，它指能够让人成佛的最高级的精神活动。瑜伽行派认为，这种最高级的精神活动并非和代表感知功能的前六识直接接触，而是通过一个中介，即第七识末那识进行的。

"末那"有"思量"的含义。你一定会觉得末那识与意识有些相似，但末那识的"思量"特指对自我的思考。换句话说，末那识就是"自我意识"。瑜伽行派的观点是，人通过六识获得感知后，很容易形成"我"这个概念。比如，如果被针扎了一下，我们会疼；如果吃到了变质的食物，我们会闻到、尝到霉菌的味道。在这些感知的积累下，"我"自然就出现了。因为很明显，感知功能是为隐藏在背后的主人服务的——下次再遇到尖锐的东西，就知道躲开了；知道某个食物变质，就不会去吃了。如果感知背后没有一个主人，感知就没有意义（比如，为什么要去避免疼痛？为什么不能吃变质的食物？）。这个主人就是"我"。

这种感知背后有一个"我"存在的想法，很容易令人联想起笛卡儿的"我思故我在"。笛卡儿认为，可以怀疑一切，但不能怀疑"怀疑"这个活动本身。所以，怀疑是存在的，而怀疑存在，怀疑的背后就必须有一个"我"存在。与笛卡儿一样，瑜伽行派也认为自我意识才是诸多感知背后的真正主宰，但是与笛卡儿不同的是，瑜伽行派同时也认为这种自我意识是人类执迷不悟的根源。如果人只有末那识和前六识，那么我们将永远处于以自我为中心的行为模式中。如果你还记得佛教在创立之初的重要目的是要破除婆罗门教所说的"大我"和"小我"，那么你就能明白瑜伽行派设立末那识正是为了说明，人一切错误认识的根源就是太把自己当回事了。

不过，作为新时期的佛教代表，瑜伽行派批判人们的自我感觉良好，并非老生常谈，而是辩证地指出，末那识所代表的自我意识虽然是错误的，但也是必要的，因为如果没有自我意识，人们也无法知道"我有阿赖耶识""我有成佛的可能性"。换句话说，末那识虽然会使人误认为有一个自我存在，但同时也能对阿赖耶识进行主观上的感应，这就在理论上给予了人进入终极境界的入场券。

更有意思的是，瑜伽行派认为，末那识和阿赖耶识不仅仅是感应与被感应的关系，还是污染与被污染的关系。这是说，并非人有了末那识，就都能顺利地感应到阿赖耶识，在没能感应到的情况下，对自我的执着越来越多，对阿赖耶识的蒙蔽也就越来越重。有的人也许终其一生都没有感应到阿赖耶识，于是他一生所积累的错误认识就都被保留在阿赖耶识中,并原封不动地传给下一生的接棒者。是的,你没有看错,瑜伽行派虽然同意原始佛教"我并不存在"的观点,但却认为阿赖耶识是永恒不灭的。不仅如此,阿赖耶识这一生受到的污染在下一生并不会被洗除重来。所以,每一个人都要谨慎行事,因为我们的错误认识会像传染病一样传播下去。

末那识与阿赖耶识虽然关系紧密,但从对佛法认识的角度看,前者是执迷不悟,后者是大彻大悟,所以二者属于不同类别的意识。至此,我们可以把代表佛教认识论的三类八识理论罗列如下:

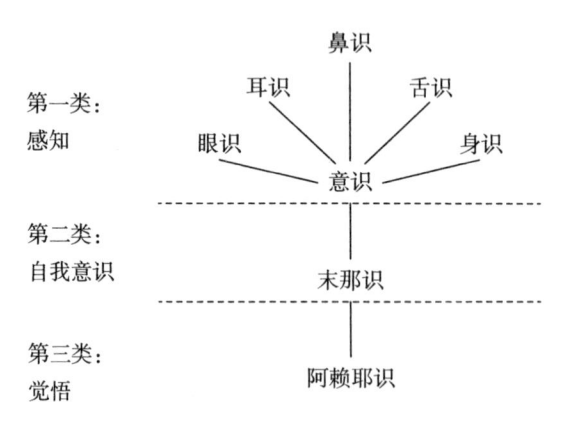

第一类：感知　眼识 耳识 鼻识 舌识 身识 意识

第二类：自我意识　末那识

第三类：觉悟　阿赖耶识

图示25　三类八识

在这个理论中,我们可以看到瑜伽行派把佛法追求的解脱境界嵌入人的认识结构的努力。而努力的结果,是使宗教修行变成了认识活动上的实践。从瑜伽行派开始,这种通过分析人的认识结构,并以此来阐释佛教修行目标的学派就被称为唯识学派。"唯识"是说,洪荒宇宙虽然有事物万千,但都不过是人意识的演变。除了意识,一切都是虚幻不实的，当然意识本身也有真假之分，真正的意识只有一种，就是阿赖耶识。随着佛教的传播，唯识学派的思想也引起了印度之外其他国家的僧人们的注意。在唐朝之时，中国便有一位高僧前往印度，前后留学长达十七年，在学成大乘佛教唯识学派的精髓之后，他回国创立了中国的唯识宗，这个人便是玄奘法师。当然，我们更熟悉他另外一个名字——唐僧。

《西游记》中，唐僧去西天见到了如来佛祖，也就是释迦牟尼本人，而在真实的历史中，玄奘法师见到的只是精通唯识理论的天竺高僧。可以想见，在一千四百年前，刚刚到达那烂陀寺的玄奘法师与此时的你我一样，正在学习着有关三类八识的知识。不过，不同点在于，我们可不能在这个知识上停留太久，毕竟我们的哲学之旅还没有走完一半。而且在出入东西方各种认识理论之后，我们似乎比玄奘法师具有更多元的观点来审视佛教的认识论（当然，我们也可能因为这种不专一而丧失了修道成佛的机会）。审视的结果是，我们确实要承认瑜伽行派用认识论上的建构来阐明佛教教义的价值，但同时也要承认，由于宗教本身的超越性质，瑜伽行派所建构的认识论的核心，即阿赖耶识，并没有办法被我们真正认识到。

这么看来，佛教的认识论也面临着儒家与道家的认识论所面临的问题，即认识结构中最重要的一环（通常也是认识的终极目标）带有某种超越的性质，无法清晰地被表述出来。不过，与儒家和道家相比，佛教的不同在于，在后续的发展中，它认识到了这个问题，并对此提出了另外一种特别的认识论：顿悟说。提出顿悟说的是禅宗，它可以算作中国人对佛教教义的原创。当然，禅现在在东亚甚至全世界都已经不是什么新鲜事了。

禅宗的创始人是唐代的慧能大师，我们十分熟悉的"菩提本无树，明镜亦非台。本来无一物，何处惹尘埃？"就是出自他的口中。据说慧能大师本人并不识字，但是读写上的不便并没有成为阻碍他领悟佛法的绊脚石。不仅如此，他本人恰恰认为，任何语言文字都是片面的，试图通过这种片面的描述去认识完满的佛法是不可能的。所以，禅宗的思想之一就是"不立文字"，即不通过语言文字和其背后所蕴含的思辨活动去领悟佛法。

为了践行"不立文字"的目标，我们会在禅宗里看到诸多不好理解的场景。比如，唐代有一位高僧，叫德山宣鉴，谁要是试图和他探讨什么是禅，他就会抄起棍子打对方——"道得也三十棒，道不得也三十棒"，意思是说，只要你想用语言文字来解释禅，他就打你。唐代的另一位高僧临济义玄，他年轻的时候有一次参谒黄檗禅师，并向后者提问，佛法究竟在讲些什么。但他刚刚提问完，就遭到了后者的呵斥。临济义玄不明白为何求教反倒挨骂，经过大愚禅师的开示，他才醒悟。后来，这种对人呵斥的方法被继承下来。于是，"德山棒、临济喝"就成了之后禅师教导弟子的主要方法。《碧岩录》中有这样一句话："德山棒如雨点，临济喝似雷奔。"总之，如果你决心学禅，那么就要做好挨打或挨骂的准备。我们熟悉的"当头棒喝"这个成语就出自禅宗这种理解佛法的独特方式。

在另外一些例子中，禅师们虽然没有对弟子如此施教，但其宣扬佛法的方式仍然不能被正常理解（其实禅师的目的正在于此）。比如，对于"如何是佛？"的问题，云门文偃禅师的回答是"干屎橛"（大便之后用来刮拭屁屁的木片），而洞山良价禅师的回答是"麻三斤"——我们完全不知道这些文不对题的回答在说些什么。

这些出乎意料的回答，真正用意是打断人们用语言文字或者惯常思维去理解佛法。佛教的教义向来比较偏重内在的体验，在原始佛教时期，僧人们就很重视"禅定"，只是那时的禅定与禅宗的"禅"不同，它是简单的聚集心神。到了大乘佛教的唯识学派，它仍然在讲通过对内在的认识达到对佛法的体证。禅宗把这种对内在体验的重视做到了极致。它不仅认为领悟佛法要通过精神体验来实现，还认为这种体验必须是个人的，任何试图通过群体性、共同性的工具或准则接近佛法的努力都是枉然。所以，不要像他人一样去听、去看、去想、去说，一定要通过自己不可复制的途径去感悟佛法。这条不可复制的途径就是，在一个特殊的场景中打破正常语境。这就解释了为什么在上述的例子中，禅师们要用看似荒谬的行动来回应弟子们在正常语境下的求知。

那种看似割裂上下文的回应（棒打、呵骂、乱说等），就是意图造成对正常语境的出离。但值得注意的是，这种出离只是极为短暂的瞬间，如果对方没有在这一瞬间完成个人认识上的飞跃，而继续处于正常的语境，并对这种出离感到迷惑，这种出离就会随之失去作用。比如，黄檗禅师在呵斥临济义玄的时候，后者当时并没有证会呵斥的深意，仍然用正常人的思维去疑惑"为什么呵斥我呢"，那么这个呵斥就失效了。由于禅宗这种令人领悟佛法妙谛的方式只能在瞬间完成，所以这种领悟又叫"顿悟"。可以说，禅宗除了"不立文字"，还有另外一个特点，就是追求瞬间的了悟，也叫"当下成佛"。

禅宗"不立文字"与"当下成佛"的特点在当时并非为所有禅门僧人所认同。虽然慧能一般被认为是禅宗的创始人，但当时慧能的师兄神秀亦自诩为禅宗的代表。他同样追求个人对佛法的证悟，但认为这种证悟是通过长时间的静坐、诵经等方式实现的。也就是说，神秀的思想相对传统与保守。神秀这种领会佛法的观点被称为"渐修",它比较符合佛教自古以来的修行方式。神秀也曾经写过一首偈:"身是菩提树,心如明镜台。时时勤拂拭,勿使惹尘埃。"他认为,心的澄明不是一个豁然开朗的结果,而需要时时刻刻用功,就像窗门一样,无论多干净也会落有浮灰,一旦脏了,就需要立刻擦拭。

据《坛经》记载,神秀这首偈和前文慧能所做的那首偈,相当于对面试的回答,面试的目的不是别的,而是谁来继承禅宗的衣钵(禅门把自己的传统追溯到达摩祖师那里,虽然禅宗的核心思想是慧能创立的,但修禅之僧人仍认为禅宗历史久远)。慧能与神秀的师父弘忍大师分别看了这两首偈之后,认为慧能对禅的领悟胜于神秀,便在夜半三更把禅宗法门和袈裟钵盂秘密地传给了慧能,并对他说:"若传此衣,命如悬丝。汝须速去,恐人害汝。"至于为何继承禅宗衣钵会有性命之忧,又是谁想加害慧能,弘忍大师都没有明说,这倒是给小说家提供了一个想象的机会。

我们只知道,慧能在接受衣钵后当晚就动身前往南方,一躲就是十五年。而这十五年中,继承衣钵失败的神秀在北方声名大噪,一度被尊为国师。于是,神秀所传之禅门被称为"北宗";与之相对,躲在南方的慧能所传之禅门,被称为"南宗"。说到这里,我们很容易认为,迫害慧能的大概就是在国都有通天之能的神秀。不过也有人怀疑,慧能被迫害的情节是其弟子杜撰的,其目的是攻击神秀这一脉的传承。无论孰是孰非,从结果来看,南北禅宗经过一段时间的对立后,南宗取得了正统位置。这就是为什么今天一提起禅宗,大家首先想到的便是慧能。

慧能独创的思想确实为佛教义理发展做出了贡献。从认识论的角度来看,顿悟说确实独辟蹊径地提出了一种特殊的认识状态,与从感性到知性再到理性的认识路径不同，顿悟强调的是在瞬间获得根本的理解，而不需要接受信息与处理信息的过程。在这样的观点之下，人的感受能力与分析能力反倒成为认识真理的障碍，这点与道家的认识论有些相似。

事实上，寻找道家与禅宗的共同之处，一直都是学术界乐此不疲的一项活动。这种比较虽然能够带来对思想史的新理解，但仅就认识论本身看，老庄反对的只是感官欲望，对于语言文字的反对没有禅宗那么绝对。更重要的一点是，道家认为不发动感官欲望，常守清净之心，自然就会获得对"道"的终极认识，这是一个长久的过程，而禅宗主张的是瞬间的顿悟。后者不仅仅是放弃语言文字和惯常思维那么简单，它还需要在某个特殊的场景中完成认识上的飞跃。

尽管禅宗对顿悟有一套"当头棒喝"般的流程，但从实际效果来看，能因此顿悟的人着实不多。也许后来禅门僧人也认识到了这个问题，于是他们对顿悟的坚持也开始松动，并形成了一个综合渐修与顿悟的认识观。说到这个观点的形成，就不得不提韩国曹溪宗的开山祖师知讷大师。

知讷大师是高丽时代中期（时为我国的南宋时期）的僧人，他敏锐地看到了禅宗的修行方法并不能给予大多数修行之人多大的信心，于是改良了顿悟说。在知讷版本的顿悟说中，顿悟不是一次性的神秘体验，而是分阶段进行的，在这个过程中也需要渐修的帮助。具体说来，知讷认为要真正领悟佛法一共有三步：第一步是解悟，它是顿悟的一种初级形态，指认识到自己与佛在本性上是一致的；第二步是渐修，知讷认为，人即使有了解悟也不能去除一切烦恼，还要慢慢地通过参究一些问题来逐渐加深自己的理解；第三步是证悟，是指通过渐修达到了对佛法的彻底领悟。

在知讷的这个理论下，顿悟与渐修成了你中有我、我中有你的状态。他虽然仍然主张对佛性的获得需要某种超越经验的飞跃式认识，但同时也认为这种认识的实现需要长时间的学习。知讷的认识论使得在一千七百多年前传至朝鲜半岛的佛教在某种意义上又重新回到了印度佛教的轨道中——既要求有认识上的长久修持，又要求能够超越普通的认识达到对真理的直接领悟。不过，这种融合了渐修与顿悟的回归虽然在一定程度上解决了禅宗完全令人摸不着头脑的参佛方式，但并没有从根本上使不是佛教徒的人明白究竟如何达到认识上的关键环节，比如，如何从渐修中达到证悟。这其实不是知讷的问题，而是佛教认识论一直存在的问题，甚至是整个东方认识论的问题。

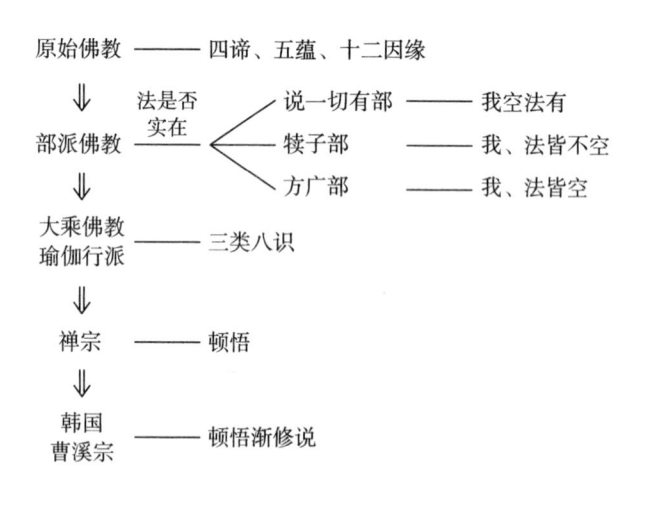

```
原始佛教 ——— 四谛、五蕴、十二因缘
  ⇓
部派佛教  法是否  ┌ 说一切有部 ——— 我空法有
         实在  ┤ 犊子部    ——— 我、法皆不空
               └ 方广部    ——— 我、法皆空
  ⇓
大乘佛教
瑜伽行派 ——— 三类八识
  ⇓
禅宗    ——— 顿悟
  ⇓
韩国
曹溪宗  ——— 顿悟渐修说
```

图示26　佛教的认识论

从以上儒、道、释三家的思想中，我们可以知道东方认识论有以

下四点特征：

第一，不强调经验认识。在西方的认识论中，感觉是获得信息的必经之路，即使是与经验派唱对手戏的唯理派也不能完全抹杀经验的作用。但是在东方，通过感官进行的经验认识则往往被视为阻碍人们获得真知的负面因素。

第二，由于不强调经验认识，东方的认识论很顺利地完成了一种转向，即从对万物的考察转为向内的、对自身的认识。这种认识并不是照着镜子检查自己脸上多了几个青春痘，而是特指对人的精神实质的洞察。当然，对于人的精神实质究竟是什么这个问题，儒、释、道三家的回答是不同的。儒家认为是天赋的道德能力（除了荀子），道家认为是人存在之初那种不知不觉的状态，佛教认为是觉悟世间一切虚妄不实的佛性。

第三，从儒、释、道三家对人的精神实质的判定能看出，东方认识论的目的并不是探究认识过程本身，而是要借助对认识的讨论指出各自理论的落脚点。这个落脚点对儒家来说是道德，对道家来说是自然状态，对佛教来说是对虚幻世俗的解脱。换句话说，讨论东方的认识论，到最后一定与认识论无关。这其实也没有什么，因为认识论作为一种问题意识虽然可以被东西方共同拥有，但作为哲学中的一个领域，则是西方人的私有品。东方人在古代由于没有对这个领域产生过专门研究的意识，在构造思想理论上常常溢出边界也是可以理解的。

第四，由于对认识的讨论最后超出了认识本身，所以东方认识论的理论结构的最关键一步往往是超越经验感知而无法使人通过惯常思维理解的精神活动。比如：我们不知道具有了孟子所说的良知、良能后，如何过渡到对万物的正确认识；我们不知道怎么才能返回老子所说的无知无欲的状态，也不知道这种状态中万物如何向我们显露自身；我们更不知道自我意识在认识到自己具有成佛的种子之后，究竟如何彻底获得阿赖耶识，更不用说我们无法知道顿悟究竟怎样进行了。

东方认识论的最后一环要求的是一种反认识的能力，即与真理直接契合的神秘飞跃。这种要求在我看来，也成了东西方认识论的最大差异：东方认识论试图挑战的是人存在方式的极限。夸张一点说，东方认识论及其连接的哲学思想在某种意义上，是让"人"成为"非人"，这也是为什么在东方的思想中会用"圣""佛"这些概念来称呼完成了认识的终极目标的人。

小结

到这里为止，我们用了长篇幅的两章谈论了哲学上的认识论。虽然中西方认识论远不止上述这些内容，但是我们仍能通过这两章大致了解哲学是如何对人的认识活动进行阐述的。

无论你此刻掌握了多少关于认识论的知识，我都要提醒你，先不要得意，不要忘了我们一头扎进认识论的目的是什么——寻找哲学对世界的双重认识究竟包含哪些内容。当我们试图从未知的世界中找到更加真实的、更加本质的、更加有决定作用的东西时，这种寻找就从各个方面构成了哲学。最开始，我们问的是"万物从哪里来？""是什么构成了世界？"于是，有了对本原与本质的探讨。后来，我们又对自己如何能够认识本原与本质，或者说如何能获得有关本原、本质乃至一切事物的知识产生了疑问，于是才有了认识论的出现。

第四编

道德：人之为人的关键

第八章

道德中的哲学

通过前两章你可以发现，对认识论的思考在客观上使人从关心世界转向了关心自身。这说明，未知的世界不只是外部世界，还有人内在的精神世界，所以对人的探寻构成了哲学的题中应有之义。理解了这一点，我们自然能够意识到，对人内在的探寻不会只局限在认识能力和认识过程上。这不仅因为人的精神世界中除了认识活动，还有其他内容（比如情感、意志等），更因为认识回答不了"究竟是什么使得人之为人"这个问题。这是一个对人进行探寻时必然会涉及的问题，它不仅仅是对现实情况的总结（比如能两足直立行走），更包含我们对自己的期望与规定。这个问题实际上可以转化为：作为人，我们是否有其他物种无法比拟的价值？

对这个问题，哲学的回答是：有。这个使我们为人且具有无限价值的东西就是道德，它不仅是我们精神世界的重要内容，更是我们值得努力的目标。所以从本章开始，我们将进入道德哲学的领域。

人之为人,需要的是什么:道德

如果哲学是一种对世界的底初性思考,那么这种思考最终一定会指向我们自身。一方面,作为世界的一部分,万物的本原或本质是什么的问题同样适用于人。在我们最早被称为人的那一刻,究竟是什么原因使我们如此自信地把自己与其他生物以及非生物区分开?如果不是被自身的良好感觉所迷惑,我们究竟有什么品质可以彰显自己作为万物之灵的价值?另一方面,人不仅仅是世界的一部分,因为"世界"这个概念本身就是人创造的。某只蚊子不会因为其他蚊子吸到了更加香甜的血而感叹世界不公,因为它干脆就没有能表达"世界"以及任何生存场域的整体性概念。所以,对于世界的根源性思考,也必然蕴含着对创造这种思考的人的探寻。这就好像如果你要从根本上理解一部作品,就要尽可能地理解创造这部作品的作者一样。

理解我们自身并不比理解外界容易。如果你正因为伴侣总是无缘无故地不高兴、发脾气而感到苦恼,有个事实也许可以安慰你一下,即到目前为止,还没有人能彻底搞清楚人类情感乃至整个精神结构的运作机制;并不是你不了解伴侣,而是任何人都无法完全了解他人。

不过,这个事实并不会让我们放弃对自身的探索,人们或多或少都愿意知道自己是一个怎样的人。然而,这种意愿在哲学家面前则显得过于简单,因为对于哲学家来说,远房亲戚的恭维、上司的批评、星座杂志上的指南,这些都不能揭示人的本质。想要真正认识自己,就要怀着巨大的决心去探寻人之为人的根本原因。

从语言学的角度看,"人"只是一个名称。在中文里,人被称为"人",是因为"人"代表了手臂下垂、直立行走的生物(甲骨文中

"人"是𠆢，篆文中"人"是𠆢）。在英文中，human的词根hum来自拉丁语的humus（泥土），指的是与神灵相对的、生活在土地上的生物。实事求是地讲，这些语源上的分析并不能把我们与马戏团的猴子区分开。所以，当我们问人之为人的原因是什么，我们并不是在问，为什么用"人""human"这些语言符号来表达人这种存在，而是在问，当我们用某种语言符号来指代人时，这种指代究竟包含了我们对自身的何种判定。换句话说，当一种生物具备什么样的特性时，我们可以用"人"这个词来称呼他。

通常情况下，我们对于"人"有着体貌和能力上的认识。比如，人有四肢，能直立行走，有感知能力，会运用语言，等等。但这些答案并不能完全把我们和其他生物区分开，甚至不能把我们和非生物区分开。比如，机器人也可以拥有包含且不限于上述的能力。抛开体貌与能力上的认识，人类还经常对自己的智慧（并非建造摩天大厦的那种智慧，因为要论那种智慧，我们仍然比不上机器人）非常得意，尽管"人类一思考，上帝就发笑"（这是犹太谚语，因捷克作家米兰·昆德拉的引用而广为人知）。但是请不要忘记，我们正在探寻的人类智慧，正是"爱智之学"——哲学的研究内容。也就是说，我们其实并不能说出人类的智慧到底是什么，否则也就不会出现哲学这门学科了。

要弄清人究竟因具有何种特性而将自己与其他生物区分开，有两部电影具有很大的参考价值。它们是来自美国的《机器管家》（*Bicentennial Man*）和来自中国香港的《青蛇》。两部电影不约而同地探讨了这样一个问题：如何才能成为人？在《机器管家》中，机器人安德鲁用了两百年从一个只会服从命令的家政机器人变成一个追求自由、最后选择和自己心爱的人一同离世的男人（电影中机器人变成人，最后得到了法院的承认）。在《青蛇》中，白素贞从一个修炼得道的妖精变为体验了人间七情六欲、能够伤心落泪的女人（电影中特意安排了水中产子的一幕，来说明白蛇从妖向人的彻底变化），就连尚未修炼得道的青蛇在感受到了人间悲欢之后，也明白了妖与人的区别。促使机器人和蛇妖变成人的要素是什么？从电影给出的答案看，是情感，而且是一种特殊的情感：爱。

爱仍然是一个含义十分宽泛的概念，性行为、婚姻、孩子等很多事情都与之相关，在《机器管家》与《青蛇》这两部电影中，能让非人类成为人类的爱则没有那么多内容，它只关乎一种为了对方而牺牲自己的纯粹情感。在《机器管家》中，机器人安德鲁牺牲的是自己永生的可能性，他为了心爱之人宁愿把机械之躯换成器官组织会衰竭的血肉之躯；在《青蛇》中，白素贞为了许仙放弃了自己千年的修行，最后还因生子奉献了自己的生命。

也就是说，这两部电影有意把爱中欢愉、轻松的成分去掉，突出了爱包含的令人感伤但也令人充满敬意的部分，并认为后者可以表达人的根本特性——无论是谁，或者是什么，只要拥有了这种爱，就可以被视为人。这种爱之所以能让人同时感觉到伤感和敬意，是因为它关涉着这样一种行为：牺牲自我。确切地说，是为了他人的益好而牺牲自己的益好。在诸多益好中，生命是非常重要的一种（我在这里使用了"益好"而没有使用"利益"，是为了防止大家把牺牲局限在物质性好处的范围内）。

成长是一个不断争取益好的过程，就像植物需要阳光、雨露一样，人也需要食物、金钱、名誉等。牺牲这些益好，与我们作为一个生命体的生存目的相违背。但人之所以愿意牺牲，是因为他们相信，丧失自己的益好去换取和保证他人的益好，这个行为本身是比生存更重要的益好。换句话说，安德鲁或白素贞希望通过牺牲所实现的仍然是益好，只不过这个益好不再是原始的、自然的、物质的益好，而是后设的、人为的、精神的益好。安德鲁牺牲自己的永生，并不能让自己的爱人多活一分钟；白素贞牺牲自己的千年修行，换来的未必是许仙的痴心一片，但他们都认为（或者导演通过他们想让我们认为），这种牺牲本身满足了更大的益好，无论你为之牺牲的对象是否真的获得了什么好处。

安德鲁和白素贞都有一种爱，可以为了追求特殊的益好而甘愿牺牲自己。这份爱使他们成了人，牺牲是这份爱的主要内容，特殊的益好又是甘愿牺牲的原因。现在我们可以发现，人之为人的关键是这种特殊的益好。它究竟是什么呢？要举出它的全部内容是不可能的，但是我可以用人们十分熟悉的另外一个概念来称呼它：道德。

你已经知道了"道德"这个概念大概与好人好事的内容相关，你也会同意为了他人牺牲自己的行为是道德的。唯一有些疑惑的或许是，为什么说道德是一种特殊的益好。"特殊"这个词旨在表明，道德的好和面包的好是不一样的：它看不见、摸不到，而且大多数时候，为了得到这种特殊的好处，我们还要放弃看得见、摸得到的好处，比如把面包让给更弱小、更贫穷或者更饥饿的人。所以道德作为一种益好，它的特殊性就体现在与其他实际益好的矛盾上。如果不是被规定为特殊的好处，我们确实没法想象，原来不去争取利益反而会获得另外的益好。不过，这种规定究竟是蛮不讲理的指定，还是基于我们自身情况的总结呢？

要回答这个问题，就要看一下被人们称为"道德"的东西究竟是什么，并且也需要知道它包含哪些确定的理论和尚未被讨论清晰的疑点。理解了这些内容，我们就在某种程度上完成了对自身的底初性思考，也会随之明白为什么道德让人变得与众不同。

在正式开始讨论道德之前，我认为有必要先为大家厘清一组概念："道德"与"伦理"。

在日常生活中，"道德"常常与"伦理"连用，二者的区分并不是很清楚，甚至连专业人士往往也不能说出它们的不同。在大学的教学设置中，"伦理学"是一个专业，你可以获得这个专业的相关学位，而"道德哲学"是一个研究方向。这样看来，似乎"道德"被包含在"伦理"之中。是这样吗？

英语中的"道德"一词，即 morality，源于拉丁文 mores（表示"风俗"），而 mores 又是拉丁文 mos（表示"习惯、习俗"）的复数。从古罗马的哲学家西塞罗开始，mos 就被用来翻译希腊文中的 ēthos（最开始这个词表达"公共场所"的意思，后来则表示"生活惯例、风俗、品格"）一词，而 ēthos 就是拉丁文 ethica 和英文 ethic（二者都用来表示"伦理"）的前身。也就是说，从起初的词源含义看，morality（道德）和 ethic（伦理）没有什么区别。

不过，对于"普遍患有强迫症"的哲学家来说，他们是不能接受用两个词表达同一个意思的。毕竟，哲学所追求的是一种精致到无以复加的分析能力。所以随着哲学家的区分，这两个词到黑格尔这里便出现了这样一种区别："道德"侧重于表达个人的精神品质，"伦理"则侧重于表达社会的规范习俗。不过大致来说，社会的规范习俗仍然是由一个个人的道德所构成。可以理解为，前者包含于后者，只不过前者显得更加理论化、纯粹化，后者则显得更加现实化、复杂化。所以在大学的教学设置中，"伦理"包含"道德"，这并没有什么问题。

从中文的翻译来看，"道德"与"伦理"也仍然具有上面指明的那种关联。在第五章中，我们已经知道了"道"是万物运行的规律，"德"的本义是"得"，即人天生拥有的品质。所以，"道德"连用时指"符合世界规律的品质"，即具有正当性的品质。比如，《后汉书·种岱传》中的"臣闻仁义兴则道德昌，道德昌则政化明，政化明而万姓宁"，说的就是这个意思。"伦"的本义是"类"与"辈"，它本身就是一个说明人群关系的概念。"理"原来指的是事物的纹理，同样在第五章中，我们已经知道它后来被引申为"道理""法则"。所以，"伦理"是关于人群彼此相处的规则。比如，《新书·时变》中的"商君违礼义，弃伦理"，就表达了这个含义。所以即使从中文来看，把"道德"理解为包含于"伦理"之中的概念，也是可以的。

在明确了这两个词的界限与关系之后，在下面的叙述中，我将不再去说明哪些内容属于道德哲学的范围，哪些内容属于伦理学的范围。我向你保证，阅读本书时刻意区分"道德"和"伦理"这两个词没有丝毫意义。

在明确了这一点后，我们可以继续讨论本节开头留下的问题了。我们已经知道，道德是一种特殊的益好，而且在《机器管家》和《青蛇》的例子中，我们还知道这种益好往往与甘愿牺牲的爱绑定在一起。现在我们想对道德有更深入的了解，于是就可以问：有没有一种更概括的、更简单的描述能说明道德的内容呢？这个问题的言外之意是：是不是道德仅仅与牺牲之爱有关，还是说牺牲之爱只是道德的表现形式之一？

这种怀疑是合理的。比如，生活中经常会发生让座这种事。如果你累了一天，在回家的公交车上刚刚坐下，就上来一位白发老人站在了你身边，你毫不犹豫地给他让了座。不用谦虚，那一刻你的行为一定是道德的。但是，在这个行为中有什么牺牲和爱吗？如果硬要说牺牲的话，就是你放弃了自己本来可以休息的十五分钟。如果硬要说爱的话，最多也就是一种敬老之情吧。这个例子说明，不用付出像安德鲁和白素贞那么大的代价，也可以实现道德。

如果你觉得上面的例子仍然不能说明道德可以与牺牲之爱无关的话，我们再来看一个例子。某位医术高明的医生在接诊时，接待了一位想做胃镜检查的胃痛患者。在患者走进诊室的第一时间，医生就发现他正是当年横刀夺爱伤害自己的情敌，但这位情敌并没有认出医生。在经历了一阵内心的不愉快后，医生还是决定遵守希波克拉底誓言，为情敌好好治病。在情敌叙述了自己的症状后，医生认为完全没有必要花费钱且忍受痛苦做胃镜检查，因为他判断，情敌只是有些消化不良。在医生的建议下，情敌服用了几天促进胃肠消化的药，就彻底摆脱胃肠不适的症状了。

在这个例子中，医生没有因为过去的不愉快而拒绝为情敌治病，也没有为了让医院多赢利而怂恿情敌做不必要的检查，我们可以说，医生的行为是道德的。但是，这个行为中医生有什么牺牲吗？没有。医生在工作时间给病人看病，无论这位病人他是否喜欢，都谈不上任何牺牲。在这个行为中，医生对情敌有爱吗？没有。这是否可以说明，道德不必然和牺牲之爱相关？

由于牺牲之爱可以引出"道德"这个概念，我们可以得知，丧失自己的益好去换取和保证其他人的益好，这个行为本身是道德的，即是一种特殊的益好。通过医生的例子，我们又得知，不丧失自己的益好仍能保证其他人的益好，这个行为本身也是道德的，即也是那种特殊的益好。

为了使讨论更加简单，现在我有必要引出另外一个概念来指代

"特殊益好",这个概念就是"善"。"善"和"好""益好"这些概念很相似,不过就像哲学家经常做的那样,当一个概念被特别指定为某种含义(比如"特殊益好")的专用表达时,它与相近的词往往还是有一些意思上的不同。与普通的益好相比,"善"这个字可以用来表达抽象的、普遍的、第一性的益好。

为了防止理解上的混乱,我有必要重复一下:到目前为止,我们使用了三个概念来指代人之为人的关键:道德、特殊益好和善。道德是一种特殊益好,这种特殊益好是善,所以道德就是善。这种连接没有什么问题,不过这三个概念在含义上各有侧重:"道德"是从人的角度突出我们所拥有的内在品质;"特殊益好"是从价值的角度突出这种使我们与其他物种得以区别的品质是好的,是特殊的;"善"是把人所拥有的这种品质客观化、普遍化之后,在更为抽象的角度谈论特殊益好的结果。

也就是说,我们说到"道德"时,一定会涉及人(比如人的行为、人的心理活动等),但是我们说到"善"时,则不一定会涉及人(比如,我们可以说上帝是善的,某个政府的制度是善的)。因为善是对道德的高度概括,在概括的过程中,类似于"使人成为人""与其他物种区别开""内在的品质"这些具体的内容就都被过滤掉了。之所以要进行这种过滤,是因为在现实生活中我们对好的东西、有益的东西的理解是千差万别的。比如,对于长沙人来说,吃一碗粉比吃一碗面好,但对西安人来说,吃一碗面比吃一碗粉好。尽管如此,人之为人的关键所包含的那种好必须是相同的,必须是适用于全人类的,所以哲学家必须找出一种普遍的、绝对的好。

但是从逻辑上说,一个概念能够适用的对象越多(外延越大),它可以被人知道的内容就越少（内涵越小）。比如，"柿子"这个概念可以囊括"红柿子""青柿子""大柿子""熟透的柿子"等对象，但是"柿子"远比不上"楼下三年级的小胖子从冰箱里拣出结着冰碴的大红柿子"传达的内容丰富。这就使得哲学家所找出的绝对的好——也就是"善"——并没有能让我们有所了解的内容。于是，一个矛盾就出现了："善"越普遍、越绝对，越能适用于所有人和所有情况，人们就越无法清晰地知道它究竟是什么。

所以，想弄清人之为人的关键，我们要对道德进行分析，既要搞懂什么是道德，又要对比道德更为普遍和绝对的善进行研究。当回答"什么是善"时，我们必须注意一个度：一方面，我们要尽可能地在抽象的层面诠释善，这样它才能适用于所有对象；另一方面，我们也要试图给出一些关于善的具体内容，这样才能理解它、讨论它、运用它。下面，我们就来看看，哲学家是否能够掌握这个度，给出一个既普遍又可理解的善。

■ 下意识的道德判断未必准确：义务论与后果论

在上面的说明中，我们似乎可以认为，为情敌看病的医生，在道德上比机器人安德鲁和白素贞更具有普遍性，因为前者并不需要"爱"与"牺牲"作为条件。从这个对比中，我们很容易发现，确实有一些职业其本身就具有明显的道德感，比如医生（白衣天使）和教师（辛勤的园丁）。我们为什么会有这样的感觉呢？这个感觉准确吗？为了回答这些问题，我们可以参考一下金庸先生笔下的一个人物：杀人名医平一指。

平一指是《笑傲江湖》里的一位名医，天下没有他治不好的病（令狐冲的病除外），但找他看病的代价很大：必须要杀一个人。平一指认为人的生死寿夭自有定数，因此，他觉得如果一个本来应该死的人被他救活了，那就得让另一个人死去，这样才能平衡。现在，如果平一指在救活情敌的同时让情敌杀了某个人（尽管真实情况是，平一指巴不得有人把他的丑凶老婆带走），那么我们能说平一指具有比安德鲁和白素贞更普遍的道德吗？显然不能——这一定是你的第一反应。

如果我问你为什么，你大概会说，在平一指这里，救人是有条件的，即需要用另一个人的生命来交换。我们可以暂时承认，平一指确实比不上上文中不用牺牲任何人就愿意为情敌看病的医生，但能不能认为平一指起码与安德鲁和白素贞一样呢？这里的"一样"指的是，都是牺牲了生命来实现道德。你大概也不会同意，因为安德鲁和白素贞都是牺牲自己，平一指却是要牺牲别人。

我特别能理解你的这种考量，不过我们可以一起来思考这样一个问题：牺牲他人，就一定不道德吗？假如，平一指每次医好一个人的时候，都杀一个罪有应得的坏人，这种情况是道德的吗？救人且除恶，这似乎是双重的好事。而且，对于侠士来说，手刃敌人是再正常不过的事。但这毕竟是武侠小说的逻辑，在今天，无论对方多么十恶不赦，我们似乎也接受不了个人以暴制暴的行为（正当防卫除外）。所以，不管是好人还是坏人，我们都不能杀。

但是，现实生活远比我们想象的复杂。美国女哲学家朱迪斯·贾维斯·汤姆森曾经提出过一个著名的假设：有五位生命垂危的病人，分别需要移植心、肝、脾、胃、肾，你会赞成负责医治这五位病人的医生，牺牲另一个身体健康的年轻人，用他的内脏来救活这五个人吗？"不会!"——我和你的意见是一样的。如果这位医生真的这么做了,就得坐牢了。那我们增加点难度,假如这位医生由于疏忽,致使五位患者的心、肝、脾、胃、肾分别重度感染,你会赞成这位医生牺牲另一个身体健康的年轻人救助这五个患者,来弥补医生自己的错误吗?

在后面的假设中,医生"杀人"是一个必然的事情,或者是五位患者因他的疏忽而死,或者是身体健康的年轻人因救活五人牺牲而死。我们能理解医生的难处,但仍然不赞成杀掉一个人来救五个人,我们会认为医生在犯罪。

到目前为止,我们并不觉得朱迪斯的假设给我们造成了什么观念上的冲击,即使我们承认在某些特殊的时刻,杀人是不可避免的,但是我们仍会清晰地意识到什么是对的,什么是绝对不能做的。

可是,真的是这样吗?

对于朱迪斯的假设,我们之所以会认为没有什么判定上的障碍,是因为在给定的条件下,我们可以迅速地凭借直觉得出结论:医生不能杀一个无辜的年轻人来挽救五个人,无论这五个人的生命垂危是否由医生造成。帮助我们做出道德判断的此类直觉,在学术界被称为"道德直觉"(moral intuition)。如果我问你,9的5次幂是59049还是59129,你不会有任何关于答案的直觉,但是道德哲学不一样,至少在以上的例子中,我们似乎并不需要多么深入地分析也能知道医生应该做什么,不应该做什么。

对于道德直觉从何而来的问题,哲学家仍在争论。一种观点认为,它是本能,比如无论是不是自己的孩子,女性都对婴儿有一种特殊的感情,任何伤害婴儿的行为都不能被接受。另一种观点认为,它是后天不断学习之后的下意识反映。比如,如果有人从小就被教育坐公交车要给老弱病残孕让座，某天他看到一位腿脚不便的人上车，就会不经思考地起身让座。当然，更有可能的是，道德直觉的来源既有先天本能的部分，又有后天潜移默化的部分。要详细区分和还原道德直觉的产生过程，并不是一件容易的事，至少到目前为止，哲学家对此还没有给出具有说服力的解答。不过我认为，比起追问道德直觉来自何处，更重要的是反思道德直觉是否准确——如果我们总是通过道德直觉来进行判断的话。道德直觉虽然是电光石火一瞬间产生的结论，但是作为判断，我们仍然能够分析它是否符合某个必然的道理，毕竟我们不能保证直觉都是准确的。

在朱迪斯的假设中，道德直觉告诉我们不能杀一个人去救五个人，这背后所包含的想法似乎是：在任何时候，我们都不能通过牺牲更少的人来救更多的人。这是必然的道理吗？至少，在我们的老朋友康德那里，这确实是必然真理。只不过，康德把这条真理总结为一个更为抽象（也就是更普遍）的说明：在任何时候，都不应该把自己和他人当作工具，而应该把人自身看作目的。

这个说明后来被人们简化成"人是目的，不是手段"，也就是说，要充分尊重他人的主体性，不能随意利用他人。在现实生活中，把人当作手段的例子比比皆是。比如，一个人并不爱自己的伴侣却利用其满足经济需求，父母没有投入多大精力去培养孩子却利用孩子取得的成绩向亲友炫耀，还有公司老板从未真正关心过下属而只是利用他们完成业绩目标。在康德看来，这些行为都是不道德的。

康德得出"人是目的，不是手段"这条道德法则，是基于一个不能被反驳的事实（至少在康德本人那里是如此）：人具有自由意志，即我们的行为是由我们自己决定的。这样一来，每一个人都应该按照自己的意志来行动，而不是沦为他人意志的工具。不过，如果有人非要反驳说，他的自由意志就是让自己甘愿成为他人的工具，这不可以吗？不可以。因为康德所说的"自由意志"并非没有任何约束、做什么都行的意志，而是必须在理性限定下的意志。换句话说，只有充满理性的意志才是自由的。

无论你是否同意康德背后的这些论证，都没有关系，因为比起赞成康德的道德哲学，更重要的是理解康德道德哲学提出了一种怎样的伦理模型。在"人是目的，不是手段"的表述中，我们能够感觉到一种不容置疑的语气。这里的"不容置疑"是说，无论何时何地，我们都要遵守这个道德法则。换句话说，判断一个行为是不是道德的，只需看它是否与这条道德法则相符合，即我们的行动受到了某些绝对的道德法则的约束——康德称之为"定言命令"（categorical imperative）——在一个行动开始之前，我们已经能断定什么是对的、什么是错的。这种认为道德价值来源于行动本身与道德法则相符合的理论，被称为"义务论"（deontology）。

义务论是三大伦理模型之一，它的形成受到了康德思想的很大影响，但康德的道德哲学只是义务论的代表之一。除了康德，英国的伦理学家戴维·罗斯也为义务论提出了自己的想法。他把义务分为"显见义务"（prima facie duty）与"实际义务"（actual duty），前者指忠诚（fidelity）、补偿（reparation）、感恩（gratitude）、正义（justice）、慈善（beneficence）、自我改善（self-improvement）、不伤害别人（not injuring）这七种义务，后者指其他诸如"不要和父母顶嘴""不要插队"等一般义务。戴维·罗斯认为，显见义务有行动上的优先性和绝对性，实际义务则没有。如果你问他，为什么显见义务是七种，而不是更多或更少,他会回答你说,这是由显而易见的直觉决定的。

在义务论者这里,行为有义务服从道德法则的规定。不管这个道德法则是来自无可争辩的事实,还是来自显而易见的直觉。也唯有如此,我们才能说这个行为是道德的。对于朱迪斯的假设,我们的反应符合义务论:在任何时候,我们都不可杀人。也就是说,"不可杀人"是一个道德原则,符合它,就是正确的;不符合它,无论你是出于什么样的考量(比如挽救更多人的性命),都是错误的。

我们的道德直觉符合义务论,这不正好说明道德直觉很准确吗?如果你这么想,请立刻看看下面的例子。

假设你是一位机长,很不幸,你所驾驶的飞机发生了严重的问题,它正无法挽回地向地面落去。你唯一能做的,是决定这架飞机按当时的方向坠落在一个人数较多的村庄,还是改变方向坠落在一个人数较少的村庄。你会怎么选择呢?

这个例子是英国哲学家菲莉帕·富特提出来的。就失事飞机这个例子而言,我个人的选择是改变方向,让飞机坠落在人数较少的村庄。如果你的选择和我一样,我们将会进入对伦理学更复杂的讨论。如果你的选择和我不一样,即飞机方向保持不变,降落在人数更多的村庄,我就要恭喜你了,你已经在不知不觉间成为一个一以贯之的义务论者。尽管对于那个人数更多的村庄来说,你的决定没有丝毫值得恭喜的地方。

我相信,在这个例子中,那些和我做出一样选择的人,都认为要把灾难的影响降到最小;反过来说,就是要保障更多人的利益。在伦理学中,这种考量被称为"后果论"(consequentialism)。后果论认为,一个行为的好坏仅取决于它所引起的结果的好坏。在漫威电影《复仇者联盟

2》中，大反派奥创说，为了实现地球真正的和平，必须消灭不断发动战争的人类。和许多科幻作品中的疯狂科学家一样，奥创的目的是好的（实现永久和平），但为了实现这个目的而产生的结果（人类灭绝）却是我们无法接受的。后果论者坚决不允许这样的事情发生，他们认为一个道德行为的结果必须是好事，而不能成为事与愿违的悲剧。

与义务论一样，后果论的内部也有诸多不同的理论，其中最著名的就是"效益主义"（utilitarianism）。效益主义也被称为"功利主义"（鉴于"功利"在中文中有一定程度的贬义，在本书中我决定不用这个称呼）。"效益"和"功利"其实相当于我们之前所说的"益好"，只是在效益主义这里，它特指幸福。效益主义认为，一个行为如果能增进最多数人的幸福，它就是道德的。需要补充说明的是，"最多数人的幸福"具体到某个实际事件中，就是该事件涉及的所有人的幸福。如果该事件还会引起某些人的痛苦，那么效益主义则认为，在计算最后的幸福总和时，要减去某些人的痛苦才行。另外，效益主义还认为，作为一个事件的相关者，无论是幸福还是痛苦，其权重都是相同的，不能认为某个人的快乐可以抵消另外两个人的痛苦。

比如，在某个小区中有一只恶狗，经常袭击路人，为了保障居民的安全，小区物业决定请动物管理部门捕杀这只恶狗。物业的这个决定得到了小区大部分居民的同意，只有少数爱狗人士提出反对，他们认为即使这只恶狗咬过人，也不能剥夺它的生命。在功利主义者看来，判断物业的举动是否道德，要看所有赞成者对于安全得到保障的幸福感是否多于爱狗人士因为狗被捕杀而导致的痛苦感。总而言之，功利主义所代表的后果论，是希望通过道德行为来为世界增加幸福、减少痛苦。

这也是我们选择让飞机降落在人数较少的村庄的原因。在这个例子中，我们的道德直觉与结果论相符合了。现在，你知道我想要表达的意思了吧？对于一部分人来说（我相信是绝大多数），道德直觉是不准确的。在一些时刻，它会偏向义务论；但在另一些时刻，它会走向完全相反的方向，偏向后果论。并且，一时间我们似乎无法说清，为什么同样都是牺牲更少的人，让飞机坠落在少数人的村庄就是能够被接受的，而医生杀一个人来救五个人就是不能被接受的。接下来，我便尝试对这种矛盾做出一个可能的回答。

■ 撞向工人，但不能推下胖子：电车难题中的道德选择

在医生救人和飞机失事两个例子中，作为读者的大部分人已经感受到了，道德直觉是不准确的。道德直觉根据不同的事件而产生矛盾，也展现了义务论和后果论作为伦理学两大重要派别在理论上的矛盾。如果我们在理论上都无法确定究竟什么才是检验道德的标准，那么又该如何判断一个道德直觉是对还是错呢？接下来，我将试图调和义务论与后果论的分歧。

为了达成这一目标，我们需要借助一个伦理学的著名案例：电车难题。它由菲莉帕·富特在1967年提出。无论你对电车难题是否熟悉，我还是打算在此简单说明一下。假设你是一名司机，正在驾驶一辆有轨电车，你发现电车的刹车出了问题，而前方的轨道上有五个不知噩运即将降临的工人正在干活。不过，在电车撞上五个工人之前，你可以选择让它驶向另一条轨道，另一条轨道上只有一个工人在干活。如

果你是司机,会选择不采取任何行动,任由电车撞上五个工人,还是会主动改变方向,让电车只撞向一个人呢?

细心的读者会发现,这个例子和飞机坠落在哪个村庄的例子说的是一件事。如果你在之前选择了让飞机落在人数更少的村庄,那么现在你大概也会选择改变方向让电车撞向一个人。如果这就是电车难题的全部内容,你大概也不会觉得有什么为难之处。不过,电车难题之所以被称为"难题",是因为它在富特的假设基础上发展出了很多新的版本,其中最著名的两个版本来自上述提出能不能杀一个人救五个人的朱迪斯。

朱迪斯给出的版本二是:你不是电车司机而是轨道旁边的路人,你发现在你身边刚好有一个控制电车走向的转辙器,你会扳动转辙器让电车改变方向撞向一个工人吗?版本三是:你是在桥上看见桥下失控电车的路人,而这次电车没有岔路可以选择,只能撞向五个人;不过,你发现在桥上还有一个胖子也在观看这场事故,从胖子的体重来看,如果你把他推下去摔在铁道上,电车就会因为撞到胖子而停下来,你会把胖子推下桥来挽救五个工人的性命吗?

2003年至2004年,美国的心理学家马克·豪瑟针对朱迪斯的版本,利用网络进行了调查,结果89%的人认为可以扳动转辙器让电车撞向一个工人,但只有11%的人认为可以把胖子从桥上推下去。这可能也是你的选择:可以选择让一个工人牺牲,但不能选择让那个胖子牺牲。

不过,一旦说出这样的话,我们立刻会为自己对不同案例所产生的不同道德直觉产生怀疑:是什么原因导致我们认为,牺牲在另外一条轨道上的工人就是可以的,而牺牲桥上的胖子就是不可以的呢?

要讲清楚道德直觉的矛盾并不是一件容易的事。要想解决这个矛盾，需要说明牺牲工人和牺牲胖子这两种行为到底有什么不一样，以致我们的直觉可以迅速做出不同的选择。到目前为止的讨论中，有三个主流的回答可以为我们的思索提供参考。

第一种回答认为，把电车驶向只有一个工人的轨道只是转移了威胁，而把胖子推下桥落在轨道上则是创造了新威胁。我们能够明白这种解释想说明什么，但遗憾的是，这样的说明并不具有说服力。因为从另一条轨道上单独劳作的工人的角度看，他不会认为他与桥上的胖子有什么区别。如果电车按照正常轨道行驶，他和胖子都不会死，凭什么说推胖子坠桥才是创造新威胁呢？又或者说，为什么不能把威胁转移给桥上的胖子呢？

第二种回答认为，把电车驶向只有一个工人的轨道导致他牺牲，这是行为的附带效应，而把胖子推下桥则是把人当作了手段。"附带效应"这个说法出自一条著名的道德原则——"双重效应原则"。它由中世纪的著名神学家托马斯·阿奎那所定型，用来解决宗教中善恶矛盾的问题，后来被广泛应用在伦理学中。它说的是，某个行为在引起善的结果时，有时也会诱发一些恶的结果。前者是这个行为的主要效应，后者是这个行为的附带效应。在这种情况下，我们不能否认这个行为的道德价值。在双重效应原则中，主要效应与附带效应必须没有任何关系。如果主要效应必须依靠附带效应来完成，那么附带效应就不再是附带效应而成了手段，其对应的行为也就不再具有道德价值。《罗马书》第三章第八节中，使徒保罗通过反问的形式表明，不能"作恶以成善"，说的就是不能以恶为手段来达成善。

举一个经常被天主教拿来解释双重效应原则的例子吧。在一般情况下，天主教认为堕胎是不被允许的，他们的理论是，如果一个母亲因为没准备好要孩子而选择堕胎，就是选择用恶的手段（杀害胎儿）达成善的目的（母亲的轻松）。不过，如果这位母亲患有危险的疾病，在治疗的时候不得已而堕胎，胎儿的死亡就是附带作用，治疗的行为仍具有道德的价值。双重效应原则使我们认识到，有些坏事的发生是不可避免的，只要不是我们故意利用这些坏事去达成目的，我们就不必因为坏事的存在而否认行为的道德价值。

不过，把人作为附带效应和把人作为手段真的有区别吗？在美剧《权力的游戏》结尾，龙妈为了杀死皇后瑟曦选择了屠城，瑟曦的死亡与其邪恶政权的崩塌是主要效应，君临城百姓的死亡是附带效应，从双重效应原则的角度看，龙妈的行为有一定合理性。如果龙妈故意把君临城百姓杀光让瑟曦的政权落空，这个行为就是把人作为手段，是有问题的。不过，这两者的差异真有那么大吗？无论在哪种情况下，我们看到的都是龙妈对生命的轻视。可以说，观众之所以认为龙妈在这部史诗美剧的结尾黑化了，就是因为她不重视附带效应的负面结果。所以，把撞死轨道上的一位工人作为附带效应，并不能真的证明电车变道就是道德的。更何况在电车难题中，我们并不能解释为什么救五个人是主要效应。对于操纵电车的人来说，两条铁道上的工人唯一的不同就是数量，如果他认为"救下最多的人"是主要效应，那么他就把双重效应原则悄悄地变成了后果论。这样一来，就又绕回了问题的起点：为什么在改变轨道撞死一个工人的选择中我们的直觉符合后果论，而在把胖子推下桥的选择中我们的直觉符合义务论？

第三种回答更多是心理学上的考量，它认为我们之所以会排斥把胖子推下桥的选择，是因为肢体上的接触会带给我们负面的情绪影响。在某种意义上，我可以认同这种回答，毕竟我们都有过在拥挤的地铁上紧挨着陌生人的体验，更不用说亲手把一个胖子推下去了（他还有可能尖叫不止，双手抓住栏杆不放等）。但我认为这个回答也无法说明撞死一个工人和推胖子坠桥的真正不同，因为我们完全可以设计出一个不需要肢体接触就能使胖子坠桥的版本，比如，胖子脚下恰好有一个可以自动开合的机关，你在很远的地方就可以通过遥控设施来让胖子从桥上坠落到轨道上。在这个版本中，我们的直觉会有不同吗？至少没有改变我的直觉，即使不需要粗鲁的推搡就能使胖子坠桥，我仍然觉得使胖子坠桥和撞向单独劳作的工人不一样。

如果这三种回答并不是那么成功，那么有没有更好的理由可以说明道德直觉上的矛盾是如何产生的呢？下面，我将说出自己对电车难题的解读。当然，我不能保证我的答案能让所有人满意，但是我能保证它是迄今为止你没有见过的一种全新的思路。

■ 是什么决定了我们的道德直觉：道德场景

我打算用一个新版本的电车难题来引出我的全新思路。当然，这个新版本的电车难题是由我创造的。

版本四：假设你是一个可以预见未来的人，某一天你在餐厅吃饭的时候无意中瞥见了坐在你旁边的胖子，突然间你的超能力被触发，你看见一个小时之后，这个胖子在桥上被一个人推了下去；胖子坠落在轨道上，驶来的电车刚好撞到胖子而停了下来；在轨道前方不远处有五个正在干活的工人，面对突如其来的这一幕被吓得不知道说什么好。原来，电车的刹车系统产生了故障，那个人之所以要把胖子推下去并不是谋杀，而是希望阻止电车撞向更多的人。一瞬间，你又回到了现实，发现胖子还坐在你的身边，眉飞色舞地和同伴说半个小时之后要去旁边的影院看一场电影。现在，如果胖子去看了电影，你预见的未来就会改变，电车就会撞上轨道上的五个工人。那么，你是否会用尽一切办法阻止胖子去看电影，让他在一个小时之后出现在桥上呢？

我知道，对于一些有社交恐惧的人来说，和陌生人交谈十分困难，更不用说"用尽一切办法"阻止一位陌生人做某件事情。为了避免这个因素的干扰，我们可以把上面的版本稍微做一点改动：你不仅可以预见未来，还拥有为他人注入意念的能力，你可以为身边的胖子注入一个意念，让他放弃看电影的计划，在一个小时之后出现在桥上。你会选择这么做吗？

我虽然没有像马克·豪瑟那样专门做过调查问卷，但我估计自己的选择仍然能够代表一部分人（我相信是绝大多数人）的立场：什么也不做。理由很简单，因为引导胖子走向必死的结局，这个过程对我们来说同样难以忍受。我们与胖子没有任何私人恩怨，但要让胖子去赴死，这是多么可怕的事情。

现在我希望你想一想，我所构造的"预言家引导胖子走上桥"的版本和朱迪斯所构造的"路人把胖子推下桥"的版本有什么不同吗？答案是，预言家与电车失控事件的关联比路人与电车失控事件的关联更弱。需要预言家做出选择（要不要引导胖子走上桥）的时候，电车失控还没发生；需要路人做出选择（要不要把胖子推下桥）的时候，电车失控已经发生了。这种时间上的差异十分有助于我接下来要提出的一个重要概念：道德场景（moral circumstance）。

我创造这个概念希望表达的含义是"构成一个道德事件所需因素的总和"。"总和"这样的说法可能让你觉得道德场景的构成是复杂的——恰恰相反，我心中的道德场景只包含与道德行为相关的五要素：时间、地点、原因、过程、结果。"与道德行为相关"是说"时间"是道德行为发生的时间，"地点"是道德行为发生的地点，"原因""过程""结果"也是道德行为的原因、过程、结果。如果你对道德场景的五要素还感觉有些迷惑，请不要着急，接下来我会在具体的例子中进行说明。

在我创造的新版本的电车难题中，预言家所处的道德场景是：电车发生故障的一个小时之前（时间），在离电车撞上五位工人的铁轨很远的餐厅中（地点），为了阻止电车失控后撞向五位工人（原因），预言家在抉择要不要诱导胖子在一个小时之后走上桥（过程），然后被路人推下去阻止电车撞死更多的人（结果）。

在朱迪斯版本三的电车难题中，路人所处的道德场景是：电车已然发生故障，即将要撞上五名工人之时（时间），在轨道上方的桥上（地点）有一个胖子，为了阻止电车撞向五名工人（原因），路人在抉择要不要推下胖子（过程），来阻止电车撞死更多的人（结果）。

在富特原始版本的电车难题中，电车司机所处的道德场景是：电车已然发生故障，即将撞上五名工人之时（时间），在电车行驶的轨道上（地点）另有一条只有一名工人的轨道，为了阻止电车失控后撞向五位工人（原因），司机在抉择要不要改变电车行驶的轨道（过程），来阻止电车撞死更多的人（结果）。

在这三个道德场景中，道德行为的原因和结果基本一致。如果我们具备一定的总结能力，就会发现道德行为的过程也是类似的，因为无论"诱导胖子""推下胖子"还是"驶向一名工人"，大家做的都是一件事：只让一个人成为电车事故的遇难者。这么说来，三个道德场景中不一样的就只是时间和地点。现在我们就可以来分析一下，时间和地点的差异是不是构成我们道德直觉矛盾的原因。

在预言家版本的电车难题中，我特意设计了与电车事故毫无关系的时间和地点。通过这种反差，我们就有这样一种直觉：在与电车事故毫无关系的时间和地点中做出与电车事故相关的道德行为是不可理喻的。因为既然事故还有一个小时才发生，我们完全可以利用这段时间做出其他的选择，比如亲自去疏散在轨道上作业的工人，或者给交通部门打电话汇报情况。虽然预言家通过自己的超能力预见了胖子在未来会从桥上被推下去，但是在这件事还没发生的时候，我们可不可以尝试创造一个更好的、没有牺牲的未来呢？

在路人版本的电车难题中，道德行为发生的时间与电车事故发生的时间基本一致，但道德行为发生的地点与电车事故发生的地点有一点不同：一个在桥上，一个在桥下。我认为，即使距离不是很远，地点上的这点不同也足以导致我们的道德直觉产生变化。如果我再给出一个版本五，你就会明白我所说的意思。在版本五中，你仍然是一个路人，但是你离轨道很近。你发现正在驶来的电车发生了故障，无法刹车。你看到不远处有五名浑然不觉的工人在劳作，如果电车行驶下去一定会撞到他们。同时，你身边有一名同样没有发现电车驶来的胖工人，他紧挨着轨道在劳作，离轨道只有几厘米的距离。你可以选择趁其不备把他一把推到铁道上，这样电车就会因为撞上他而停下来。你会为了挽救五名工人的性命而动手吗？

我们可以发现这个版本五，既像朱迪斯的版本三，又像富特的原始版本。同样我们也可以发现，即使胖子离电车事故发生的地点只有几厘米的距离，要把他推出去送死也同样困难，这和我们作为预言家不想诱导胖子走上桥、作为路人不能把胖子推下桥的道德直觉是一致的。所以，版本五还是和富特的原始版本有着本质的区别，似乎胖子只要站上了轨道，我们就会回到一开始认为可以撞向一个工人挽救五个工人的直觉，而只要胖子没有站上轨道，即使他离得再近，我们的直觉也不允许我们动手把他推到轨道上。

现在我们就可以得出这样的结论：我们关于怎么做才是善的道德直觉之所以会在义务论与后果论这两种对立的理论中切换，是因为道德直觉所作用的道德场景发生了变化。

请允许我稍微详细地解释一下。

电车难题之所以被称作"难题"，是因为它需要你在一个人的生命和五个人的生命中做出选择。通过以上各种电车难题的变化版本，我们确定了这样一个事实：只有当那一个人（不管他是工人还是胖子）站在轨道上时，我们的道德直觉才会倾向后果论中的效益主义，即决定牺牲一个人来挽救更多人。一旦这个人在轨道之外的地方（无论是轨道旁、桥上，还是远方的餐厅），我们的道德直觉就会倾向义务论，认为即使能挽救更多人，也不能牺牲这个人。

即使"电车难题"这个题目本身已经做了某种提示——电车的英文 trolley 就是有轨电车的意思——到目前为止的讨论中，很少有伦理学家注意到轨道在这个伦理学问题中的重要性。轨道为什么重要呢？

它区分了我们是否在原始的道德场景中运用直觉和思考问题。下面我就来指出，富特所创造的电车难题的原始版本究竟有什么特殊。

在最早的电车难题中，发现电车失控的司机要在撞向五个人和把电车改道撞向一个人之中做选择。我们必须注意到，如果没有另外一条轨道，整个事件就无法构成一个道德事件，因为司机根本没有选择的机会（没有道德行为），只能眼睁睁看着电车撞向五个人。只有当另一条轨道存在，且上面有一个工人（只要少于五个其实都可以）的时候，司机才有机会（他宁可没有这样的机会）权衡要不要挽救更多的人。对于另外一条轨道上的工人来说，本来电车按照原来的轨道行驶下去是要撞向那五名工人的，而司机为了救更多的人把电车驶向他，这简直就是飞来横祸；但是从伦理学的角度来讲，无论在另一条轨道上单独劳作的工人多么无辜、多么倒霉，他都是这个案例中必须存在的部分。因为——我想再次强调——如果没有他，电车难题也就不存在了。

在电车难题的改编版本中，路人或者预言家要在令电车撞向五个人和牺牲一个胖子令电车停下来之间做选择。在新版本中，另一条轨道没有了，取而代之的是处于不同地点（桥上、餐厅中）的胖子。但一个值得注意的细节是，不管新版本中的胖子在哪里，他在情节上都有一个"回到轨道"的设计：在朱迪斯的版本三中，如果路人把胖子推下去，胖子恰好要落在轨道上；在我的版本四中，预言家需要让胖子走到桥上，然后被路人推下去落在轨道上。"回到轨道"说明电车问题无论如何都要在轨道上加以解决。这样一来，已然在另一条轨道上的单独劳作的工人天然就是解决电车问题的方案之一（原来轨道上的五个人当然也是解决问题的方案之一），而在轨道之外的胖子无论在任何地方都并不是解决电车问题的天然方案，所以才需要我们通过各种方式把胖子"移到"轨道上。换句话说，作为道德行为的发出者，选择另一条轨道上单独劳作的工人是一种被动的选择，而选择其他地点的胖子则是一种主动的选择。

道德直觉不允许我们主动把不具有解决问题可能性的人变成解决问题的方案（比如，把胖子从桥上推下去或者诱导胖子从几公里之外甚至更远的餐馆来到桥上）。在以上所有版本中，我们只要好好想一想就能感受到，把胖子变成解决方案的过程就是把人工具化的过程。预言家强行忽略胖子想看一场电影的意愿，引导他去赴死，在这个过程中我们无法感受到一个人对另一个人的尊重。

同样的道理，我们也可以解释为什么我们的道德直觉接受不了朱迪斯所提出的道德场景：医生杀掉一个健康的年轻人，用他身上的器官去救五个生命垂危的病人。医疗问题的解决，一般是由医生的知识、技术与医院提供的设备完成的，在需要器官移植的情况下，器官无论是从活体还是尸体、亲属还是非亲属那里取得，重要的前提是器官提供者是自愿的，捐献行为是无偿的，且活着的公民应满十八岁，此外还有其他严格的要求，否则就是违反法律的骇人行为。这就是说，那名健康的年轻人根本不具有任何解决医治那五个病人问题的可能性（他既不是医生，也没自愿捐献器官）。在这种情况下，如果医生杀死他来挽救那五个病人，同样是"主动地把不具有解决问题可能性的人变成解决问题的方案"，即把人当成了工具。

基于此，我们可以总结说，富特的原始版本电车难题的道德场景与朱迪斯以及我刻意创造的新版本电车难题的道德场景之所以不同，是因为在前者中，道德行为是直接解决问题的行为，并且这个行为不具有把人变成解决方案的主观性。也就是说,在司机决定是否把电车转向只有一名工人的轨道时,司机的行为直接解决电车事故,而且必然指向电车事故的解决。但路人或者预言家把胖子推下去或者诱导他到桥上则是间接解决电车事故,而且不必然指向电车事故的解决。比如,当司机做出转动方向盘这个动作时,电车难题的结果就即刻产生了:五个人获救。而当路人做出推胖子这个动作时,电车难题的结果不会马上产生,直到胖子摔到铁道上被电车撞上才会产生。当预言家做出引导胖子去桥上的一系列动作时,也不必然指向电车难题的解决,直到路人去推胖子,胖子被电车撞上,难题才会解决。

基于这些区别,我们可以认定,除了富特原始版本的道德场景,另外两个新版本的道德场景所涉及的道德行为的过程,与原因、结果之间没有直接的、必然的联系。据此,我们可以说,富特的电车难题是一个"被动道德场景"(passive moral circumstance),而朱迪斯和我所创造的电车难题是一个"主动道德场景"(active moral circumstance)。请注意,这里所说的"主动"与"被动"不是主动做出道德行为或被动做出道德行为——一个行为必须是主动的、自愿的才能称得上道德或不道德——而是说道德场景是否已然为我们提供了解决问题的方案。如果已然提供,那么我们只能被动地做出选择(比如撞一个工人还是撞五个工人);如果没有提供,那么我们就需要主动创造一个解决问题的方案(比如用胖子来阻挡电车)。

道德直觉告诉我们,在主动道德场景中,我们不能为了解决某个人或某些人的问题而把另外的某个人或某些人当作解决方案,即不能把人工具化。这就是康德说的那句话:人是目的,而不是手段。即使忽略康德对此观点的论证，我们也能十分轻松地认识到，在以上把胖子当作救人手段的版本中，我们对胖子没有丝毫的在乎与关心。

至此，我们已经知道，同样是让一个人牺牲，让五个人得救，道德直觉之所以会有不同，是由于它所作用的道德场景有性质上的不同。我们还进一步知道，在主动道德场景中，如果我们不按照义务论的原则去行动，就会把人当作工具而毫不在乎其尊严、意愿与生命。所以，还剩下一个问题需要回答：为什么在被动道德场景中，我们更想按照后果论来行动呢？

■ 每个选择都有遗憾：道德两难与善的现实性

就像上文所说的那样，被动道德场景意味着我们不需要提出解决问题的方案，只需要在已然设定好的方案中进行选择，比如富特原始版本的电车难题。然而在这个版本中，无论如何选择，都会有人牺牲。也就是说，无论做出何种道德行为，都会伴随着不好的结果。类似的道德事件，我们称之为"道德两难"，即要求道德行为的发出者在两种选择都不完美的情况下做出正确的选择。

引入这个概念，会帮助我们更好地理解电车难题的原始版本和改编版本的差异。在主动道德场景的改编版本中，我们如果不把本来无关的胖子强行作为解决方案，电车就只能撞向轨道上的五名工人。这个结果虽然不是我们所希望的，但就像很多无法避免的灾难一样，虽然令人悲痛，但不是我们的选择造成的结果。换句话说，我们选择不把胖子推下去或不去诱导胖子走上桥，这些行为都是针对胖子而非电车的。如果说我们的行为因为符合了义务论而具有道德价值，那么这个道德价值与轨道上丧生了多少人是没有关联的。因为当我们放弃把胖子作为解决方案的那一刻，轨道上的事情就成了只能有一个结果的纯粹事故。

在被动道德场景的原始版本中，我们必须按照给定的解决方案做出选择，而且我们在选择的时候一定要承担有人牺牲的后果。这就说明，在富特设计的这个道德两难中，干脆就不存在让我们做出纯粹道德行为的可能性。这里所说的"纯粹"代表了通常情况下我们对于道德的想象：既有高尚的意图，又有皆大欢喜的结局。这也是为什么我们会觉得富特的电车难题是一种两难：无论怎么选择，似乎都和人们观念中的"道德"差了一点。在这种情况下，我们很难说服自己，用"善"来形容任何一种选择。因为每种选择都伴随着不得已的牺牲，即使是善，也是打了折的善。

不过我们必须给自己提个醒，即使是道德两难，我们也未必会遭遇像电车难题那么极端的例子。生活中很多的道德两难只是"无论怎么选择都有遗憾"而已。比如有一个富有爱心的企业家希望捐助留守儿童，当地政府根据实际情况提供了两种方案：在捐款金额固定的情况下，要么对具有学习潜力的孩子进行专门资助，要么对所有孩子进行平均资助。在这个例子中，即使企业家有关于捐助的个人想法，最后也只能从当地政府给出的两种方案中选择。在这个被动道德场景中，无论企业家如何选择，都会留下一些遗憾：要么是有些孩子干脆没有获得资助，要么是有学习潜力的孩子没有获得足够的资助。但无论企业家怎么选择，都没有引起比之前更坏的结果。

其实只要是被动道德场景，就一定会造成两难（或者三难、多难）。这是因为，被动道德场景提供了两个及两个以上的解决方案，如果只提供一个方案，我们就没有了选择的主动性，只能被动接受，也就不能够彰显我们的意志。比如在电车难题中，如果只有一条有五名工人的轨道，这个问题就是单纯的事故，而不是我们能够选择的道德事件。如果有两个或两个以上的解决方案，那么每一个方案都不会是完美的，因为从逻辑上来说，完美包含了全部的益好，而"全部"只能有一个，不能有两个。所以，虽然被动道德场景给出的两个或两个以上的解决方案都十分接近完美方案，但是从最严格的标准上看，每种方案还是有细微的缺陷，还是需要计算哪种方案能获得更多的益好。因此，道德两难、计算结果，这些要素与被动道德场景绑定在了一起。

不过，就像我们之前说过的那样，与普通的益好相比，"善"这个字表达的是普遍的、抽象的、第一性的益好，这样的益好似乎不允许伴随坏事出现。那么，在被动道德场景中，那种怎么选择都不完美，甚至怎么选择都有人牺牲的行为可以被称为"善"吗？

我们可以暂时放下直接回答这个问题的冲动，尝试讨论"对"这个概念。在电车难题的原始版本中，如果用"善"这个概念来形容我们的选择令人感觉不大恰当的话，不如用"对"这个概念来形容。通常情况下，"善"与"对"是不需要区分的，比如为了爱护环境和减少环卫工人的不必要劳动，严格按照垃圾分类标准处理自家的垃圾，这既是善的也是对的。但是在富特的电车难题中，善与对出现了分离（在下文中，你会发现这种分离不是绝对的）。如果我们不能实现想象中完美的善，起码我们能够做一些对的事情：如果无法救所有人，那么就去救更多的人。

我希望通过区分"善"与"对"来说明这样一个问题：并非所有时候，人们都可以比照观念中的"善"来实践；我们必须承认，千变万化的现实对理想会有某些破坏。这个时候如果再去纠结怎样才能实现纯粹的善，不仅是徒劳的，还会让自己陷入无尽的苦恼。所以，我们发现某种现实不能实现完美之善的时候，就应该把目标指向"对"。我们仍然可以根据给定的条件做出正确的事情。

与"善"相比，"对"是一种不完美的正确，它要求我们根据实际状况做出权衡。说到权衡，没有什么比"增进最多数人的幸福"这个原则更具普遍意义了，因为选择与权衡的目的就是获得最大的益好，这也是为什么在原始版本的电车难题中，我们的道德直觉会偏向效益主义。

这样一来，我们就能认识到，效益主义所代表的后果论似乎很适合用来解决现实中的两难问题。实际生活不可能严格地按照我们的完美想象展开，在很多情况下我们都不拥有做出纯粹道德行为的条件，但也不能因此就放弃努力，在没法实现"善"的时候，我们可以退而求其次去追求"对"。与义务论的诸多学说相比，后果论中的效益主义更像是一个工具，它可以帮助我们计算，来取得最大的益好。

这种计算在残酷的现实中非常必要。对于决定要把失事飞机降落在人多的村庄还是人少的村庄的飞行员和决定驶向一个工人还是五个工人的电车司机来说，他们面临的是同样的计算。从外延看，"对"是一个比"善"内容更广的概念，善的行为一定是对的，但对的行为可能与善无关，比如我们中国人炒菜时要先放葱姜蒜炝锅，这个行为就是一个虽然正确但无所谓善的例子。

按照这样的区分来看，是不是可以认为义务论属于善的论域，而包括效益主义在内的后果论属于对的论域呢？答案恐怕没有那么简单。因为我们已经讨论过了，在主动道德场景中，即使会让更多的人牺牲，也不能通过把人工具化的方式解决道德难题。所以，在我们决定不把胖子推下桥而坚定地履行义务论时，同样有代价产生：五个工人的死亡。这就说明，在现实中落实义务论，同样可能不符合我们对"善"的完美渴望。

所以，是时候认识善的现实性了。

在前文中，我们曾经谈到"善"是对"道德"抽象化、客观化的结果。不可否认，为了弄清人之为人的关键是什么，我们有必要在理论上找到一个可以高度概括善良品质的概念。但与此同时，我们也不能忽略"善"这个概念终究要指向人的现实活动。在电车难题中，无论是义务论还是后果论，都会有实际的负面代价出现。我们知道了现实不会时时刻刻都符合我们设想的理想状态，这就要求我们讨论"善"的概念时必须注意到现实的复杂性。

现在，我们意识到，"善"这个概念即使具有能够普遍化与抽象化的要求，也仍然需要关涉现实。这样一来，我们对"善"的谈论就分成两个层面：理想之善（ideal good）与现实之善（realistic good）。前者是我们日常笼统谈论的善，它满足了我们对于善的完美想象；后者是在一个又一个具体的道德场景中我们实际思考的善，它很可能会根据现实条件而附带一些负面的代价。值得注意的是，不能完全认定理想之善与现实之善毫不相关。在一些时候，理想之善也能被实现，或者说现实中被实践的善也可以符合我们的完美想象。

我们也必须注意到,理想之善与现实之善的融合是十分困难的,因为这不仅要求现实要像理想一样完美,还要求被融合了的善要同时符合义务论和后果论的规定。如果不符合义务论,那么这种善就没有想象中的那么完美;如果不符合后果论,那么这种善在现实中又有残缺。这就导致,只要人们愿意,总能怀着从鸡蛋里挑骨头的精神找出某个理想之善的瑕疵。

所以我们要清楚:在简单的道德场景中,理想之善与现实之善也许还可以融合,比如在公交车上给某位老人让座;但是在复杂的道德场景中,这种融合就没那么容易了。不过,不必灰心,让现实之善符合理想之善,这本来就是我们努力的目标。虽然我们不能改变被给定的现实条件,但可以在这种条件下让自己的道德行为尽量接近完美。

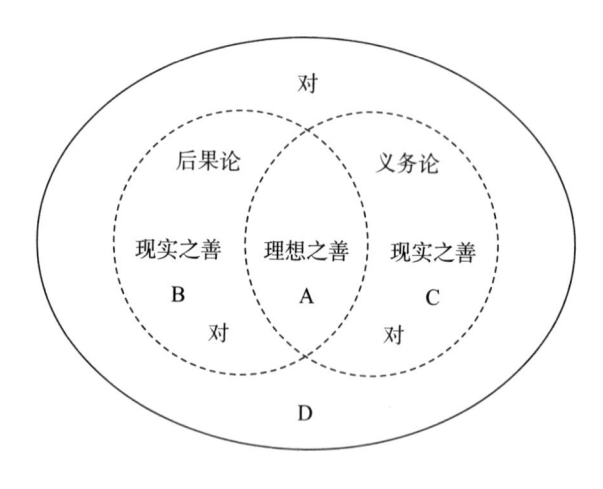

图示27 善的分域

根据善在理想层面与现实层面的划分，结合上述义务论和后果论的讨论，我们可以把"善"这个概念总结成如图示27的样子。

在此图中：A部分代表的是平时我们对善的完美想象，它也代表义务论与后果论互相满足融合的部分。B部分代表的是根据后果论的要求所实施的现实之善。C部分代表的是根据义务论的要求所实施的现实之善。B、C与A的区别在于，B、C存在我们不希望看到的负面代价。比如，救五个工人就必须接受一个工人牺牲的效益主义就属于B部分，不能把胖子当工具而必须接受五名工人牺牲的康德思想就属于C部分。

B与C这两个部分说明，在实际中有时人们即使按照后果论与义务论的要求去行动，也无法做到纯粹的善。即使这种善不是百分之百的纯粹，它仍然是对的，是应该去做的。就在不久前，我们还在用"对"来称呼这两个部分。现在我们比刚才懂得了善的现实性也是善不可或缺的一部分。所以从现在开始，我们就可以放心地用"善"来形容这两个部分了。在"善"与"对"这两个概念的对比中，我们知道了前者包含在后者之中，所以A、B、C部分都是"对"。D部分也是"对"，但它指代与道德无关的对，比如上面所说的炒菜放葱姜蒜炝锅的例子。

通过图示27，我们能够了解关于"善"的重要信息是：人们必须站在实际的角度接受，善即使在理论上具有普遍抽象性，由于它所涉及的是人类的活动，就必须兼顾具体现实。换句话说，善不仅是理想中完美的善，它还是现实中接纳了不利条件但仍去争取最大益好的善。

这样一来，义务论和后果论就在某种程度上获得了融合的可能性。二者的分歧不是说只有一种理论能代表真正的善，而是说在实践自己的理论时要考虑现实条件的影响。现实条件在这一章中被我别出心裁地称为"道德场景"。根据道德场景是否提供了解决问题的方案，我们把它分成了"主动道德场景"和"被动道德场景"。如果一个道德问题需要我们自己去寻找方案，甚至创造方案，那么在给出方案的过程中，我们有必要依照义务论的原则，不能牺牲他人的益好。原因很简单，如果你通过牺牲某人或某些人的益好来解决道德问题，那你就是把人当成了工具。如果一个道德问题已经给出了解决方案以供选择，那么当被提供的解决方案无论怎么选择都有负面代价产生时，我们就不得不使用包括效益主义在内的后果论的原则进行计算。另外，我们把这种无论怎么选择都有负面代价的被动道德场景称为道德两难。根据这些因素，我们就能明白义务论和后果论虽然对"善"有各自十分不同的理解，但二者不是水火不容的敌对观点，而是会根据情况展现出不同的善的形态，它们共同构成了善的全部内容。

现在我们可以把这一章所讨论的内容总结成如图示28：

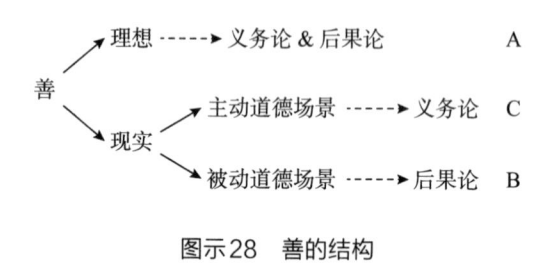

```
         ┌→ 理想 -----→ 义务论 & 后果论        A
善 ──────┤
         │         ┌→ 主动道德场景 -----→ 义务论   C
         └→ 现实 ──┤
                   └→ 被动道德场景 -----→ 后果论   B
```

图示28 善的结构

在这个结构中我们可以看到，善在理想的层面上是义务论与后果论的融合，在现实层面则根据道德场景的不同而分别表现为义务论和后果论。我还特意加入了之前"善的分域"那张图示中的字母，通过字母的对应我们可以发现这两个图示所表达的内容是一致的，只不过是换了一个方式而已。

那么，这两个图示是否向我们说明了"善"是什么？别忘了，我们需要知道善是什么，因为我们需要知道人之为人的关键是什么。在这一章中，我给出的一个主要意见是，义务论与后果论这两种对善的诠释理论并不互相排斥，而是可以构成一个整体。在这个意见下，善似乎既包括对某些必然的道德法则的遵从，又包括结果上最大幸福的获得。换句话说，如果"善"能够说明道德，或者认为道德就是善的话，那么人之为人的关键的内在品质就是：在任何情况下，都能至少实现"主动地服从道德法则"和"主动地去争取最大幸福"这两者之一的品质。

如果是这样，那么本章开头所说的机器人安德鲁和蛇精白素贞具有的对他人的爱，就是由于服从了某种道德法则（比如因为懂得"己所不欲，勿施于人"而明白人间悲欢）或者争取了最大幸福（比如放弃永生和爱人一起死去），因此才使得他们成为人。

至此，我们算是对自身形成了一定的认识，对于人之为人的关键是什么，也算给出了一个回答。不过作为一个负责任的思考者，我们还要进一步问自己：这是一个好的回答吗？

一个好的回答是对问题的全面解析，而不会引起更多的疑惑。反观我们给出的这个回答，它至少能引起如下的问题：为什么"服从道德法则"和"争取最大幸福"就是善呢？道德法则能成为"道德的"法则是谁规定的呢？为什么人类需要的是幸福而不是痛苦呢？如果你愿意继续问下去，也许还有更多的问题。当然，这不是说我们给出的答案是一个极其糟糕的答案，而是因为哲学问题的回答就是如此：永无止境。

对于这些新的问题，我们可以参考柏拉图的一个思考。在《游叙弗伦篇》中，柏拉图通过苏格拉底与游叙弗伦的对话提出了"游叙弗伦困境"。这个困境的内容是：好的事物之所以好，要么是由于神指定它们为好，要么是它们本身就好。如果神指定某个事物是好的，那么神就可以指定某个本身是坏的东西是好的，因此，好的东西未必是好的。如果某个东西本身就是好的，那么这个好就不是神创造的，因此，神的存在没有意义。

去除掉与信仰相关的内容，我们同样可以套用游叙弗伦困境来问自己：如果"服从道德法则"和"争取最大幸福"是善的，那么是因为它们本身是善的还是因为我们规定它们为善呢？但无论是"本身为善"还是"规定为善"，我们似乎都在定义善之前预先设置了善的存在，这样一来，就造成了我们先用"善"去描述某个条件，然后又用这个条件去定义"善"的循环论证。

造成这种循环论证的原因，是作为一种特殊的益好，善在被定义的时候不能与其他具有价值性的概念相关联，否则就会造成在最普遍、最终极的价值（善）出现之前，已经存在了价值（道德法则或幸福）的矛盾。但是反过来说，我们可以不引入其他具有价值性的概念来诠释什么是善吗？似乎也不大可能。那么，究竟是哪里出了问题？造成这种左右为难的根源在于：也许那种对最普遍、最终极的价值进行定义的努力，本身就是错误的。如果你想回答"什么是最普遍的美""什么是最终极的大"，也会得到一样的挫败。德国哲学家康德把这个问题归结为：人类的理性有一种追求无条件之物的自然倾向（比如问"什么是善"）。但是我们有限的理性无法去追问无限的东西，这就好像你让一只终其一生都在某个花园中度过的甲壳虫去思考"世界的尽头是什么"一样不可能。

康德认为这个问题没有办法通过思考本身来解决，只能诉诸信仰，即我相信它是这样的。当然，这个答案未必能让所有人满意，毕竟我们研究哲学最起码有一部分原因，恰恰就是为了剔除自己的某些愚昧信仰，马克斯·韦伯称之为"祛魅"。所以在此处，我们或许可以换一个思路，比如，虽然也用一种价值性的概念去定义善，但同时又认为这些概念的价值是显而易见的，也就不必再去追问善从何而来或者如何可知。

小结

在这一章中，我们通过经典的电车难题了解了义务论与结果论的主要观点，在试图融合二者理论分歧的同时，我们也认识到它们对于"什么是善"这一根本性问题的回答的有限性。

在此，我要提到独立于义务论、结果论的第三种伦理模型：德性伦理学，也被翻译成"美德伦理学"。这个理论正是对"人能否规定什么是善"的回答。它宣称，我们能够规定善，是因为我们先天具有内在的德性。所谓善，不是别的，就是按照这些德性去行动。美德伦理学起源于古希腊亚里士多德的思想，并在五十多年前被学术界重新讨论。美德伦理学还是一个与东方道德哲学息息相关的伦理模型。如果你在读罢本章后仍然对伦理学或道德哲学保持着好奇，那么请随我移步下一章。在下一章中，我们要把对道德的探讨引向更高的维度。

第九章

情感中的哲学

在上一章中，我努力传达了这样的观点：如果能用一种相对立体的角度，即从理想与现实两个层面看待"善"这个概念，就会知道义务论与后果论各自对善的规定可以整合到同一个理论体系中。这是因为，道德场景的不同会促使我们在"服从道德法则"或者"争取最大幸福"两者间做出相应的选择。不过，这种思路还是有不令人满意的地方——在善（选择）形成之前，似乎已经有某种善（道德法则和幸福）存在了。也就是说，如果服从道德法则或者争取最大幸福是善的，那么道德法则和幸福必然就是善的。但是，我们又如何知道它们是善的呢？

正如上一章小结中所提到的，作为义务论与后果论之外的第三种道德哲学模型，美德伦理学的理论优势在于，它认为人所拥有的美德是一种显而易见的不必再去追问"如何知道它是善的"的要素。比如，当朋友把他一半的面包分给了饥饿的你，当你被小偷偷了钱包而有陌生人挺身而出替你追回，你不会怀疑"慷慨"与"见义勇为"的美德为什么是善的。所以在美德伦理学的定义中，善被理解为对美德的实践。下面我们就来深入分析一下，这种理解是否真的能解决义务论和后果论存在的问题。

■ 别人看不见，还要遵守道德吗：美德伦理学

在《理想国》的第二卷中，柏拉图借格劳孔与苏格拉底的对话引出了"盖吉斯之戒"的故事。盖吉斯是一名牧羊人，在一场地震之后，他发现了一个山洞，山洞中有很多宝物，他在一具死尸上发现了一枚戒指。把戒指带回去之后，盖吉斯发现，每当他把戒指往内转动的时候，自己就会隐身，而把戒指往外转动的时候，自己就会恢复正常。英国作家托尔金的《魔戒》似乎受到这个故事的启发。在这两个有着相同情节的故事中，魔法戒指的拥有者都面临这样一个问题：在别人看不见的时候，我还要遵守道德规范吗？

在盖吉斯本人看来，既然自己已经可以随意隐身了，如果不去引诱王后、谋杀国王然后自己坐上王位的话，就太可惜了。虽然我们大部分人并没有盖吉斯那样的野心，但是也难免想要利用魔戒偷偷溜进电影院或者主题公园去占一些小便宜。当然，这并不是所有人的选择，我相信有人即使拥有隐身的能力，也不会趁别人看不见自己就做违规或犯法的事情。

现在，我希望你思考这样一个问题：是什么原因导致有人（即使是少数人）即使隐身，也仍然能做一个正直的人？在道德哲学中，隐身意味着从与众人的关系中脱离出去。不过，美德伦理学认为，无论

我们是否直接面对他人，都有一种力量会敦促我们做出正确的行为，这种力量就是我们心中的美德，它也是某些人即使在隐身的时候也能保持正直的原因。比如，践行"诚实"这项美德的人不会因为别人看不见自己而逃票，践行"虔诚"这项美德的人也不会在戴上魔戒的时候做出有违信仰的事。

"美德"这个词源于希腊文arete，指的是某事物的特长和功能，当它被用在人身上时，则指相对稳定的心理结构以及值得称赞的习性品质。认为善就是践行美德的观点，可以追溯到古希腊时代的亚里士多德。不过直到1958年英国哲学家安斯康姆在其著作《现代道德哲学》中正式将其提出，人们才意识到，原来古代哲学中还蕴含着一种被长时间忽视的伦理学模型。安斯康姆独具慧眼地看到，无论是义务论还是后果论，其理论的形成都受到中世纪上帝神授律的影响，即道德哲学中总有这样一种倾向，告诉你必须遵守像法律一样的某种定论，义务论所看重的道德法自不用说，效益主义所看重的"增加最大的幸福"其实也是一种冷冰冰的规定。

对于与上帝的感情不如中世纪的现代人来说，这种律令式哲学理论存在的问题越来越突出。比如，对于习惯接受神圣命令的人来说，遵守道德法则是很自然的事，而我们则会疑惑，会问出类似上一章"为什么道德法则就是好的？""为什么要增加幸福？"那样的问题。所以，我们需要从古代汲取资源，注意那些真正与我们人本身息息相关的道德要素，而不是外在构建的道德律令。

美德就是与我们息息相关的道德要素。一个本来就具有"仁慈"之美德的人，即使没有道德法则的约束或者幸福数值的计算，也不会做出伤害他人的事情。在生活中，我们总会遇到一些天生善良的孩子，他们虽然没有任何关于道德哲学的知识，但仍然能表现出道德哲学所推崇的做人的境界——他们走路很小心，生怕踩到蚂蚁，有时甚至连草坪也不忍心践踏。当然，我们必须承认，也有生来就不那么善良的孩子，他们就像迷你版撒旦一样让我们头疼。所以美德伦理学认为，只要我们能对这些天生就具有的美德加以理解，做好事就会像小孩子不踩草坪一样自然。

对美德加以理解，最重要的一个问题是：什么是美德？"新三年，旧三年，缝缝补补又三年"是美德，还是"学会断舍离"是美德？在不长的发展时间里，作为伦理学模型之一的美德伦理学对这一问题形成了两种观点，以这两种观点为核心出现了美德伦理学的两个分支。

其一是幸福主义，它以亚里士多德的观点为基础，认为所谓美德，就是能让我们增加幸福的东西。正如我们前面所述，后果论中的效益主义也十分重视幸福（并因此认为实现最大幸福就是善的），但它所说的幸福往往笼统地指代一种满足感，即快乐或者免除痛苦；而美德伦理学的幸福主义则认为，幸福是对德性终其一生地实践。亚里士多德对此做过这样一个论证：幸福，作为"最好的东西"，是我们一切行为的最终目标。想要确定这个目标是什么，就必须从人的功能上入手。举例来说，一个炒锅的终极目标是炒菜，因为它天生就是被如此设计的，如果你用炒锅来浇花或者当枕头，那么对炒锅来说，这肯定是不好的、不幸福的。亚里士多德认为，人区别于其他事物的功能是理性思考。所以运用理性思考是人的终极目标，而运用理性思考的结果是人获得了宽容、勇敢等良好品质。所以，美德是对人的功能的彰显，它能为我们带来最好的幸福。

当代美国哲学家、幸福主义的代表人物玛莎·C.纳斯鲍姆补充说，拥有、实践美德虽然是幸福，但它并不能保证我们真的过上幸福的生活，"好人没好报"的例子时时提醒我们，美德是无法阻止厄运的。据此，她提出了"善的脆弱性"（the fragility of goodness）这个概念，认为解决办法是尽量创造一个好的社会政治环境。

在幸福主义之外，美德伦理学的另一个分支是以休谟的观点为基础的情感主义，它认为美德实际上是一种特殊的情感。休谟认为，亚里士多德所重视的理性是一种分别是与不是或者真与假的能力，而道德上对善恶的判断，实际上是在表达赞成（应该）或反对（不应该）的态度。这个态度是情感性的，即能够令人舒适愉快的就会被赞成，令人厌恶痛苦的就会被反对。休谟主张，能够让我们区分善恶的一种最基本的情感是"同情"（sympathy），它是天生的，也是人与人之间"一切尽在不言中"的情感共鸣。因为这种共鸣，我们能感觉到他人的快乐和痛苦，并且希望他人能保持快乐或者避免痛苦，这就使我们形成了各种美好的品德。

当代美国哲学家、情感主义的代表人物迈克尔·斯洛特，把休谟所使用的"同情"概念替换为"移情"（empathy），认为后者是关怀、仁慈等品质形成的首要机制。在斯洛特看来，移情与同情的区别在于，前者能与他人拥有同样或相似的感觉，后者只是作为旁观者对他人的处境做出反应。比如说，作为一个中国人，如果你在伦敦的希思罗机场看到一个英国小朋友由于没戴耳机看平板电脑、被父母严厉地批评而哭泣，你会同情他，认为他的父母太严格了。但是同样在那个机场，如果有一个中国旅游团的人因为大吵大闹而被安保人员警告，那么你作为同胞就会和旅游团里的人一样，感到极度羞愧。当然，斯洛特补充说,"移情"这个概念20世纪才出现在英语中,休谟是借用"同情"来表达"移情"的。

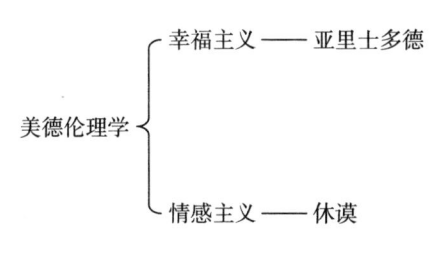

```
                    ┌─ 幸福主义 —— 亚里士多德
          美德伦理学 ┤
                    └─ 情感主义 —— 休谟
```

图示29　美德伦理学的两个分支

幸福主义与情感主义的重要分歧是对美德来源的判断不同,前者认为美德来源于理性的运用,后者认为美德来源于情感的发显。不管你认为哪种观点更合理,都请不要忘了我们刚才的那个问题:缝缝补补的节俭和断舍离的大方哪个才是美德?或者说,当了解了美德伦理学在当代的两种新发展之后,我们可以判断一下,节俭与大方是不是美德?

在这个具体问题下,我们会发现,尽管幸福主义和情感主义已经对美德做出了更为细致的描述,但是判断一种品质是不是美德仍然是困难的。我们仍然不能确定节俭能增加幸福,也不能确定大方是通过移情形成的。这就是说,美德伦理学虽然敏锐地看到了义务论和后果论过于痴迷制定外在的道德理论,而忽视了对人内在动机的讨论,但却没能给出一个标准,用来判断人的内在品质中哪些属于美德,哪些不属于美德。虽然我们可以通过常识来认证一些美德,但这些美德并不能在所有情况下都用来指导我们的行动。比如,按照常识，勇敢是美德，谨慎也是美德，但在面对持枪歹徒的时候，一个瘦弱女子应该勇敢些好还是谨慎些好呢？再比如，回到刚才的问题中，如果节俭和大方都是美德，那么我们是应该留着旧家具还是扔掉旧家具呢？

这些问题使我们认识到，美德伦理学虽然提醒了我们，一个人不用外在的道德律令，仅凭内在的精神要素就可以做出善的行为，但在很多情况下，它没法根据实际情况具体地告诉我们，怎么做才是对的。其根本原因在于，美德伦理学把善规定为对美德的实践，就是把终极的益好和各种内容不同的美好品质联系了起来，但问题在于，作为终极益好的善必须是可以普遍化的，而很多美德却只有在特定的环境下才成立，比如我们不能无条件地鼓励一个手无寸铁的女孩去勇敢地反抗持枪歹徒。所以，我们可以说某种美德是善的，但没法说善就是去实践某种美德。如果你把所有美德都算上，认为善是实践所有的美德，也有问题。因为就像我一直强调的那样，美德的容纳性太大，很容易找到性质相反的两种美德。一般来说，一个人具有其中一种美德就很难具有相反的美德，一个情景下发显一种美德，就很难发显相反的美德，所以"实践所有美德"是一个不负责任的说法。

可能的解决方案是，把美德的容纳性变小，或者在诸多美德中选定一个或一组具有最高价值的美德。说到此，我们十分有必要参考一下中国的道德哲学，因为它在两千五百多年前似乎已经发展出了一套成熟的美德伦理学，并在诸多美德中选定了一个特殊的德目，作为判断是否为善的价值标准。

■ 仁爱源于恻隐之心：孔孟对美德的说明

我认识一些研究中国哲学的学者，他们十分反对把中国古代关于道德、人性的思想归结为美德伦理学。"孔子的思想与亚里士多德的思想真的一样吗？"他们常常在学术会议上这样问。我能理解他们的顾虑，因为如果严格按照西方的美德伦理学来阐释中国先哲的思想，就有把中国哲学窄化的危险。但是另一方面，美德伦理学是一个开放的理论结构，只要是与美德相关的思考，都可以算作它的内容。所以，就像它在当代学界也在不断发展一样，我们没有必要削足适履地把中国的美德论讲成亚里士多德的或者某位西方哲学家的，恰恰相反，我们应该着眼的，是中国古代对于美德的讨论是否有可能为西方的美德伦理学提供一些新视角或者新内容。

中国古代关于美德的观点与"德"这个汉字的出现息息相关。在前面我们已经谈到，"德"的本义是"获得"。西周时，人们已经开始用"德"来形容人从上天那里获得的品质。不过，如果考察得更详细些，就会知道"德"这个字最开始仅仅指涉君王的品质。

"德"在金文中的字形是德，其中最关键的部分是彳，后者与氏族首领巡视或者征服的行为有关。也就是说，"德"这个字从起源上看，指代的是氏族首领特有的品质，即政治德性。在开始的时候，人们从现实的角度认为，君王的品质有好有坏，所以德也有正面的和负面的。但后来人们愈发认识到，由于君王的统治关涉臣民的生活水平，君王的品质必须是趋善的，所以大家就越来越多地用"德"这个字表达对君王具有伟大崇高德性的希望——不管现实如何，一个当权者的德性都应该如此。

不过，如果君王从上天那里获得的是"德"，那么普通人从上天那里获得的又是什么呢？从《逸周书》等文献看，西周及之前的哲人们认为，普通人天生所具有的是情感和欲望，比如好恶、喜怒哀乐等。也就是说，普通人不具有自我革新、主动行善的必然动力，大部分情况下，普通人的行为都是趋利避害、好生恶死的，只有通过君王的教化，才能保证他们的行为符合规范要求。这也反过来说明了君王要有德性的必要性。但是，如果普通人没有向善的内在动力，那么如何保证他们会听从君王的教化呢？

西周时代的部分哲人也意识到了这个问题，所以在后来的表述中，我们能看到普通人也具有德性这个观点了。只是对于普通人的德性是什么这一问题，在西周时代并没有被明确说明，我们只能理解为，普通人有一种最低限度的德性，它能使普通人具有接受君主教化的意愿。

西周时代虽然已经通过"德"这个字对人的德性做了一定程度的说明，但这种说明还不足以形成可以让西方美德伦理学参考的观点。原因是，我们明显能从西周时代的德论中看到道德哲学之外的政治考量。换句话说，与其认为西周先哲在思考美德是什么，不如说他们在思考如何通过"德"这个概念确立君王统治的合理性（君王有德，百姓无德，所以后者需要前者来教化）。所以在考察西周时代的思想时，要特别注意，彼时虽然完成了对天帝信仰的突破，人们在一定程度上已经从宗教神权的束缚中解脱出来了，但是对于普通百姓来说，权力仍然垄断在上位阶层的手中。

这就是说，学界虽然普遍认为，西周时代是中国的第一次人文启蒙，但我们必须意识到，这个启蒙仅仅完成了从神向人的转向，而在人内部从君到民的转向则没有实现。直到东周时孔子提出了一套儒家学说，德性论才拉开了序幕。在孔子的思想中，"德"不是一个君王专有的品质，普通人也具有德，普通人完全具有主动行善的可能性。这在某种程度上削弱了君王统治的绝对合理性：即使没有君王的教化，普通人也能通过自己的修养成善。普通人因为也拥有德性，便能实现对君王权力的监督：如果统治者的德性还比不上被统治者的德性，那么他的统治就是不合法的。

不管这种约束权力的考量是不是孔子思想的主要意图，但由于他把"德"的讨论范围扩大到了普通人，所以德性就成了一个形容内在趋善品质的普遍概念。这要求孔子对"德"的思考必须针对所有人，而不能是某种人。针对所有人的德性不再是政治德性，只能是从道德本身出发的德性。所以从孔子开始，中国古代的德性论具有了道德伦理学的属性，但与西方不同，孔子在一开始就确立了一个最高的美德：仁。

在《论语》中，"仁"这个字一共出现了一百多次，不仅是孔子最为重视的概念，也是整个儒家思想的重要概念。什么是"仁"？在现代汉语中，我们经常会使用一个词，叫麻木不仁，一个人如果被形容为"麻木不仁"，就是说他冷漠自私、没有感情。"麻木不仁"这个词一开始被用在医学中，用以形容身体没有反应的麻痹状态。反过来说，"仁"所表达的是一种敏感的、充沛的对他人的关心。《论语》中孔子在不同的场合下都谈论过"仁"，也对这个概念从不同侧面进行了说明，其中有一个解释最能表达"仁"的含义。孔子的学生樊迟问什么是仁，孔子回答说就是"爱人"。后来，孟子也说过"仁者爱人"。可见"爱"确实是"仁"的核心内涵。

不过，"爱"同样是一个不好定义的概念。今天人们已经知道，在智商、情商之外，还有第三种测量我们精神世界成熟程度的指数：

爱商（LQ）。爱商反映着我们接受爱、表达爱的能力，一个爱商低的人不大可能透彻地明白什么是爱，那么他会因此对仁有理解障碍吗？想要回答这个问题，我们必须先给孔孟说的"仁者之爱"划定一个范围。

先秦时代，百家争鸣，从"爱"这个字所表达的最宽泛的含义看，当时提倡爱的恐怕不止儒家一家。孟子在描述当时思想风潮的时候，特别提到了杨朱和墨子二人。他说："杨氏为我，是无君也；墨氏兼爱，是无父也。无父无君，是禽兽也。"（《孟子·滕文公下》）从这句话我们可以看出，孟子把"为我"归纳成杨朱学派的思想特征，把"兼爱"归纳成墨家的思想特征，前者是对自己的爱，后者是所有人互相的爱，虽然都是爱的范畴，却遭到了孟子猛烈的抨击，可见不是与爱沾边的就都是仁。

杨朱与墨子的爱，可以说是两个极端。杨朱受道家的影响，认为做人最重要的就是开开心心，保全自我。他有一句名言，叫"拔一毛而利天下不为也"，就是说，哪怕只需要拔下他的一根毫毛就能帮助他人，他也不会做。今天我们所说的四字成语"一毛不拔"正是来源于此。"为我"乍一看很容易给人自私的感觉，但杨朱的思想不是利己主义，他所追求的恰恰是不受利益牵绊、不被道德束缚的自由状态。

与这种状态相反，墨子所追求的恰恰是既要利益也要道德的目标。墨子的学说充分代表了当时小生产劳动者的诉求，如果你深入了解墨家思想，就会知道"兼爱"是以相互的利益最大化作为指向的，这就是墨子所说的"兼相爱，交相利"，即互相有爱，各自获利。现在我们常说的"投我以桃，报之以李"就是出自墨子之口。不少西方学者在阐述墨家思想时都注意到了它与效益主义的相似：二者都追求利益最大化。不过遗憾的是，由于墨学在秦代之后逐渐失传，这种道德上的后果论未在中国思想史上形成独立的分支。

杨朱与墨子有关爱的观点为我们理解儒家的仁做出了反向的帮助。孟子反对杨朱与墨子，说明儒家的仁者之爱首先不是对自己的保全而具有利他的道德属性，其次也不因为有求利的目的而生发出一种近似平等主义的爱的要求。所以，儒家的仁者之爱是一种面向他人的有层次差等的爱，儒家的"仁"经常被形容为"爱有差等"。

爱有差等说明了一个十分符合常识的结论：对待不同的人，我们爱的程度会有不同。虽然别人家的孩子也很可爱，但我们还是喜欢自己的孩子；虽然其他艺人也很努力，但我们还是觉得自己的偶像最优秀；虽然两个人都有错才导致分手，但我们还是站在自己朋友这一边。这就是说，儒家没有像义务论者或者后果论者一样，制定一种适用于所有人的道德定律，而是站在现实的角度指出，我们拥有的德性，是一种像涟漪一样由内到外、由近及远的差等之爱，人与人之间的道德是有先后和轻重的区别的。这便是孟子所说的"老吾老，以及人之老；幼吾幼，以及人之幼"（《孟子·梁惠王上》）。即先敬爱自己的长辈，进而敬爱别人的长辈；先爱护自己的孩子，进而爱护别人的孩子。

儒家认为，在爱有差等的涟漪中，最核心的是亲情之爱。这仍然是符合常识的，直到今天，我们相处时间最长的、感受到最多温暖的仍然是家人（只不过古代的"家"比今天的"家"更大）。所以，孔子说"孝弟也者，其为仁之本与"（《论语·学而》），孟子也说"亲亲而仁民，仁民而爱物"（《孟子·尽心上》）。这都是在强调仁爱从具有血缘的家人身上开始产生，然后才向他人展开去。

另外值得注意的是，由于爱有差等，所以儒家认为仁会根据不同的对象表现为不同的样貌。比如，对父母之爱是"孝"，对兄长之爱是"弟（悌）"。还有一些品质，虽然不属于仁的细化，但也和仁有关。比如谈起勇敢，孔子便说："仁者，必有勇；勇者，不必有仁。"（《论语·宪问》）即一个仁爱的人，一定具有勇敢的品质，但是勇敢的人不一定具有仁的品质（因为可能是鲁莽）。这就是说，儒家对人的美德的所有讨论，都牢牢以仁作为最重要、最本质、最基础的品质，这就和西方美德伦理学有了些许区别。

同样用来形容人的内在德性，"仁"不仅比"德"具有更普遍的适用对象（所有人），还比"德"具有更为详细的内容（爱有差等）。所以在中国早期哲学从"德"到"仁"的演变过程中，我们确实能够看到对美德的讨论在逐渐趋向精细化。不过，现在还不是对儒家的美德伦理感到满意的时候——虽然儒家直接提出"仁"而解决了"什么是美德""哪种美德更为根本"的问题，但就"仁"自身来看，我们还不知道它是如何形成、如何发挥作用的。西周时代直接宣称"德"来自上天赋予的做法显然满足不了儒家构建更为严密的美德伦理的要求，所以儒者们需要对美德进行更为深入的探讨。

对于美德如何形成、如何发挥作用的问题，孔子的时代并没有做出好的回答，真正回答了这个问题的是孟子。在《孟子·公孙丑上》中，孟子让我们设想这样一个情景：假如你正在走路，这时看到路边有一口井，井边有一个小孩子在玩耍，玩着玩着小孩子居然爬到了井沿上，意识不到危险的他摇摇晃晃地站了起来，只要一不小心就会跌落井中。目睹了这一切的你，心中会有什么反应呢？经历过在现场目睹事故发生的人都会知道，面对他人不幸来临的瞬间，我们都会情不自禁地心中一紧，甚至不用亲眼所见，哪怕是在电视上看到，也会有刹那的反应。

孟子问：我们为何会有这样的反应呢？是因为想要结交那个坠井孩子的父母吗？是因为想让周围的人夸赞自己善良吗？还是因为自己厌恶孩子坠井时发出的喊叫？显然都不是。我们有这样的反应没有经过思考，是自然而然产生的。这种自发的反应被孟子先后用两个名字加以称呼：一个叫"不忍人之心"，一个叫"恻隐之心"。前者是对这种反应引发原因的描述（因为不忍心看到、听到别人的痛苦而产生的心理反应），后者是对这种反应造成结果的描述（"恻"是悲伤，"隐"是伤痛，恻隐之心就是感到难过的心理反应）。

综合这两种表述，我们可以知道，看见小孩子将要坠井的瞬间产生的反应说明了人性中有这样一个特点：如果看到他人受苦，我们会随之难过。孟子对这个特点做出了两个判断：第一，每个人的人性都具有这个特点；第二，这个特点就是仁的开端。孟子在论述"仁之端"时顺便提到，人性之中除了不忍人之心或恻隐之心，还有其他的天生性质，这些性质是人的适宜性、礼仪性、知性的开端。不过，我建议我们还是专心一点，专门讨论人道德性的开端，也就是"仁之端"这个问题。

在孟子对"仁之端"的论述中，我们依稀看到了情感主义的倾向，即产生仁这种美德的不忍或恻隐是偏于情感的心理活动，它在一瞬间融合了紧张、害怕、同情、痛苦等多种感情。我之所以在这里说"偏于情感"而没有说"是情感"，是因为"仁之端"算不算情感这个问题在后来的儒学发展中成了一个重要问题，直到今天，这个问题还没有解决。作为补充说明，我可以告诉你，如今的韩国学界其实比中国学界更重视这个问题，因为儒学传入朝鲜半岛后，其发展主要就围绕对这一问题的讨论展开，即所谓的四端七情问题（包括"仁之端"在内的仁、义、礼、智四端与喜、怒、哀、惧、爱、恶、欲七情是什么关系的问题）。

一方面我们能看到，不忍或恻隐在孟子的描述中，确实和我们日常理解的情感有些不同，它必须是天然具有的、可以瞬间发生的，既与很多情感类似又没法说出具体内容。但另一方面，我们不得不承认，无论是不忍还是恻隐，实际上都具有迈克尔·斯洛特所说的"移情"的特点，如果说它和情感一点关系都没有，似乎也无法得到理论支持。所以说，"仁之端"偏于情感基本上是相对中肯的观点。

到这里，我们对于儒家所提出的"仁"有了这样的认识：它是最为核心的美德，是从家人开始向他人展开的有差等的爱，可以根据差等演化为更具体的美德，并且它的产生是由一种偏于情感的被孟子称为不忍和恻隐的瞬间反应造成的。从这些内容出发，我们可以发现，儒家对于美德的讨论是比较详尽的，它回答了美德伦理学所面临的两个重要问题：哪种品质算是美德？美德从何而来？

如果我们要求再高一些，也可以认为上述内容对美德从何而来的说明还不算彻底——作为"仁之端"的不忍人之心或恻隐之心虽然说明了仁是如何产生的，但对"仁之端"从何而来的问题，我们依然可以问下去。对这个问题，儒家倒是有回答，但请不要对这个回答抱太高的期待，因为对"仁之端"，历代儒者尚且没有彻底搞清楚（导致争论持续至今）。对于"仁之端"的来历，儒家也只能拿出一个"天赋"的方案，即仁是上天赋予的。这个回答最开始在《中庸》中有所体现，后来在宋明时期不断被儒者扩充讨论，最后基本上成了儒家的主流观点。

但是，认为"人的美德的最初发源是上天的赋予"这个观点，其本质上仍是康德所说的理性的僭越。这是一个理论上需要回答但理性上又无可回答的问题，把"天"请出来是为了给整个理论大厦盖上最高一层的不能再被问为什么的房盖，但"天"的回归把人性与道德从人的内部又拉回外部，这就有加强世俗权力甚至宗教权力的危险（这也是为什么儒家后来有了"天理杀人""礼教吃人"这些问题），这似乎与儒家最初建构美德伦理的目的有所违背。

不过公允地说，美德起源这个问题实际上已经超出了道德哲学的范畴。孟子之所以举出小孩子坠井这个例子，就是想说明，无论美德从何而来，我们基于常识也必须承认，每个人都有不忍人之心或恻隐之心。所以在孟子看来，人具有"仁之端"已然是一个事实，他正是从这个事实出发构建了自己对仁的讨论。如果不是对考察起源有种强迫症般的癖好，我们可以认为，孔子、孟子对仁的说明已经足够为美德伦理学树立起榜样。但是，我们真的能证明，作为榜样的中国美德伦理学比义务论或者结果论更能说明什么是善吗？接下来要讨论的这个思想实验，或许会让我们有不一样的想法。

■ **君王可以放走犯罪的父亲吗**：爱有差等引发的道德问题

这个思想实验出自《孟子·尽心上》。

在这篇文章中，弟子桃应给老师孟子假设了一种状况："舜为天子，皋陶为士，瞽瞍（叟）杀人，则如之何？"舜接受尧的禅让而称帝，是上古时代三皇五帝之一，也是儒家心目中的圣人。皋陶是当时掌管刑罚、监狱、法治的官吏，为人正直不阿，秉公断案，被视为中国司法第一人。瞽叟是舜的父亲，"瞽"是瞎的意思，"叟"是老年男性，"瞽叟"更像是一种别名而不是舜父亲的本名。相传瞽叟本性恶劣，另娶妻之后，对舜更是不好。司马迁的《史记·五帝本纪》中记载："舜父瞽叟顽，母嚚，弟象傲，皆欲杀舜。舜顺适不失子道，兄弟孝慈。"就是说，舜的父亲、继母、同父异母的弟弟人品都十分低劣，都想杀掉舜，但在这种情况下，舜还能坚持孝道。结合这些背景，桃应的问题实际上就变成了这样一个思想实验：一个圣明的君王有一个邪恶的父亲，父亲杀了人，被正直的执法者抓到，这种情况下圣明的君王应该怎么做？

这个思想实验中之所以要突出父亲的邪恶和执法者的正直，就是为了表明对于杀人这件事的判断是正确的。换句话说，瞽叟杀人不可能是误杀、正当防卫或者被人陷害等。之所以要突出君王的圣明，就是为了设定舜的行动一定是符合美德的。这个思想实验的两难之处在于，它指出了儒家爱有差等的一个问题——当你的父亲做了坏事时，你还会爱他胜于爱别人吗？

我们在上文曾举"亲亲而仁民"来说明"仁"的爱有差等，孟子说这句话正是想表明，一个君王只有好好对待自己的家人，才能好好对待自己的臣民。大部分情况下这句话是对的，毕竟，我们不能指望一个弑父杀兄的人会做一个好君王。桃应的思想实验让"亲"杀了"民"，这就在爱的对象序列中制造了断裂与冲突。换句话说，只能在二者中选择其一，你会怎么做呢？从公民的角度，我们当然不希望当权者包庇犯错的家人；从自身的角度，我们也知道大义灭亲的痛苦。换句话说：如果选择仁，就会违反公正；如果选择公正，就会违反仁。

有趣的是，即使我们认为儒家对"仁"的说明清晰地给出了如何判断美德之间高低价值的标准，在这个思想实验中，我们仍然觉得选择"仁"是有问题的。

更有趣的是，我们的问题在孟子那里似乎不是问题。从孟子的回应来看，他似乎不觉得舜的处境有什么两难的——他给出的答案是，舜作为君王当然要让皋陶把犯法的父亲抓起来，但是作为儿子，舜也不能不管自己的父亲，所以舜应该放弃王位，偷偷把父亲救出，逃到荒无人烟的海边隐居起来。

从孟子的回答中，我们感到他的立场仍忠于儒家的美德伦理，即最终还是要按照"仁"的规定来行动，把对家人的爱放在第一位。至于舜作为君王所面临的正义要求，则可以暂时把父亲抓起来。但孟子这个先抓人再救人的操作真的能解决这个思想实验中的两难吗？我相信你和我一样认为不能。原因很简单，在孟子试图兼顾"公正"和"仁"时，是把前者看作可以暂时符合的对象，而把后者看作应该长久符合的对象，但司法上的公平并不是暂时的，孟子给出的这种做法在实质上仍然把血缘亲情置放在法律正义之上。尽管孟子说舜要放弃王位以普通人的身份去救父亲，似乎是为了隔离亲情之爱对权力公正的破坏，但这个补充并没有太大意义，因为即使是普通人去救自己犯法的父亲，同样会对权力公正造成破坏——否则，我们就都应该像水浒英雄般去解救犯法坐牢的家人了。更何况我们无法保证，一个君王真的能像孟子说的那样，丝毫不动用公权力而以普通人的身份从国家监狱中救出父亲。

孟子回答这个思想实验的时候，正是以家庭为单位建立起来的王权政治逐渐成熟的时候。儒家从孔子那时起就有一个"君君，臣臣，父父，子子"（《论语·颜渊》）的政治理想，即确立一个等级制度清晰的社会结构。在这个社会结构中，权力上层的君臣等级是对权力下层的父子等级的放大。家虽然受统治于国，但国的运行准则来自家，这也是为什么先秦儒家特别强调对血缘家族的重视。

但是，桃应的这个思想实验破坏了从家到国的连接，它道出了这样一个事实：不是任何时候我们都能像爱自己的父亲一样爱自己的君王，有些时候，正是因为我们爱父亲，所以要拒绝君王的命令。这个问题实际上来源于"爱有差等"这个设定本身，因为它假设的是一种最理想的情况，即爱可以从最熟悉的家人开始，传递到最不熟悉的陌生人。在这个想象中，处于不同差等中的人必须彼此没有任何冲突或对立，爱才能传递下去，但现实中可并非如此。儒家想象的是，因为你会给你的父亲让座，所以遇见其他老人，你也会给他们让座，但现实经常是，你的父亲和其他老人同时在拥挤的地铁上，在只有一个空座的情况下，你是无法向其他老人传递爱的。所以，"爱有差等"的前提是，爱能够跨越差等，而爱能够跨越差等的前提是，下一差等的人必须与上一差等的人利益一致。由于"爱有差等"的核心是对家族的爱，所以我基于以上前提把它归纳为：只有当其他人与自己家族利益一致时，我们才可能去跨越差等去爱其他人。但在任何一个资源有限的社会中，都不能保证如此。

在桃应的思想实验中，舜就没有办法像爱自己的父亲一样，去爱那个被他父亲杀死的人，因为在这个极端的设置中，舜的家族与死者

（及死者的家族）这两者的差等之间有不共戴天的仇恨，如果维护一方的利益，就必然会伤害另外一方的利益。于是，我们看到了孔孟所描述的仁的双面性：如果能够跨越差等，爱就会变得很普遍、很伟大；如果不能够跨越差等，爱就会变得很狭隘、很自私。

如果一种被称为美德的东西有可能让我们变得自私，它还算是美德吗？从2002年起，这个问题在学界引发了一场持续的学术大辩论，反对孟子的学者认为，舜偷偷把父亲救走是一种腐败行为，这说明儒学有伪善的倾向，而支持孟子的学者认为，在现代法治观念还没确立起来的古代，舜的行为是为了防止孝道仁心的沦丧，完全可以理解。

值得一提的是，双方学者为了证明自己的观点，还引据了柏拉图《游叙弗伦篇》中的例子。《游叙弗伦篇》中记载了这样一个情节：苏格拉底在执政官那里见到了游叙弗伦，他问后者为什么来这里，游叙弗伦回答说来控告自己的父亲。苏格拉底很吃惊，就问游叙弗伦为什么要控告父亲。后者回答说，自己家里的一个雇工因为喝醉酒而杀了一个家奴，自己的父亲把这个雇工绑起来扔在沟渠中，后来由于没有过多的注意，这个雇工因饥寒交迫而死。他认为是自己的父亲杀了雇工，而控告杀人的父亲属于对神的虔诚。接下来苏格拉底与游叙弗伦展开了一系列问答。支持孟子回答的学者一般认为，苏格拉底的不断提问表明了他对游叙弗伦控告父亲的反对，而反对孟子回答的学者则认为，苏格拉底的不断提问只表明他反对游叙弗伦控告父亲的根据（对神的虔诚），而无关游叙弗伦控告父亲这个行为本身。我通读了《游叙弗伦篇》之后，也认为苏格拉底与游叙弗伦对话的主题是"何为虔诚"，并没有涉及"儿子是否应该控告杀人的父亲"。但说实话，

《游叙弗伦篇》对《孟子》中桃应的思想实验的参照意义不大。当然，你也可以亲自读一下《游叙弗伦篇》，给出自己的判断。

回到桃应的思想实验，我觉得那些赞同孟子的学者始终都没有正面回答舜的做法对被害者及其家人是否公正这一问题。如果把舜偷偷救走父亲的行为视为维护家族之爱的话，我们是否可以鼓励被害人的儿子出于家族之爱来杀瞽叟呢？即使在舜的年代法治建设还相当不成熟，杀人这一行为也不可能被认为是对的，否则瞽叟也不会被抓起来。我十分怀疑，如果瞽叟杀的不是一个人，而是一万个人、一百万个人的话，孟子以及后来支持他的学者是否还会认为舜应该偷偷去救出他的父亲。在孟子的回答中，舜对家族之爱的维护并不成功，因为他是通过牺牲其他人的家族之爱来实现的，那些批判孟子的学者的担心是有道理的，这个行为确实会为日后的君王找到一个徇私舞弊的借口。

当然，我也不认为批判孟子的学者的观点都是对的，因为我们不能用孟子的回答来概括儒学全部的特点，甚至不能用孟子这个回答来判定孟子本人的思想。孟子虽然在上述思想实验中给出了一个不成功的答复，但在他另外的表述中，我们分明能看到一种相反的倾向，那便是他关于"民贵"的论述。

所谓"民贵"，是说一个国家的君王要把人民作为最宝贵的存在。这个思想出自我们十分熟悉的孟子的一句话："民为贵，社稷次之，君为轻。"（《孟子·尽心下》）在这个排序中，人民是最重要的，然后是国家，最后才是君王。换句话说，权力作用的对象要比权力发出的主体重要，权力开始向义务过渡，统治变成了服务，君王成为人民的公仆。

不仅如此，孟子还进一步认为，如果君王运用权力凌驾于臣民，那么臣民就应该反抗君王的统治："君之视臣如手足，则臣视君如腹心。君之视臣如犬马，则臣视君如国人。君之视臣如土芥，则臣视君如寇仇。"(《孟子·离娄下》)即如果君王能够珍惜臣民，臣民亦会依附君王；但如果君王只是利用或戕害臣民，臣民亦会无视或反抗君王。孟子的这些言论当然不会受到君王的喜欢，朱元璋曾经一气之下把孟子逐出文庙，并下令编纂了一个删节版《孟子》。

按照"民贵"思想，君王似乎不会允许自己的父亲杀死某个臣民而不负任何责任，所以孟子对桃应的回答并不代表他的全部思想。或者说，孟子本人的思想中还有一些不能自洽的地方：一方面，他认为人民的利益是最重要的；另一方面，他又认为一个君王可以偷偷救出严重侵犯人民利益的父亲。

如何理解这种矛盾呢？一个可能的解释是，儒家语录体著作具有情境主义的特点。《孔子》和《孟子》这两部书，是孔子与孟子的学生们对老师言语的编纂汇总。在书中，孔子和孟子往往针对某个人的提问而回答，这种回答十分具有针对性，后人在阅读时必须根据当时的情景理解才行。比如在《论语》中，很多学生问过孔子相同的问题，但孔子每次回答都不一样，因为他要根据不同提问者的特点来强调不同的侧重点。比如，孟懿子在听从父母方面做得不好，当他问孔子什么是孝时，孔子就会说不违抗父母是孝；子夏在对父母态度方面有问题，当他问孔子什么是孝时，孔子就会说对父母和颜悦色是孝。

同样的道理，我们也可以认为孟子在回答桃应时，根据的是桃应本人的特点（也许桃应总对老师所强调的家族之爱有所怀疑，故意出这个难题来试图反驳孟子)。毕竟,在孟子被记录下来的言语之中,认为君王可以偷偷救出杀了人的父亲的对话只有这一次,而对"民贵"的强调则有很多次。不过,情境主义的视角能在多大程度上解决孟子思想中的矛盾呢?就目前来看,至多是提出一种合理的猜测,还远谈不上解决矛盾。那么,这是否说明孟子本人的哲学体系中包含着一个无法消解的矛盾呢?

也许,"无法消解"这个词过于扎眼,会让一些儒学的信仰者大发雷霆,但至少我们应该清楚地认识到,先秦儒家所提供的这个美德伦理模型,即关于"仁"的论述,虽然在某些方面(比如,确定诸多美德中哪个最重要、说明美德如何产生等)已经修复了起源于古希腊的西方美德伦理学,但它仍然不是完美的。桃应的思想实验揭示了,爱有差等的仁作为儒家最重要的美德,并不能真的像儒者们想象的那样,能够使人具有一种普遍的善行。很多情况下,一些人出于对家人的爱必然会伤害到另一些人,从而使另一些人无法完成对家人的爱的发显。换句话说,仁这种美德似乎不足以让我们在任何时候都能对陌生人充满善意。

在本章的开始,我们曾经抱有希望,认为美德是一种显而易见的不必去问"为什么它是好的"的品质,这样就解决了义务论和后果论中对于某种法则或规定为什么是"善的"的无限追问。现在看来,美德伦理学也有自身解决不了的问题:在一个具体的情况下,我们不知道选择哪一种美德来行动,而如果确定一个核心美德——比如"仁"——我们又无法保证,它在所有情况下都能确保我们对他人做出的行为是善举。总而言之,美德虽然是不证自明的东西,但对于我们善的实践,它(们)的指导作用却十分有限。

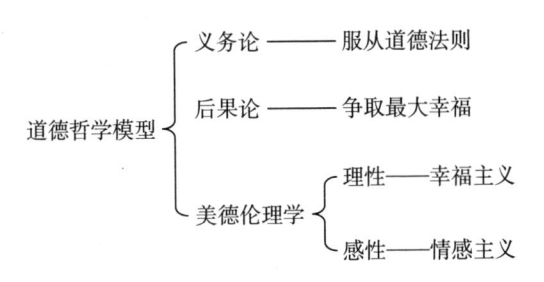

```
道德哲学模型 ┬ 义务论 ──── 服从道德法则
            ├ 后果论 ──── 争取最大幸福
            └ 美德伦理学 ┬ 理性──幸福主义
                        └ 感性──情感主义
```

图示30　三种道德哲学模型

　　遗憾的是，在义务论、后果论和美德伦理学之外，目前还没有第四种公认的道德哲学模型。这就意味着，我们还不能找到一种从各个角度都考察得清楚无误的善，还不能梳理出一个完满的人之为人的道德。如果是这样的话，除了怀着极大的热情继续探索道德或善的更多内容，我们是否可以暂时停下来做这样一种反思：有没有可能，我们对于善的设计，即认为它能代表道德这种特殊益好的思路，在一开始就出了问题？有没有可能，上一章所说的白素贞和安德鲁的牺牲之爱不是人之为人的关键因素呢？在我们已经知道了义务论、后果论和美德伦理学也存在问题的此刻，我觉得有必要来看看我们本身对道德的希望是否恰当。当然，如果你愿意把这种外在的分析工作仍看作道德哲学研究的一部分，也未尝不可。

■ 人之为人，可以不要道德吗：魏晋风流与道德消解

　　对道德的怀疑并非什么新鲜事。如果你想知道古人如何外在地对道德进行分析，最直观的办法就是看一看中国魏晋名士的生活。这种

被称为"魏晋风度"的生活方式可以向我们说明,在对美德的汲汲求索之外,中国古代也有对道德伦常的不屑与嘲弄。

在魏晋名士的生活方式中,有两点常常令现代人感到惊奇。其一是对酒的喜爱。中国人爱喝酒,这并非什么稀罕事,但魏晋时代的人似乎对酒有特别的感情,一定要喝到大醉才肯罢休。其中最著名的便是"竹林七贤"的饮酒逸事。

"竹林七贤"指魏末晋初的七位名士:阮籍、嵇康、山涛、刘伶、阮咸、向秀、王戎。他们经常三三两两地聚在一起游乐,个个都嗜酒如命。比如,阮籍为了躲避司马昭的提亲,故意天天饮酒,一醉就是六十天。他听说步兵营里藏有好酒,就主动要求去那里做官。再比如,刘伶出门坐车也要饮酒,并且让跟从的仆人随身带着一把铁锹:他吩咐仆人,如果自己醉死了,可以就地把他埋掉。后来,刘伶的身体渐渐出了问题,妻子便吵闹着要他戒酒。刘伶说,他要当着鬼神的面发誓戒酒,但是得有一个仪式,得准备好酒肉。等妻子准备好之后,刘伶跪着对鬼神起誓说:"天生刘伶,以酒为名。一饮一斛,五斗解酲。妇人之言,慎不可听。"说完之后,一把抢过酒又喝了起来。

除了酗酒,魏晋名士另一个奇特的爱好就是裸体。一个著名的例子仍然来自竹林七贤之一的刘伶。刘伶经常喝醉酒之后在家保持裸体的状态,有人来做客时看到裸体的刘伶,便批评他不穿衣服有伤风化。刘伶反驳说:"我以天地为栋宇,屋室为裤衣。诸君何为入我裤中?"阮籍喝醉了酒也常常裸体,东晋史学家王隐在作《晋书》时认为,后来谢鲲、胡毋辅之这些人也愿意裸体,风气就是从阮籍开始的:"魏末阮籍嗜酒荒放,露头散发,裸袒箕踞。其后贵游子弟阮瞻、王澄、谢鲲、胡毋辅之之徒皆祖述于籍,谓得大道之本。故去巾帻,脱衣服，露丑恶，同禽兽。"

鲁迅在《魏晋风度及文章与药及酒之关系》这篇著名的论文中，指出过一个原因，那就是当时在魏国何晏的倡导下，名士们有服用五石散来强身健体的风气。服用五石散之后，身体会感觉燥热，喝酒与裸体都有助于散热。不过，这个原因不能彻底说服我们。我们隐约可以感觉到，魏晋名士荒诞行为反映的是个体心态的转变。这个转变就是对传统道德秩序从肯认变为怀疑。

魏晋名士所面对的道德秩序，仍然是来自儒家的爱有差等。但是从名士们的言谈中，我们能够看到当时的人们对于"仁"的内涵已经有了针锋相对的意见。比如在上文中，我们已经知道"仁"的核心是家族之爱，但是孔融却说："父之于子，当有何亲？论其本意，实为情欲发耳。子之于母，亦复奚为？譬如寄物瓶中，出则离矣！"（《后汉书·孔融传》）这就是说，孔融认为父母生孩子没有什么神圣的原因，孩子不过是父母生理情欲的产物。此离经叛道之语，无论在当时还是后世，皆为世所不容。

另外一番相似的话来自竹林七贤之一山涛的儿子山简。《世说新语·伤逝》记载竹林七贤之一的王戎（《晋书》里则记载是王戎的堂弟王衍）丧子，悲痛得不能自已，山简去问丧时和王戎说："孩抱中物，何至于此？"意思是说，孩子不过是一个怀里抱的东西，何必这么悲伤？王戎回答说："圣人忘情，最下不及情；情之所钟，正在我辈。"意思是说，圣人能够忘情，最下等的人没有感情，真正有感情的就是像我这样的普通人。山简的话反映出，他对家人之间的爱没有天然的认同，也是过分叛逆了。王戎虽然认为普通人要有对家族的情感，但却承认圣人超越普通人的感情，最下等的人还够不上这种情感,这就说明王戎认为家族之爱并非所有人都具有。这个对话表明"仁"作为一种美德,其源自情感的普遍性在魏晋时代已经受到质疑。

道德的消解不仅发生在人们对家庭的情感中,也发生在人们对国家的思考中。比如,阮籍在《大人先生传》这篇文章中就谈道:"君立而虐兴,臣设而贼生。坐制礼法,束缚下民。欺愚诳拙,藏智自神。强者睽视而凌暴,弱者憔悴而事人。假廉而成贪,内险而外仁,罪至不悔过,幸遇则自矜。"他认为:君主一旦掌握了权力,就会导致对人民的暴虐;礼法是国家用来束缚人民的,君王往往采取愚民政策,表面上仁义廉洁,实际上贪婪阴险。于是他得出结论,认为最好不要设立君王,权力不掌握在君王手中,百姓反倒可以自我规范,社会自然井井有条。阮籍的言论体现了典型的无政府主义(anarchism),我们可以从他的论述中看到他对于当时掌权者(司马氏政权)的失望,同时也能知道孟子强调的"民贵"并没有实现。

个人层面,家族之爱的普遍基础受到质疑;社会层面,君王对百姓的教化也不再被相信。可以说,"仁"这种美德在魏晋经历了一次巨大的陷落,对道德的否定成为魏晋名士的基本论调。在这个论调之上,魏晋名士进一步得出了"越名教而任自然"的观点。

所谓"名教",指的就是先秦儒家所确立的以"仁"为核心的人伦道德以及与之关联的君臣、父子之类的等级秩序。所谓"自然",就是不被道德束缚,同时也不被欲望拖累,身心自由无碍、纯洁清净的本来状态。"越名教而任自然"鼓励人们扔掉道德秩序,追求自在的自然状态。

最早提出这一命题的人是竹林七贤之一的嵇康。在《难自然好学论》这篇文章中,嵇康论述道:"六经以抑引为主,人性以从欲为欢,抑引则违其愿，从欲则得自然；然则自然之得，不由抑引之六经，全性之本，不须犯情之礼律。"他认为，儒家强调的道德有一个特点，就是压抑人性，人性一旦被压抑，就会从自然状态中分离出来。所以想要重返自然，就要把儒家所强调的道德礼法统统超越才行。于是，"越名教而任自然"就成为魏晋名士那些荒诞行为的理论基础。

在这里，我想提醒你注意的是，这个理论基础说明，嵇康、阮籍、刘伶以及后来的谢鲲、胡毋辅之这些人通过酗酒与裸体等行为，想表达的不仅仅是对传统道德秩序的批判，更是对一种新价值的追求，这个价值就是"自然"。换句话说，酗酒与裸体这些我们认为荒诞的行为，在魏晋名士的眼中，可不是如今某些为了博人眼球的行为艺术者的故作姿态，更不是美国"垮掉的一代"夹杂着悲观与空虚的纵情狂欢，而是对一种能够超越道德、弥补道德之缺陷的价值的彰显。

在这样的追求与彰显下，魏晋时代形成了一种新的学问，后人称之为"玄学"。《老子》中有一句话叫"玄之又玄，众妙之门"。玄学研究的对象正是老子创立的道家思想，研究的方式是把儒学中某些重要的命题以道家的方式重新阐释，上文中王戎所说的"圣人无情"，就是用道家去情绝欲的观点来阐释儒家圣人。《老子》《庄子》《周易》这三本被道家重视的经典也成为玄学家的必读书，并被称为"三玄"。

玄学在魏晋时代能够兴起，除了因为儒学所传达的思想在某些层面已经与当时名士们的心态严重不符合，也因为先秦老庄之学所包含的内容刚好为名士们冲破道德的束缚提供了理论上的资源。对"自然"的重视，最早确实可以追溯到老子和庄子。

在第七章中，我们曾经提到过老子所说的"道法自然"和庄子讲的"浑沌开七窍而死"的寓言。先秦道家对"自然"有一种特别的钟爱，他们认为只有不伪饰、不喧噪、不好胜、不争抢的状态才是自然的，才符合世界最初的运行。从常识来看，处于自然对立面的不当行为是被道德所反对的，但是先秦道家却有一个十分反常识的观点，他们认为恰恰是道德导致了诸如伪饰、争抢等不道德行为的出现。

《老子》第三章中有一句话，叫"不尚贤，使民不争"，就是说不去褒奖品德高尚的人，这样百姓也不会争着去成为模范。一般来说，树立道德模范的用意是让普通人学习，但是现实中，道德模范是一种荣誉，而荣誉往往关联着利益，所以普通人对于道德的追求有时候不是真的想行善，而仅仅是为了获利。于是，《老子》第十八章说："大道废，有仁义；智慧出，有大伪；六亲不和，有孝慈；国家昏乱，有忠臣。"这是说，人们放弃自然纯朴的状态之后，才有了对仁义道德的追求；智慧权谋出现之后，才有了虚伪狡诈的算计；家族丧失了本来的和睦之后，才有了用来约束人们的孝慈；君主昏庸混乱之后，才需要所谓的忠臣。

换句话说，老子把儒家所重视的代表道德的那些东西视为自然状态失范的结果，并认为它们会引起更恶劣的结果。他的逻辑是，如果本来的状态是清净且和谐的，就不需要乱哄哄地追求什么道德。于是在《老子》第十九章中，老子得出结论说："绝圣弃智，民利百倍；绝仁弃义，民复孝慈；绝巧弃利，盗贼无有。"即抛弃儒家所推崇的圣人、仁义、巧利，百姓自然会恢复孝慈，没有争抢，达到比现在更好的境况。据此，老子进一步总结说，真正的自然状态是"见素抱朴，少私寡欲，绝学无忧"。其中"绝学无忧"说的是，放弃儒家的学问才能真正逍遥自由，这和嵇康在《难自然好学论》中说的要脱离六经的束缚基本是一个意思。

《庄子》的外篇之一《缮性》也表达了和老子相似的观点，并提出了一种历史退步论。《缮性》认为，上古时候人们能保持"阴阳和静，鬼神不扰"的自然状态，这个状态也可以被称为"德"。但历史越发展，德越衰弱，人们离自然状态越远。所以燧人、伏羲的时代不及上古时代，神农、黄帝的时代又不及燧人、伏羲的时代，唐、虞的时代又不及神农、黄帝的时代，到了春秋战国时，社会就变成了"文灭质，博溺心，然后民始惑乱，无以反其性情而复其初"的模样，即礼法遮盖了人的本质，知识陷溺了人的心灵，人民迷惑混乱，再也找不到返回自然状态的方法了。

以上老子和庄子的论述，虽然未必是他二人写下来的（郭店楚墓出土的《老子》没有上述第十九章的内容，《庄子》外篇的作者也不是庄子），但至少是后学们的增补，仍然代表先秦道家的主流观点。从这些观点中，我们或多或少可以看到，道家批判道德、推崇自然的原因与当时人们对现实的失望有关。他们看到了现实中人性的种种扭曲，更看到了人们普遍借道德之名求一己私利，于是对道德产生了彻底的不信任。就好像韩非子对当时社会诸多现象的总结：哪有什么道德呢？医生替人治病能达到吮吸病人伤口、含着病人污血的地步，但医生真的善良吗？不过是为了利益而已，就好像做轿子的工匠希望人人富贵都来买轿子，做棺材的工匠希望人人早死都来买棺材一样，都是为了利益罢了。

受老子和庄子影响而推崇自然的魏晋名士用看似荒谬的行为怀疑道德、嘲讽道德，同样与对现实的不满有关。东汉末年，社会上已然是一片腐化混乱的景象，恒、灵二帝时期有一首童谣唱道："举秀才，不知书。察孝廉，父别居。寒素清白浊如泥，高第良将怯如鸡。"意思是说，被推举为秀才的人却没读过什么书，被推举为孝廉的人却把父亲赶出家门，那些表面上的寒门清白之人实际上如污泥一样品德败坏，那些官员上将个个都怯懦如鸡。到了魏晋南北朝，政权不断更迭，战乱频繁，门阀士族垄断严重，颜之推在《颜氏家训》中曾说："梁朝全盛之时，贵游子弟，多无学术，至于谚云：'上车不落则著作，体中何如则秘书。'"意思是说，贵族子弟只要能坐到车上不掉下来就可以当著作郎，只要在信中能写两句问候语就可以当秘书郎。这充分反映了当时社会的不公。作为社会混乱与黑暗的目睹者与承受者，魏晋名士愤懑且绝望，对礼法道德采取了消极的批判态度。

生活在21世纪的你，也许不能完全认同先秦道家或者魏晋名士对现实的悲观与对道德的怀疑。但是在哲学上，他们却抛出了一个可以思考的问题：人可不可以不要道德？或者说，不要道德，我们是否仍然能认识到人之为人的原因，并在对这个原因的探究与实践中生存得很好？

■ 存在永恒的道德吗：顺应自然与习俗错认

先秦道家和魏晋名士都认为，道德或者儒家所说的美德，不会让我们变得更好，也不会让我们明白人之为人的原因。恰恰相反，那些选择了道德的人会因此丧失本来具有的完满状态，即自然状态。先秦道家和魏晋名士对自然的强调说明，他们不是反对道德、对抗权威的嬉皮士，而是对人之为人有更深刻考量的洞见者。但问题是：自然真的可以代替道德吗？

要回答这个问题，我们可以进一步思考两个问题。首先，先秦道家和魏晋名士认为，不被道德束缚、不被欲望拖累、自由无碍、纯洁清净是人本来的状态，因而这种状态是自然的，而顺着这种自然状态发出的行为，比如无节制地饮酒、裸露身体也是自然的。但这个自然多少有些一厢情愿的成分，至少此时此刻正在读这本书的你，不会认为在大街上随意裸体是自然的吧？实际上，儒家也有自己的自然观。他们认为，人生来就是有道德情感的，生来就是有美德的。不可否认，现实中有很多人沽名钓誉，但仍然不能认为所有做过好事的人都是虚伪的。其次，一个更重要的问题是：即使这个世界上只有道家的自然，那么我们又怎么能保证自然之外或与自然相反的一切都是不好的、不善的呢？在电影《X战警》中，变种人（Mutant）是因基因突变而拥有各种超能力的变异人种。按照道家的观点看，他们似乎就是不自然的一群人。但是我们可以因为变种人的不自然而特殊地甚至不公正地对待他们吗？

其实，无论是变种人还是超级英雄，都面临着这样一个问题：是继续坚持自己的"不自然"，还是向"自然"的普通人靠拢？电影中万磁王和X博士正是由于对这个问题有不同的回答而分道扬镳。但可以确定的一点是，大部分"不自然"的变种人都不坏，其中甚至有一些变种人要比"自然"的普通人还要善良勇敢。

你可能觉得我用爆米花电影中的情节来证明道家思想的某种偏颇过于轻率，那么，接下来我要举的这个例子对于很多人，尤其是女人，都是一个严肃的问题：堕胎。人生来就有生殖器官，生殖活动是符合自然的活动。《老子》中就用"玄牝之门"来称呼女性的生殖器官，并把它比喻成道，对它大加赞赏。所以，按道家的观点来说，女人生孩子是自然的，而堕胎则是不自然的。如果我们进一步把受精卵或者胎儿看成一个生命，那么堕胎则相当于故意谋杀了这个生命，这更是不符合自然的事情。所以，女性不能堕胎。你同意这个说法吗？

上一章中我们提到了美国女哲学家朱迪斯，她在1971年的论文《为堕胎辩护》中曾经提出过这样一个思想实验：假设你一觉醒来发现自己躺在医院中，身上连接着插管，插管的另一头是一个昏迷的人。原来那个人是一个杰出的小提琴家，他得了严重的肾病，需要借用你的肾去过滤他血液中的毒素。被秘密绑架来的你如果拔掉管子，小提琴家会立刻死亡；如果你坚持九个月，小提琴家就会痊愈。这时的你，会如何选择呢？

如果你选择愤怒地拔下插管，那为什么反对怀胎十月的女人选择堕胎呢？而朱迪斯不认为拔下插管不公正。当然，对于朱迪斯的这个思想实验，我们不难找出一个反驳她的观点，比如，怀孕和被人绑架是不一样的，这个小提琴家更像是一个剥夺你权益的侵入者，但孩子尽管会在客观上要求你做出牺牲，却并不是一个自私的侵入者。然而在一些特殊的情况下，肚中的生命也可能是被他人侵入的后果，比如强奸。不少反对堕胎的人，在强奸致孕这个问题上还是会有退让。一般来说，我们能够理解并允许一个强奸致孕的母亲堕胎。如果某个强奸致孕的女性迫于无奈生下了这个孩子（比如孕妇的体质特殊，堕胎会引发生命危险），但她拒绝抚养，而把孩子交给儿童福利院，我们也不会责怪她违背了自然的母性。

我举强奸致孕的例子不是要为朱迪斯辩护，而是想说明，在某些情况下，坚持自然就会走向自然的反面。2013年美国大选时，共和党有一位议员宣称，即使遭受强奸而致孕也是上帝的旨意，也是不可违背的自然。这话在当时引起了轩然大波。不管上帝怎么想，美国人民是不愿意承担这种"自然"的。同样的道理，我们裸体出生是自然的，但裸体生活只属于动物的自然，而不是人的自然，所以魏晋名士的裸露之风确实难以称得上是值得效仿的潮流。

也许你会说，现在非洲还有一些古老的部落，他们就裸体生活，为什么我们不能和他们一样呢？我想答案在于，他们不需要挤着公交地铁上下班，而我们需要。我真正想说的是，人存在的方式就是不断地认识周围的环境、改变周围的环境。所以如果只把我们最初的某个状态规定为自然，那么人类的文明史就会成为背离自然的历史（这就是为什么道家有历史退步的论调）。但如果你认为人生来就是要改变环境的，那么接下来他的一切行为，从第一次取火到第一次连接5G网络，就都是自然的。先秦道家和魏晋名士所追求的自然是前者，所以他们是最不适应当下社会的一群人。当然，当下社会的人也很难适应他们。

认识到这些内容，就会晓得先秦道家和魏晋名士对道德的批判不是那么成功，至少他们打算用来取代道德而提出的自然不是那么令人信服。当然他们对道德的批判也不完全是信口开河，现实生活中的不少混乱确实来自道德理论本身的不完美。比如，一个女人为了符合忠贞的美德而与丈夫一起去抢劫，一个警察为了抓捕五个匪徒而不顾一个人质的安全，等等。

这样一来，我们就陷入了一个困境：一方面，我们承认现有的道德理论模型本身就是有问题的；但另一方面，我们又不认为人类真的可以用什么其他的东西代替道德。应该如何解决这个困境呢？

既然我们没有更好的理由放弃道德，就要承认道德对我们的作用。而本身还存在着问题的各种道德理论模型也提醒着我们，在承认道德作用的同时，也有必要去反思，我们的道德来源于人的本质还是外部环境的塑造，我们对道德的需要究竟从何而来，这种需要究竟在多大程度上是必要的，到了人之为人的那种必要。

以上所做的反思仍然可以通过一个实验入手，只不过这个实验与其说是思想实验，不如说是心理测试。1972年，美国心理学家爱丽丝·莱森与同事设计了这样一个实验：一个人假装是路人，在路过电话亭的时候装作不小心弄掉自己的文件，然后看电话亭中的人是否会伸出援助之手。实验分两大组，其中一组提前为受测试的人在电话旁留下一枚硬币，另一组的人则什么也没有。实验结果是：在留下硬币的这组中，有87.5%的人帮助了路人；在什么也没有的一组中，只有4%的人帮助了路人。

这个实验很好地揭示了环境（虽然只是一枚硬币）对我们道德行为的影响，比起美德，似乎捡到钱的小确幸更有助于我们做好事。这个结论符合我们的生活经验，一个人心情愉快的时候会比心情糟糕的时候更加留意需要帮助的人，反之亦然。陈凯歌导演的电影《搜索》中便有这样一个情节，叶蓝秋（高圆圆饰）因为知道自己得了癌症而心灰意冷，在公交车上她拒绝给老人让座，这一幕被他人录下来传到了媒体上，引爆了社会舆论。

爱丽丝·莱森的实验与陈凯歌的电影涉及环境对道德影响的内容，都具有一定的偶然性。不过接下来，我要举的这两个著名的心理学实验，则能相对充分地说明环境对道德的影响不是瞬间的，而是持续的。

第一个实验是提出"六度分隔理论"（我们和任何一个陌生人之间所间隔的人不会超过六个）的美国心理学家斯坦利·米尔格拉姆的

"电击实验"。实验中,招募而来的实验对象依次进入一个房间中,充当老师的角色,另一个房间里是由实验组成员假扮的学生;两个房间中的人彼此无法看见,只能听见声音。实验过程中,"老师"被要求出题,如果"学生"答错,工作人员就会要求"老师"用电击的方式惩罚"学生"。电击当然是假的,但作为"老师"的实验对象并不知道,他们能听到隔壁传出痛苦的声音(当然,这是假扮学生的实验组成员故意发出的)。随着"学生"答错的次数越来越多,工作人员会不断要求"老师"加大电击的电压,直到最大的450伏特。我们都有这样的常识,这么高的电压已经达到了致死的程度。如果"老师"表示出担心,工作人员会安慰说没关系,并要求"老师"继续;但如果"老师"坚持拒绝,实验就会停止。对于这个实验,你猜有多大比例的"老师"会按照要求把电压调到最大?在实验之前,斯坦利·米尔格拉姆和他的同事们估计是1%到10%,而实验结果是60%。

第二个实验是美国心理学家菲利普·津巴多的"斯坦福监狱实验"。实验组招募了二十四名志愿者,他们被随机分成狱警与囚犯两组。囚犯要像在真实监狱中一样,被关在狭小的房间中,不能自由活动。狱警也要像监狱中真实的管理者一样,组织囚犯活动,树立自己的权威,甚至惩罚不听话的犯人。随着实验的进行,大家都深深进入了角色,狱警对囚犯的惩罚与侮辱愈发严重,囚犯也开始真的害怕狱警,有的囚犯为了证明自己是听话的犯人,即使生病了也拒绝出狱结束实验。你认为这个实验进行多久,大家才会沉浸在自己的角色中无法自拔呢?事实上,这个实验在第六天就被强行叫停了,而从第二天开始,扮演狱警的志愿者就已经开始出现了虐囚的行为。

这两个实验充分说明,人性在很多时候都经不起检验,只要环境一变，我们就会撕碎平日坚持的彬彬有礼，露出邪恶的面容。你以为德国纳粹军官生来就痛恨犹太人吗？并非如此，他们也是在执行命令的过程中、在同伴言行的影响下，变成把犹太人送上绞刑架的魔鬼的。

所以，真的有不受时空变化影响而永远不变的美德吗？经过上面的讨论之后，我们发现很难给出一个肯定的答案。当然，没有绝对统一和持续的品质，并不代表人类没有相对一致的性格倾向。有人认为有些慷慨的人总是比其他人更乐于助人，这没有什么问题，问题是：我们可不可以因为这种倾向，就宣称美德天生内在于我们的人性中呢？

上述两个实验使得我们更加难以肯定地说，美德天生地内在于人性之中。我们不能断言一个人会永久拥有某种美德，只能说在某些时刻，其行为会符合某种美德。这种妥协的说法似乎隐藏着这样一个含义：与其说美德是我们已然拥有的，不如说美德是我们将要追求的——美德并不是人类的现实，美德是人类对自己的希望。

然而人类对自己的希望是一直不变的吗？就像那个扮演犯人的志愿者，忘了自己的真实身份而希望成为一个模范犯人，这种希望必然会随着环境的改变而改变。比如，为了表达对家人的尊敬，古人实行的是土葬，希望家人入土为安，但是在今天，由于经济、社会的发展，人们观念的改变，我国多数地方已经放弃土葬而改为火葬了。那么，今人和古人谁更具有"敬"这种美德呢？甚至一些民族曾经有"食人俗"（cannibalism），在家人去世后要吃掉家人的骨肉，他们认为这种行为才是对家人的尊敬。所以，当我们自以为站在更加文明的角度，痛斥吃人不道德的时候，依据来自何处呢？尽管我们打算证明，这种思考来自我们人性深处某个不可动摇的要素，但起码到目前为止，这个要素并未被真的讨论出来。我们有的不过是一些和我们生活在一样环境中的人的支持而已。

这样一来，道德的边界便开始模糊，我们认为的道德，很可能只是某个社会团体的习俗错认。这种习俗不只与我们对自己的希望相关（美德伦理学），还可能与某种宗教中不可违抗的神的命令相关（义务论），还可能与某个政府出于某种公共利益的考量相关（后果论）。一个明显的趋势是，愈发达的国家愈能对不同于自己的道德体系报以宽容的态度。换句话说，如今人类发展的一个方向似乎是尽量避免以道德之名给某种不一样的行为扣上是非善恶的帽子。人们正在缩小道德的领域，尝试着用习俗来理解自己不熟悉世界中的人和事。

现在，我们可以回答本章稍早时候提出的一个问题了：我们对于善的设计有没有可能从一开始就出了问题，有没有可能道德并不是人之为人的关键因素？如果我们认为环境确实会对道德产生影响，认为习俗确实会在某些时候以道德的面目出现，那么我们就可以说，至少有50%的把握，道德并不能为我们描述出清楚自洽的、恒定不变的人之为人的关键要素。道德作为一种特殊的益好，更像是一种人们的约定，除了历史上大多数人的赞成，我们无法找到更多真正一致的论据。

小结

在上一章中，我们探讨了义务论与后果论，虽然最后得出结论，这两种道德哲学模型可以根据不同的道德场景而被融合在一个理论结构中，但我们仍然不知道这个结构中善的标准从何而来。基于此，我们希望听听第三种道德哲学模型，即通过提出简而易见的美德而不必再去追问什么是善的美德伦理学。但很快我们就发现，美德伦理学无法在特定的道德场景下为我们提供一个明确的实践指导。于是，我们又把希望寄托于在诸多美德中选定"仁"作为最高美德的中国儒学。然而在孟子的学生桃应提出的思想实验中，我们渐渐看到了以"爱有差等"为内涵的仁在某些时刻会导致与道德完全相反的行为。这说明美德伦理学并非像它宣称的那样不必言明。

至此，三种道德哲学模型似乎都无法圆满地说明什么是善。进而我们开始转变思路，怀疑是否对善的设定在一开始就出了问题。支持这种怀疑的是先秦道家与魏晋名士，但随着讨论的深入，我们发现他们用"自然"代替道德的策略并没有成功，因为我们的生活总会随着环境改变，人根本无法保持最初的自然状态。不仅如此，我们还发现随着环境改变，道德也会改变，这些被改变了的道德让其自身与习俗的界限逐渐模糊，也让善成为一种约定俗成的、被人为制造出来的希望。

我们的探索到这里结束了吗？道德最后被习俗消解了吗？当然没有。因为我们同样没能证明，所有的道德原则或道德品质都是可以随着环境改变的习俗。事实上，习俗对道德的消解恰恰为道德主义者提供了一个目标：找到不能被消解的真正的道德。就像他们正在努力的那样，无论是继续完善三种道德哲学模型，还是创建新的道德哲学架构，道德主义者此时探索道德的热情并不比历史上任何一个时刻少。这种热情之所以能够持续，是因为我们从始至终对自身保持着好奇。只要我们还继续存在，就会对这个存在本身产生无尽的思考。所以，我们通过道德能够确定的并不是"什么是善"，而是对"什么是善"的思考——与其说是道德让我们成为人，不如说是对道德的思考让我们成为人。

第十章

政治中的哲学

如果说对道德的思考让我们成为人,那么对政治的思考则让我们成为一群人。几乎所有哲学家都会同意,道德虽然在某种情境下表现为个人行为,但它作为一种原则和品质,一定能够被普遍化,至少在某个范围内(社会、国家、部落等)一定能够被分享和认同。无论何种道德模型,它所规定的内容都是我们应该如何对待他人。

但是,如果每个人都生活在类似于电影《荒岛余生》或《火星救援》所塑造出来的那种与世隔绝的孤独中,我们还有遵守道德的必要吗?一个更实际的问题是,我们还有遵守道德的条件吗?显然,在只身一人的世界中,既不可能去寻求多数人的幸福,也不可能去实现爱有差等的仁德。所以遵守道德的前提是,我们得与其他人生活在一起。就像马克思在《关于费尔巴哈的提纲》中说的那样:"人的本质不是单个人所固有的抽象物,在其现实性上,它是一切社会关系的总和。"

与他人生活在一起,这是人类自古以来的存在方式。如果哲学思考包含我们对自身的探索，那么我们的存在方式也应该是它的思考对象。对于人类群体生活原则的思考，构成了哲学中一个相当具有魅力的领域：政治哲学（political philosophy）。我在这里之所以不吝于使用"有魅力"来形容它，是因为与哲学其他领域在公众话题中的冷遇相比，政治哲学简直像那个不断重生归来的《神秘博士》一样，一直受到人们的关注。可以说，只要我们不改变群体生活的方式，政治哲学就会一直流行下去。

■ 如何过上最好的公共生活：政治哲学的核心问题

在资讯十分发达的今天，大家对"政治"这个词并不陌生，但很少有人意识到，新闻里播报的政治消息，学校里教的政治课程，曾经也是哲学的一副面孔。"政治"的英文单词是politics，它来源于古希腊语polis（πολις），后者是"城邦"的意思，指的是城邦中的公民参与管理公共生活的各种行为及原则——政治在最初的阶段就和人类群体的生活方式息息相关。

在中国古代，"政"与"治"可以单独成义。在《论语·颜渊》中，孔子说："政者，正也。""政"指的是君王带领人民行正道，而"治"表达君王对国家的治理。在某些时候，这两个字被放在一起使用，比如《尚书·毕命》中说："道洽政治，泽润生民，四夷左衽，罔不咸赖。"从这句话中可以看出，早在周代，中国古人便意识到政治既包含对内部成员的管理，也包含与外部方国部落的交往。

在最初的意义上，"politics"与"政治"有细微的差别，虽然这两个词都指向公共生活，但希腊文中的"politics"关切的是众人参与下的公共生活，而中国古文中的"政治"关切的则是君王统治下的公共生活。这个差别是今天我们所说的政治制度上的差别：前者是公民直接参与立法、行政的古希腊式民主制，后者是天子封邦建国、一统华夷的西周式君主制。区分政治制度是政治学的内容，那么政治学与政治哲学是什么关系呢？

如果我们相对宽泛地把政治学视作对政治的研究，那么政治学则可以被追溯到柏拉图、亚里士多德生活的古希腊时代。当时的哲人、诗人以及剧作家都开始注意到这样一个问题：我们应该以什么样的方式才能过上最好的公共生活？这个问题可以有很多种表述方式，比如，柏拉图在《理想国》里所追问的"最好的城邦是什么"，亚里士多德在《政治学》中所考察的"统治的本质是什么"。与柏拉图和亚里士多德几乎生活在同时代的东方哲人也在思考类似的问题，比如孔子在《论语》中便对"政治的核心是什么"这一问题给出了回答，认为君王的德性是像北极星一样为公共生活指明方向的为政根本："为政以德，譬如北辰，居其所而众星共之。"

在这一时期，东西方哲人对于政治的讨论虽然也会涉及具体的问题，比如亚里士多德会谈到政体的六种分类，孟子说到了"井田制"作为治理和分配土地的政策，但总体上来说，彼时哲人对政治的研究仍然是哲学式的，因为他们仍然是以一种底初性的思考，在理念上追问公共生活的本质，对现实中制度和政策的拟定则没有多少兴趣。追问公共生活的本质，就是确立城邦秩序所依据的要素，它被亚里士多德称为"公共的善好"（common good）。

在前两章对道德哲学的讨论中，我们曾提到道德对个人来说是一种特殊的益好，与之相似，在古希腊的哲人看来，政治存在的目的就是要为集体提供一种公共的善好。如果说道德哲学的目标是教人做个好人，那么政治哲学的目标则是教人过上好的公共生活（一般情况下，人的生活都是公共生活，亚里士多德曾说，"离群索居者，不是野兽，就是神灵"）。

人类对政治的研究就这样一直与哲学上对公共善好的各种思考关联在一起，直到近现代自然科学以一种势不可当的趋势登上学术舞台的中央，人们才开始尝试用科学的方法来研究政治。于是在19世纪末，一种和社会学、经济学、法学密切相关的新型政治学作为社会科学的一支出现了。这种新型政治学不再用底初性的哲学思考追问什么是公共的善好，而是用能够量化的、有数据支持的科学方法去研究政府的管理行为以及法令政策的实施。古代的政治学关心的是普遍的价值，当今的政治学关心的则是具体的事实；古代的政治学是政治哲学，当今的政治学则是政治科学（political science）。

尼尔·波兹曼在那本著名的《娱乐至死》中谈到过媒介对政治的改变。他举的例子是1854年亚伯拉罕·林肯和斯蒂芬·道格拉斯之间长达七个小时的辩论，与1984年里根和蒙代尔之间重视眼神、微笑与俏皮话的电视辩论。尼尔·波兹曼认为，在过去，听懂一场政治辩论需要观众具备足够的耐心与优秀的理解能力，而电视出现之后，政治成了一场大型的真人秀节目，观众追求的是在最短的时间内出现最多的娱乐性："复杂的措辞、充分的证据和逻辑都派不上用场，有时候连句法也被丢到一边。但这没有关系，他们关心的是给观众留下印象，而不是给观众留下观点。"

在《娱乐至死》这本书出版的时候，推特、脸书、微博、微信、抖音还没有被发明，人们还没有预见到，在不久之后便会到来的互联网时代，低于一百四十个字符的消息和少于一分钟的视频会成为新闻传播的主要方式。在新媒介的影响下，人们被灌输了一个观念：简明的才是高效的，丰富的才是愉悦的。追求效率的结果是，人们不再习惯阅读长篇的论述和思考复杂的逻辑；追求愉悦的结果是，人们不再愿意严肃地承担公共生活中的责任。

科学化的学科建制与娱乐化的媒体传播把政治哲学推向了一种吊诡的矛盾中：一方面是，政治学与政治哲学的分家使我们只能在大学的哲学系中找到对古代探索公共善好传统的继承；另一方面是，大小屏幕里政客和专家巧妙地把政治哲学融入自己的表演之中，又使得我们与这种古老智慧的接触似乎比任何时候都多。但是，只是观看还远达不到政治哲学的内在要求——思考。长久而深刻地思考如何过上好的生活，才是进入政治哲学的唯一方式。事实上，我们观看政治的热情越高，对于思考政治哲学就会越冷漠。

老舍的话剧《茶馆》中，掌柜王利发在茶馆里挂了一块"莫谈国事"的牌子，但他的命运并没有因为回避政治而免受动荡飘摇。寻找公共的善好并不是哲学家的小众乐趣，因为公共生活的结果需要我们每个人来承担。有些时候，什么都不做确实也能享受到那些为民请命、舍身求法的人所创造的还算不错的生活，但更多的时候，公民对政治的疏离只会导致权力的滥用，而它糟糕的结果会自动找上门来，即使你家门口挂了一块"莫谈国事"的牌子。所以，只要现存的政治还不是我们心目中的最佳政治，政治哲学的存在就是必要的。

那么，政治哲学应该如何被思考呢？

■ 他人是地狱吗：群体生活与权力

正如上文所指出的那样，对政治哲学的思考首先来自对人类存在方式的考察。无论是由氏族成员构成的部落，还是由个体公民形成的国家，我们存在的历史告诉我们，参与社群的公共生活是人类这个物种独特的存在方式。从人类自身的特点来看，选择这种存在方式似乎是一个必然的结果。比如，亚里士多德就认为，人类是唯一拥有语言的动物，其他动物虽然也能凭借声音来表达痛苦或者快乐，但人类的语言却能表达更复杂的意涵，即思想。所以，家庭与城邦作为一种公共生活的方式，是人类必然的选择。

其实，把亚里士多德的说法反过来也许同样成立：是群体生活促使我们创造了复杂的语言系统。我们引以为豪的能力和独特的存在方式必然是一种相互选择、相互影响的关系。

与亚里士多德高扬人的价值类似，先秦时代的荀子也看到了人相比于其他存在物的优势："水火有气而无生，草木有生而无知，禽兽有知而无义。人有气，有生，有知，亦且有义，故最为天下贵也。"（《荀子·王制篇》）与自然物相比，人不仅具有生命和知觉，还具有适宜的法则（"义"）。荀子论述说，论力气，人比不上牛，论行走，人比不过马，但是为什么是牛、马被人类驯化役使而不是反过来呢？原因就在于人类能够制定适宜的法则。这个适宜的法则是用来做什么的呢？是用来区分不同情况下、不同位阶上的人应该如何行动。而做出这种区分又是为了什么呢？是为了确保一个社群能够有效地形成并长久地存在下去。荀子对政治的思考，特别提出了"群"这个字，用以强调人通过群体生活来统宰万物的事实。

不过，荀子的论述并不是亚里士多德观点的中国版，我之所以在这里引用荀子的话，是因为他对适宜性法则的说明更加深入地为我们揭示了这样一个事实：人类有不同的生活群体，各个群体又有不同的法则。这个事实表明，人类虽然要用结成社群的方式生活，但是并没有一个适合于所有人的群体（起码到目前为止还没有），也没有一个适合于所有群体运行的普遍法则。这就意味着，虽然从宏观的角度上说，群体生活带来了人类的进步，但是从微观的角度上说，群体生活也会造成某些人的痛苦——当他们生活在不适合自己的群体中时。

在曹禺的剧作《雷雨》中，周朴园和妻子繁漪，儿子周萍、周冲生活在一起，在这个家庭群体中，每个人都有各种求而不得的痛苦。在法国哲学家让-保罗·萨特的剧作《禁闭》中，三个亡灵在密闭空间中互相折磨、骚扰，片刻不得安定，最终得出了"他人即地狱"的结论。萨特并不是说群体生活必然会指向地狱般的结局，而是提醒我们，只要稍不注意，我们就会成为他人存在的障碍。虽然这与我们进行群体生活的目的相反，但谁也无法否认，现实中会出现随处可见的小摩擦与大冲突。

在《论人类不平等的起源和基础》这部名作中，法国哲学家让-雅克·卢梭从另一个角度讨论了群体生活可能造成的负面影响："他奉承着那些他憎恨的强者和那些他鄙视的富人；他不遗余力地献媚。以期得到伺候他们的殊荣；他傲慢地炫耀自己的卑躬屈膝以及主人的保护，并以自己奴隶的身份为荣，同时轻蔑地谈论着那些无福享受这些荣誉的人。"卢梭的这番话指出，当一个群体的适宜性法则与我们人性中的美好不相符合时，群体生活就成了堕落的温床。任何一个群体都规定了群体成员如何行动的原则，但如果这个原则所适宜的对象不是人的理性与道德，而是人不加节制的欲望，那么即使按照这个原则去生活会产生某些物质上的繁荣，人类也必将付出灵魂被腐蚀的代价。这种群体生活不是政治的目标，起码不是政治哲学的目标。

以上这些讨论说明了一个问题，群体生活作为人类的存在方式，使我们具备了建构政治的前提，但我们并不能从群体生活中直接推导出一个好的政治生活。为了避免群体生活出现萨特、卢梭这些哲学家描述的诸多弊端，我们必须在这种生存方式之外找到某个要素，能让人们生活在适合自己的群体中，使得这个群体的法则能够符合我们的期望。也就是说，这个要素是一种力量，它能够处理和改善个人与群体的关系，并能够制定最具正当性的法则。这种力量便是权力，它是政治中最核心的部分，也是政治哲学思考的重要对象。

在乔治·马丁的《冰与火之歌》中，御前情报大臣瓦里斯对提利昂·兰尼斯特说："权力存在于人们相信它存在的地方。它是一个把戏，如浮影游墙。一个十分矮小之人，也能投射出一个十分硕大之阴影。"无论是在文艺作品中还是在现实生活中，在某些人看来，权力都是十分迷人的东西。他们认为：谁掌握了权力，谁就拥有操控、支配、影响他人的力量；谁拥有了权力，谁就成为集体生活中做决定的人。无论中外，权力都是隐藏在史书背后幽暗的叙述对象，人类那些最幸福的时刻和最悲伤的日子，都与这两个字相关。

■ 权力从何而来：神授与契约

政治哲学对"权力"的思考，主要有三个问题：第一个问题是权力从何而来,第二个问题是权力应该如何运作,第三个问题是谁应该拥有权力。对于第一个问题,政治哲学一般有两种回答:一种回答认为,权力是比人类更加高级的存在者赋予某人的;另一种回答认为,权力是人们通过共同的契约让渡给某人的。关于第二个问题,政治哲学倒是有一个表面上一致的回答:权力必须按照正义的原则来运作。对于第三个问题,有多少位政治哲学家,就有多少种不一样的答案。

认为权力来自高级存在者,被称为"神授论",它是古代人民思考权力起源的流行理论。这种理论的出现多少与神话时代人们对神祇的敬畏情感相关。在很多国家的建国神话中,神授王权都是重要的情节。比如古代埃及人认为,具有统治权力的法老是太阳神拉的儿子。法老在世的时候为太阳神拉代言,统治人间,离世的时候也要葬在指向太阳的金字塔中,以便灵魂可以升天。日本人把自己看作天照大神的后裔。日本号称"万世一系",自古以来皇室都保持在一个家族内传承。由于在日本的神道信仰中,掌管天的天照大神是天皇家族的先祖,皇室成员也就与普通人不同,他们能领导人间事务亦是出于天照大神的授权。朝鲜和韩国虽然在统一的问题上还未达成共识,但两国一致认为自己是天帝桓因之子桓雄的后裔。桓雄一直希望与凡人一起生活,得到父亲同意之后,他降临在长白山,为那里的人们带去了农业生产的技术。有一只老虎和一只熊知道桓雄是天神下凡后,祈求桓雄把他们变成人,桓雄让它们只吃大蒜和艾草,在山洞里生活一段时间。后来老虎放弃了,熊因为坚持下来了,被桓雄变成了女人并嫁给桓雄,他们的孩子就是古朝鲜的第一位君王檀君,檀君的权力便来源于本是天神的父亲。

真正把神授论纳入严肃的理论创建,还要等到后来成熟的宗教出现。宗教所讨论的政治哲学，其实是"政治神学"，这一点在基督教对政治的讨论中表现得最为明显。

《圣经》的第一句话是"起初，神创造天地"，整个第一章讲的都是这个故事。作为《圣经》中所描述的力量最强大的存在，上帝无疑具有终极权力，这个权力可以决定万物的生成与秩序，也可以决定人类的角色——成为其在世间的代理。事实上，人被上帝创造出来的目的就是部分继承上帝对万物的统治权力，所以《圣经》中本来就包含着神授论的意味。

这种意味随着基督教神学的发展进一步形成了更复杂的政治学说，其代表就是奥古斯丁提出的"上帝之城"。与"上帝之城"相对应的是"世俗之城"。奥古斯丁认为，前者建立在对上帝的爱之上，而后者建立在对自己的爱之上，前者是值得向往的，而后者是令人堕落的。在上帝之城中，人们由于信仰上帝、听从上帝的权威而能得到永恒的和谐；在世俗之城中，人们由于畏惧君王、服从君王的权威只能得到暂时的和平。奥古斯丁宣称，生活在世俗之城的人们要学会顺从上帝，因为只有在上帝之城中才有真正的幸福。世俗之城的君王只有冲破对自身权威的迷恋，做一个虔诚的基督徒，才是好的君王。

奥古斯丁这种用"双城故事"来强调世俗权力应该服从神权的叙述方式，一经问世就成为政治神学的经典。直到一千多年后，法国神学家约翰·加尔文在他的《基督教要义》中仍然在谈论"两个国度"的问题：属天的国度和属地的国度。比起奥古斯丁，加尔文对世俗之城的态度似乎有了积极的变化。他认为，属地的国度虽然只是人们在世时临时设立的，但仍有重要的任务，比如号召人们保持对上帝的信仰、用法律维持社会和睦、保证教会有序运行等。对于属地的国度中的君王，加尔文同样认为他是上帝的摄政者，出于对上帝的信仰，君王必须表现出正直和节制的美德。

总的来说，政治神学的要义是把人间秩序安置在神的权威之下，使权力变成神的恩赐。在这样的理论设计下，权力是否正当的标准在于它是否用来为神服务。权力作为一种能够役使他人的力量，就这样被赋予了明确的目的：引导、宣扬、保障公民的信仰。即使后来加尔文的态度已然对世俗之城温和了许多，我们还是不难感觉到政治神学的核心在于神学，而不是政治。

其实，把"政治"和"神学"连在一起本来就存在理论上的张力，因为前者着眼的对象是活着时的好生活，后者关心的内容则是死去之后的好归宿，后者必须通过出离、否定、超越前者才能实现。换句话说，宗教认为除了对神的皈依，并不存在另外的公共善好，群体生活只不过是群体信仰的另一个称呼罢了。与其说政治神学是用宗教的方式论述政治，不如说是用宗教的方式消解政治。

相比之下，中国古代对天帝的信仰完全是用来论证权力合法性的手段。在第三章中我们已经讨论过，殷周之际君王为了巩固权力，改变了宗教。商王朝的思想世界是围绕着对祖先神以及能够令风令雨、降祥降殃的天帝的信仰而展开的，而周王朝在保持祖先崇拜的基础上，特别在天帝信仰中发展出了对天命的强调。天帝信仰关涉的是对掌控人类善福祸淫的绝对超越者的敬畏与服从，其中亦包括对天帝授予商王朝统治权力的认同，比如《诗经·商颂·长发》中的"有娀方将，帝立子生商"，还有《尚书·太甲中》中的"皇天眷佑有商，俾嗣王克终厥德，实万世无疆之休"。与商王朝这种宗教意味浓厚的信仰稍有不同，周王朝对天命的强调减少了对人间行为有强烈感情的人格神的形象，突出了上天作为不可挣脱的客观法则的性质。比如在《尚书·召诰》中，召公告诫周成王，只有实行德政才能祈求天命的永久护佑："肆惟王其疾敬德？王其德之用，祈天永命。"这里君主的德性成为符合天命的重要一环。这样一来，与普通人无法理解而只能承认的神的命令相比，由于承认世俗道德，天命具有了更清晰的标准，可以判断权力是否合法。不过，天命本身仍然是超越世俗且神圣的存在，西周时代的权力起源说仍然没有突破神授论的范畴。

就像奥古斯丁把《圣经》中的政治思考理论化一样，殷周之际的神授论也在西汉时期被董仲舒体系化，他把从先秦时代起开始流行的太极、五行、神仙、方术等观念杂糅进儒学之中。在第五章中，我们曾提到董仲舒在这套思想体系下提出的"天人感应"学说。董仲舒认为天是至高无上的主宰："天者，百神之大君也。"（《春秋繁露·郊语》）一切事物都是天创造的，万物的秩序都是天的意志的体现。就像基督教的上帝按照自己的模样创造了人类，在董仲舒这里，人身体的各个方面也与天的各种属性一一对应，比如：天有四季，人有四肢；天有五行，人有五脏。用董仲舒的话来说，这叫"人副天数"。于是，他直接把天看作人的始祖："人之为人，本于天，天亦人之曾祖父也。"（《春秋繁露·为人者天》）

董仲舒的论述只是在为权力神授的结论做铺垫。在他看来，世间的君王也是按照天的旨意来进行政治统治的，所以权力的来源不容置疑。当然，董仲舒也在某种程度上吸收了西周时代天命论对道德的重视，他强调君王的权力虽然来自天，但其统治如果违反了天意，就会有灾异现象出现，如果仍然不救以德，就会导致伤败国家的结果。董仲舒这套信之以天、敬之以德、畏之以灾的君权神授论，到了东汉章帝时又被《白虎通义》全面继承，其中又加入了当时流行的谶纬思想，彻底把宗教上的神权与政治上的皇权结合在一起。这种观念后来一直保存在中国人的观念中，到了明代，皇帝颁布诰命或敕命的时候还会说一句"奉天承运，皇帝诏曰"，其实就是权力神授的意思。

西方与中国的神授论虽然存在着信仰程度的差异，但就其理论本身来看，都是把权力视作先天授予的，而非后天生成的。先天授予，这意味着有一个（或多个）比人类更加高级的存在，即上帝或天，可以在我们的理智之上先行地规定正当与否的标准，我们也许能够部分地理解这个标准（比如这个标准中对道德的重视），但终究无法全然明白为什么是这个人而不是其他人被选定成为神权力的继承者或代理人。所以，除非你和君王信仰同一个神，否则你很难认同他拥有权力的合法性。

而更加重要的问题是，我们并不知道君王是否真的信仰他宣称信仰的神，这就给权力的获得与运作留下了相当大的隐秘空间。其结果就是，一个社会中只有少部分被神选中的"幸运"之人才有资格解释权力。这对我们的公共生活来说并不是一件好事，因为政治面向的是一个群体中的全体成员，如果有一种权力能够促成公共的善好，大家就必须共同认可这个权力的来源。正因为如此，在对权力从何而来这个问题的思考中，还有一种与神授论相当不同的答案——契约论，即认为权力是经过所有人的同意之后约定产生的。

契约论的观念最早仍然可以追溯到古希腊时期。在上一章中，我们曾经谈到柏拉图《理想国》中有一个颇具魔幻主义色彩的故事——

盖吉斯之戒。现在我们终于可以谈谈在柏拉图的书中，讲述这个故事的格劳孔真正想说什么了。《理想国》的第二章中，在与苏格拉底论辩什么是正义的时候，格劳孔提出了一个观点，即一个人在没有任何力量能制约他的时候，就会像得到魔戒的盖吉斯一样选择作恶。

格劳孔为此进一步补充说："我们交给每个人为所欲为的权力，无论是正义者还是不正义者，然后在后面观察欲望会将每个人带到哪里。众所周知，我们会发现正义者由于贪婪而变得跟不正义者一样，任何人的本性都倾向于认为贪婪是善的，只是在法律的强迫下才转而尊重平等。"人做不道德的事是为了利己，但这种利己必然导致对他人利益的损害。如果每个人都只为自己的利益考虑，那么每个人的利益都会受到损害。格劳孔认为，人们因此而达成共识，既不要不道德的利益，也不要不道德的损害，于是就需要签订契约。这个契约是最好与最坏的折中。在这里，最好是指干了坏事但不受惩罚，最坏是指遭受了他人的侵犯而没法报复。格劳孔还说道，一个有绝对力量作恶的人，是绝对不会愿意和别人签订契约的，除非他是一个傻蛋。

格劳孔所说的这个契约，其实就是法律。在亚里士多德的《政治学》中，有一位叫吕哥弗隆的智者也提出了类似的观点，他认为法律就是人们互相不侵犯彼此权利的约定。另外一位对契约论的形成起到重要作用的人是我们熟悉的伊壁鸠鲁。伊壁鸠鲁认为，契约是预防某人伤害其他人以及避免自己被伤害的一种共同约定。他还特别指出，契约是文明发展到一定程度的结果，在茹毛饮血的原始时代，人类并不需要契约，只有当人类进化到开始建立城邦，即以更高级的形式来组织自己的公共生活时，契约才是必要的。人们通过契约可以制定法律，在彼此都同意的前提下按照这个法律参与公共生活。像格劳孔一样，伊壁鸠鲁也认为，并没有所谓"正义"或"公共的善好"，这些观念都是人们在交往中形成的互不伤害的契约罢了。契约可以根据不同的环境、不同的群体而做出改变，相应地，人们对"正义"或"公共的善好"的认识也可以变化。

在古希腊的契约论中，我们虽然还看不到先哲对权力起源的直接论述，但能从契约本身的性质中察觉到对权力的规定。无论是格劳孔还是伊壁鸠鲁，他们担心的都是自己侵害别人或别人侵害自己，这实际上就是对某人或者某个团体单独占有权力的担心。签订契约的结果是，每个人都只能在一定的范围内使用自己的力量，而不能拥有绝对的权力。

公允地说，古希腊的契约论所限制的对象，更偏向于个人，还不是集体的公权。真正以契约论的方式讨论公共权力，还要等到16世纪末提倡"新政治科学"的托马斯·霍布斯的出现。在本章稍后的部分，我将会为你说明霍布斯、洛克、卢梭等哲学家用契约论共同构建的为当今西方政体奠基的政治哲学。现在你只需知道，契约论虽然在古希腊时代还不成熟，但它为我们对权力的思考指出了一条与神授论相当不同的道路：权力是人约定的，而不是神赐予的。

■ 权力应该如何运作：正义、城邦秩序与分配原则

在格劳孔讲述盖吉斯之戒时，他触及了政治哲学中一个相当重要的概念：正义。事实上从《理想国》的情节来看，在格劳孔发表高见

之前，苏格拉底已经和三个分别名为克法洛斯、玻勒马霍斯和色拉叙马霍斯的人讨论了好一会儿"正义"了。

"正义"这个概念在西方的起源，最早可以追溯到《荷马史诗》中的两位正义女神——忒弥斯（Themis）与她的女儿狄刻（Dike）。在词源上，"Themis"本有"我制定"的含义，而"Dike"本有"我阐明"的含义。所以，正义在古希腊人的最初理解中就是一种裁定的能力，只是这种能力属于神。不过从《荷马史诗》的描述来看，正义女神在人间法庭上的判断，也不是出于什么不可理解的神圣力量，仅仅是对自然法则的遵循罢了。比如《伊利亚特》便讲到男女交合是正义的（符合忒弥斯的指示），因为这是出于保护人类自然本性的目的。

"正义"作为神祇出现的时候似乎和政治关联不大，直到《理想国》的出现，我们才看到柏拉图借苏格拉底之口对"正义"做出了政治哲学上的严格思考。在书中，对"正义"的谈论是从一个世俗的人生问题开始的：一个人应该如何度过他的晚年生活？克法洛斯在回答这个问题的时候，偶然谈到了正义就是"有话实说，有债照还"。后来克法洛斯的儿子玻勒马霍斯与略显粗鲁的友人色拉叙马霍斯也加入了讨论，他们分别给出了自己对于正义的判断：前者认为正义就是把善给友人、把恶给敌人，后者认为正义就是强者的利益。

这些观点都没能在苏格拉底的诘问中坚持多久，随着格劳孔加入谈话，众人的讨论开始转向一个更加根本的问题：正义的本质是什么？对于这个问题，苏格拉底一上来就给出了一个重要的说明：考察正义，要先从城邦入手，而不是先从个人入手。

这个说明对后世的影响无疑是深远的，它说明人类真正需要的"正义"，并不是个人的善良品质或正直行为，而应该是社群公共权力运作下的普遍关系原则。如果有人遭受了什么不公的待遇，不应该希望有某个正义之士像蝙蝠侠一样为自己以牙还牙，而应该由社会的正义程序主持公道。

柏拉图对城邦的重视使得"正义"概念摆脱了宗教上的幻想，走向了充满人间烟火的现实政治之路。就像我们在本章开头讨论过的那样，群体生活是人类到目前为止唯一有效的存在方式，"先从城邦入手"考察正义的前进之路亦是基于这样一个基本的事实。柏拉图认为，每个人都有许多自己不能满足的需求，所以人们需要与其他人生活在一定的区域内，把他人当作自己的帮手，而这个区域就是城邦。换句话说，柏拉图之所以认为城邦正义比个人正义更加根本，并非由于他是个宣扬"人多力量大"的集体主义者——事实上，柏拉图对于集体和民众都具有相当大的怀疑，这点从苏格拉底的遭遇便能看到——而是由于他以哲人的目光看到了人只能集体性地存在。所以人只能是城邦的人，正义也必须是城邦的正义。

至于城邦的正义究竟是什么，柏拉图的思考仍然沿着人的存在方式这一点而展开。他认为在一个城邦之中，由于我们有各种不同的需求，所以就需设置不同的职业来提供相应的服务。因为人的天生禀赋有差别，所以不同的人应该从事不同的职业。所有人各司其职，干好自己的工作，社会正常运转，这就是所谓的城邦正义。也就是说，在柏拉图看来，一个和谐的城邦秩序就是正义。

柏拉图的这个说法可以被视作从政治哲学视角对"正义"做出的第一个诠释。之所以说它是政治哲学的视角，不仅是因为它强调了人必须在集体中生活的社会属性，更因为它指明了正义必然与人的生产交换活动相关。

生产交换活动是人与人最原始的交流。法国著名的人类学家克劳德·列维-斯特劳斯在《亲属关系的基本结构》一书中指出，缅甸纳加族男孩子在追求外族女孩时，第一件事就是与对方交换礼物。交换行为历来都被思想家视作人类的独特行为，可以保证他们更好地生存。英国的哲学家亚当·斯密在《国富论》中指出，一只狗从来不会自愿与另一只狗交换骨头，在动物界，几乎每个个体在成年后都是独立的，不需要其他动物帮助，只有人总是需要其他同胞协助，并希望与他人进行各种交换。这些发现与洞见都说明人的生存目的与生存方式的一致性，即需要与不同的人组成社群，因为我们有不同的需要等待被满足。

柏拉图认为，一个拥有和谐秩序的城邦，就是一个能满足人不同需要的城邦，人们生活在其中快乐宁静，没有人饱读诗书而只能饭牛屠狗，也没有人辛勤劳动却衣单食薄。这就是正义。

倘若真有这样的城邦，我们固然可以说它是正义的。但如果你还没有因为对这个正义之城过于向往而激动得无法思考，应该已经意识到，柏拉图的城邦正义似乎只是描绘了一种正义的结果，即一个和谐的社群应有的样子。但作为一种准则式的约定，正义本身到底是什么，柏拉图并没有给出清晰的回答。

换句话说，在柏拉图的畅想中，我们不能清晰地看到（城邦）正义究竟如何规范和制约人与人之间的关系和活动。在他的设计中，各司其职的社会分工作为一种理想的社会秩序是为了促成人们的生产交换，从而满足大家的不同需要。但是让人们去从事各自擅长的工作就一定会产生正义的生产交换吗？姑且不论一个人擅长的事未必就是他愿意做的事，即使我们所有人都按照天赋从事了相应的工作，也无法得出结论,一个擅于做面包的面包师可以把每个面包做得一样好,并愿意童叟无欺地卖给每一个需要面包的人。

我们当然也可以为柏拉图辩护一下,替他说明,"和谐的城邦秩序"不仅意味着人们各司其职,还意味着人们各尽其职。也就是说,在柏拉图的社会分工构想中,擅于一种职业必然等于做好一种职业,所以一个面包师必然会让所有买面包的人都满意。但即便如此,这种设定仍然实现不了"满足人们不同需要"这个目标。很明显,即使一个烘焙技术高超的面包师能做到让每一个买面包的人都满意,他也无法做到让每一个想吃面包的人都能买到面包。因为并不是所有职业都能为人带来足够的财富,一个修鞋匠的收入可能就无法保证他每顿饭都能吃到面包,更不用说比面包更高级的食物了。

实际上,柏拉图并非没有预见这个问题。《理想国》中,格劳孔的弟弟阿德曼托斯就指出,在社会分工的设想下,担任护卫的人没有土地,不能建造住宅,不能拥有金银以及其他普通人所希望拥有的一切,除了站岗放哨,什么都不能干,完全谈不上什么个人的幸福。于是,他问苏格拉底如何看待护卫在正义的城邦中实现不了幸福这个矛盾。苏格拉底回答道,现实生活中的幸福与正义的城邦秩序相比是微不足道的,担任护卫的人虽然过着悲惨的生活,但他的坚守维护了城邦秩序,所以护卫拥有一种比世俗幸福更高级的幸福。

柏拉图借苏格拉底之口所做出的这个说明恐怕并不会让很多人买账。他所重视的社会分工到最后被证明并不能满足一个尽责的护卫"每天吃到面包"这个需求。倘若一个城邦不能保证个人需求被满足,而让大家接受"无论生活水平如何,只要你尽责工作就是幸福"的这一判断,那么这样的城邦真的是正义的吗?很显然,柏拉图的理论构想，最终使他走到了正义的反面。

问题出在哪里呢？

在柏拉图的思想中，正义是一种先天的理念上的规定，而不是后天的利益上的分配。柏拉图只是凭借个人的想象，认为各司其职的城邦秩序可以满足人的各种需求，但实际上究竟如何，他并不在意，因为他认为现实中的悲惨仍然可以转化为理论上的幸福（就像苏格拉底对护卫的评价一样）。这种对现实并不真正在意的态度也成为长久以来人们对哲学家冷嘲热讽的重要原因。毕竟，他们并没有真的解决什么问题。

所以，柏拉图赞许的那种城邦秩序，并不是由生活在这个城邦内的每一个人的愉悦串联起来的，而是由一种不容分说的道理直接认定的。如果从思想渊源上考察这个不容分说的道理，就会发现对人们各尽其职的社会分工体系的坚守，基本上可以视作更早时人们迷恋于天地万物井井有条的自然秩序的后遗症。在东方，我们同样可以找到类似的自然主义立场的思想遗产，比如《中庸》里边说的"致中和，天地位焉，万物育焉"，就是讲达到了和谐状态之后，天地万物就会各归其位、茁壮成长。

这种观念基于先人对自然的观察，山高水深、花红草绿、夏暖冬寒，似乎在人类出现之前，世界已经按照某种被规定好的图景存在着。所以，人们需要做的不过是和自然一样，按照使我们各得其所的秩序去生活。只是包括柏拉图的"城邦正义"在内的这种观念并没有意识到，人不是一种能够被先天定义的存在。Lady Gaga不是天生的歌手，姚明也并非注定要去打篮球，个人后天的选择与努力，使我们有了成为任何人的可能。当然，我们并不否认禀赋的存在，它会让我们在成为某种人时可以更容易些,而成为另一种人时会更困难些。但正如你我所知道的那样,我们没有任何理由去阻止一个五音不全的小朋友追求成为演唱家的梦想。人生的意义不在于我们"生来是什么",而在于我们"想成为什么"。

当然,我们也没有必要苛责柏拉图在提出"城邦正义"的时候,没有顾及个人的实际感受,毕竟对于个体的充分尊重是近现代才流行起来的观念。即使到了1776年美国发表《独立宣言》的时候,那句著名的"人人生而平等"也仍把黑人和印第安土著排除在外,这一点在1857年法官对斯科特案的判决书中写得很清楚。

认为人类先天的性质可以决定其后天的身份、职业与阶层,这是人类历史上相当固执且长久的一种观念。比如,西汉的董仲舒认为人的本性天生有三种:圣人之性、中民之性和斗筲之性。具备圣人之性的人天生就是适合做领导者的幸运儿,具备中民之性的人只能成为要接受官方教育的普通人,而具有斗筲之性的人则是天生的罪犯,最好一出生就被投入监狱。到了唐代,"文起八代之衰"的韩愈仍然对这种观念深信不疑。与之类似,柏拉图认为奴隶制是完全合理的,他的学生亚里士多德更是提出了"自然奴隶"的概念,认为那些天生灵魂上有瑕疵、德性上有缺陷的人就应该成为他人的奴隶。

因此可以说,柏拉图对"正义"的想象,也就是那个各司其职的社会分工体系,实际上并不能满足现实中人们的利益索求。所以,如果想在政治哲学中对社群中的正义进行更恰当或者更本质的探讨,就必须着手建立一个直接指向资源分配的规则体系,这也成了每一代政治哲学家的任务。

当代美国政治哲学家约翰·罗尔斯在他1971年出版的名作《正义

论》中，就提出了"作为公平的正义"这一概念。就像我们理解的那样，"公平"强调了数量上的对等。罗尔斯在正义观中特别提出了一个"差异优待原则"，说的是在分配的过程中，必须使处境最差的人最有利，必须把最多的好处补偿给本来只能获得最少好处的人。比如，我们必须保证一个身高最矮或者视力最有问题的学生坐在离老师最近的地方，才能说他与其他人享受了公平的听讲资源。

当然，学界对于这种分配原则并非没有反对意见，同为美国政治哲学家的罗伯特·诺齐克便认为罗尔斯的"差异优待原则"必然会要求国家的强力介入，这就会对我们自由地占有资源和交换资源构成障碍，反而会导致不正义的结果。比如，一个学生好不容易占到了教室第一排的听讲位置，上课时老师却要求他把位置让给另一位身高矮小的同学，那么老师便侵害了这位同学自由选择听课座位的权利。

诺齐克与罗尔斯的论争说明，直到今天，人们对于公平分配的问题也没有达成统一的意见，当然这并不影响哲学家继续对正义准则进行探索。另一方面，关于正义的分歧也提醒着我们，在绝对公平的分配准则被找到之前，也许正义的出现要依靠其他政治要素的帮助。这个要素就是权力的拥有者与实施者。于是，应该把权力交给什么样的人，亦是政治哲学的重要思考方向。

■ 权力应该交给谁：哲人王、圣人王与乌托邦

谁应该拥有权力，这是传统政治哲学中最为流行的问题。法国哲

学家米歇尔·福柯曾一针见血地指出，之前所有针对权力的思考本质上都是对统治权的思考。如果忽略了这一点，我们对传统政治哲学的研究就会出现偏差。这就好像如果我们不去了解柏拉图对权力金字塔的顶层设计，仅仅从正义的角度考察他的政治哲学，就不能从根本上明白他所希望的美好城邦中最精彩的部分。这个部分就是"哲人王"。

"哲人王"大概是哲学系学生最喜爱的三个字了，他们从中可以找到一种安慰，至少在两千三百年前柏拉图的构想中，学习哲学意味着通向权力的中央。只是这种事情从来没在现实中发生过。现实中的柏拉图曾三次到西西里岛，向叙拉古的君主兜售自己对政治的哲学思考，最终却遭受了苦涩的失败。所以，与其说"哲人王"是对后世哲学学习者的勉励，不如说它是一种告诫：无论拥有多么强大的思想力量，知识分子都不会成为那个拔出"石中剑"的王者。正因为如此，哲人王所在的理想国便成了人类历史上第一个名副其实的乌托邦（Utopia）。

在上文中，我们已经知道柏拉图在这个乌托邦中构建了一个各司其职的分工秩序，这个秩序符合大自然中万物各得其所的和谐。但是，仅靠对自然界的复制粘贴无法解决人类社会的所有问题，因为在自然界中，动植物并不在乎正义，所以并不需要一个保证社群正义的终极源头，也就是君王。所以，柏拉图如果想解决谁来当王的问题，就必须先找到一个思考问题的新思路。这个思路就是城邦与灵魂的对应关系。

柏拉图认为城邦是个人灵魂的放大版，就像灵魂拥有理性、血气、欲望三种层次一样，城邦也有统率一切的王、坚守岗位的护卫、从事各个行业的工匠三个阶层。在这三个阶层中：工匠们用劳动换来财富，所以他们代表欲望；护卫以坚韧不拔的勇气保卫城邦，所以他们代表血气；君王用对世界的深刻洞察统治众人，所以他代表理性。在个人灵魂里，如果血气和欲望能听从理性的指挥，那么拥有这种灵魂的个人会表现出一种优秀而深沉的素养。与此相应，在一个城邦中，如果工匠和护卫也能接受君王的统领，那么整个城邦也会沉浸在幸福之中。

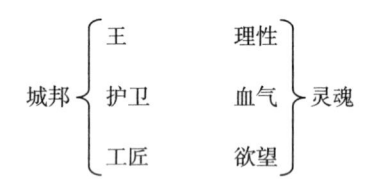

城邦 { 王　　理性
　　　护卫　血气 } 灵魂
　　　工匠　欲望

图示31　柏拉图的城邦阶层结构

柏拉图特别强调，他所谓的幸福并不是某个人或某个阶层的幸福，而是整个城邦的幸福。这种幸福既不是欲望被满足时的愉悦，也不是斗志昂扬时的激情，而是理性沉思时的冷静。在整个城邦中唯一一个能够抵抗诱惑的人就是作为君王的哲人了。之前，我们曾经谈到过柏拉图认为事物的本质是独立于事物而存在的"理型"，哲人王就是能够认识到世间万物表面现象背后的理型的人。我们或许会怀疑，一个沉迷于分析事物本质的哲学家真的愿意去处理繁杂的政务吗？

这种担心显然是多余的，在理想国中，一切制度都被烙上了理性的痕迹。正是因为哲人王对事物有着独特思考，所以他所拟定的制度也彰显着与世俗政治不同的特点。首先，在理想国中，一切文艺作品都需要经过严格审查。神话、音乐、诗歌在古希腊时代有着重要的叙事兼教化功能，但这些文艺作品往往把神刻画成偏执、嫉妒、好斗的形象，并不利于理想国中的公民保持对神的纯洁信仰。请注意，柏拉图在意的是公民通过虔诚的信仰纯化自身，至于神本身是不是真的那么完美，他并不在意。所以他借苏格拉底之口说，哲人王可以在适当的时候对百姓进行欺骗。这就好像医生为了治疗效果而不告诉病人实情一样。

不过，哲人王对民众的欺骗，不仅仅表现在文艺作品中的神灵形象上。在婚姻制度上，柏拉图认为，为了使最优秀的男人和最优秀的女人结合从而生育最优秀的后代，哲人王可以采取虚假抽签的方法，暗中让值得配对的男女分到一起。在这里，匪夷所思的倒不是统治者的欺骗，而是柏拉图完全剔除了你情我愿的部分，把婚姻看作是培育优秀人种的程序。在这个程序中，如果丈夫不能令妻子怀孕，妻子也可以合法地寻求其他男人的帮助。当然，这个丈夫也不必太难过——如果这么说能让他好受一点的话——因为无论妻子生的孩子是不是他的，出生之后都要统一交给国家养育，每个人都不知道自己的生父生母是谁。

在柏拉图的制度设计中，唯一能让我们感到有些积极意义的，可能就是女性平权的立场。他认为，女性不仅应在婚姻中享受保证生育的权利，在教育上也应该拥有和男人一样的机会，一些体能优秀的女人甚至可以和男人一样走上战场。

柏拉图对女性的平等对待，与20世纪80年代加拿大女作家玛格丽特·阿特伍德的小说《使女的故事》形成了鲜明的反差。后者虚构了一个由男人统治的名叫"基列共和国"的极权主义国家，在这个国家中，一些女人沦为没有任何权利的生育机器。当然，除了女性的权利，基列共和国还有很多与理想国不同的地方。它们就没有一点相似的地方吗？在基列共和国中，我们看到的是女性的尊严与自由被完全剥夺；在理想国中，我们也丝毫看不到公民有追求个人幸福和家庭幸福的机会。事实上，我们无法弄清一个君王究竟是出于理性在善意地欺骗民众，还是出于野心对民众进行洗脑和控制。所以，柏拉图的理想国并非真的"理想"，一个乌托邦中往往包含着"反乌托邦"的萌芽，尤其是以幸福之名进行统治却并没有人真的得到幸福的时候。

这样看来，被柏拉图寄予厚望的哲人王似乎并不能真的让我们满意。在现实中，精通哲学也不能成为一个总统候选人竞选的有利条件。百姓们关心的只有切身利益。能够接受多少理性上的训练，那是吃得饱、睡得好之后的事情。所以对被统治的人来说，他们需要的是一个能够真正关心他们、爱护他们的统治者。这一点，正是儒家政治哲学的立论点。

与柏拉图对哲人王的赞扬相比，儒家所希望的社会是一个由"圣人王"统治的社会。通过前面的章节，我们已经知道圣人具备远超过普通人的认知和洞察能力。这种能力体现在政治领域中，便代表体察人心、了解民情的感知力。

"圣"这个字最早出现在金文中，字形和"圣"字的繁体（聖）接近，只是没有下面的"王"字，只有一个"耳"和一个"口"。从这个金文的字形来看，"圣"在一开始就表示"听言"。中国现代著名历史学家、古史辨学派创始人顾颉刚先生认为，"圣"与"听"在古文字上是相通的。汉代许慎在《说文解字》中，把"圣"字解释为"通"，意思是"通过听闻而达到通彻的了解"。另外，汉代的应劭在《风俗通》中把"圣"字解释为"闻声知情"，仍然是说圣人具有感而遂通的能力。

"圣"这个字的原始含义说明，儒家政治哲学推崇的圣人，在最初意义上就包含统治者与被统治者的沟通。圣人的智慧在于他能广泛且有效地听取众人的需求或意见，而不在于辨析某种真理，这构成了儒家对于掌握权力的统治者的重要想象。这种想象使儒家的政治思考从一开始就指向被统治者的实际需求，因为人们所表达的声音向来都关涉自身的生存利益，所以圣人的第一要务在于能够妥善地安置和照顾百姓的生活。

唐代的韩愈在《原道》中就谈到了这一点："古之时，人之害多矣。有圣人者立，然后教之以相生相养之道。为之君，为之师。"他认为，古时人们的生存环境恶劣，圣人的出现就是为了改变这种情况，教人们如何通过生产活动提高生活质量。在接下来的论述中，韩愈详细说明了圣人如何教人们驱赶毒蛇野兽、制作食物衣服、建造房屋、制作工具、设立商业医疗体系。这说明在儒家的理想中，统治者是一个教导者的形象，虽然在位阶及身份上高于被统治者，但他存在的意义却在于为被统治者服务。于是，权力就不再是高悬在众人之上的强力，而是为人民服务的工具。

统治者的这种形象当然来自原始儒家的塑造。孟子曾经讲过"恒心"与"恒产"的关系。所谓"恒心"，是指安顿的心灵状态；所谓"恒产"，是指稳定的生活保障。孟子认为，百姓如果没有恒产，是不可能有恒心的。统治者如果不给予人们足够的生活保障，一定会引发社会的混乱，这个时候如果通过法律或武力手段惩治作乱的百姓，就等同于陷害。

在说明了恒产对于百姓的重要性之后，孟子向统治者给出了十分具体的"制民之产"的方法:"五亩之宅,树之以桑,五十者可以衣帛矣;鸡豚狗彘之畜,无失其时,七十者可以食肉矣;百亩之田,勿夺其时,八口之家可以无饥矣;谨庠序之教,申之以孝悌之义,颁白者不负戴于道路矣。"孟子建议,统治者要给每户人家五亩的住宅,周围种上桑树,这样五十岁以上的人就有衣服穿了。统治者的政令不能妨害农时,这样大家就能有时间畜养家禽和牲畜,七十岁以上的人就有肉吃了。还有,统治者必须保证百姓有足够的精力照顾百亩农田,这样一个八口之家才不会挨饿。最后,统治者还要置办学校,教大家伦常道德,这样老年人就不会得不到应有的尊重了。

孟子讲的这些措施,基本上都以保障百姓的生活为指向。在他的政治设想中,君王是要完全舍弃个人利益而为民众谋福利的角色,一旦君王没有完成这个任务,人们就有权反抗他的统治。这种对统治者的苛刻要求使得孟子向来不大被中国的皇帝所推崇。直到宋代,《孟子》这本书才被列入官方认可的经典中,认可的原因主要还是当时以王安石为代表的士人想利用《孟子》中"辟异端"思想攻击非正统的观点,而不是统治者良心发现。事实上直到明代,朱元璋看了《孟子》后,仍然因为其中对统治者有诸多要求而感到不满,他命令当时的大臣把《孟子》中可能动摇统治者权威的章节都删掉了,刊行了一个只用来科举考试和教育人民的《孟子节文》。

相比于孟子,孔子的思想虽然温润平和许多,但也包含着对君王服务百姓的希望。学生子张曾向孔子请教,从政有什么秘诀,孔子作答的第一点就是"惠而不费",即为政要给人们恩惠,而且这种给予还不会变成损害自己的耗费。这需要统治者做到"因民之所利而利之",也就是说让百姓在那些本来就对他们有益的事情中得到应有的

第十章 | 政治中的哲学

利益。另一个学生子贡也曾向孔子提问说：如果有人能够广泛地给人们好处、救济民众，那么这个人算得上是仁人吗？孔子回答说：岂止是仁人，这样的人已经到达了圣人的境界。这说明在孔子的心中，保障人们的生活是一项相当崇高的任务，它是圣人王应该做的事情，普通的仁人君子虽然也能为他人做好事，但只有达到圣人境界的统治者才能够做到博施于民。

达到圣人境界的统治者所实行的政治，儒家称之为"仁政"。在上一章对儒家道德哲学的讨论中，我们已经知道了"仁"这个字指代的是一种对他人敏感且充沛的关心。"仁政"则是把这种个人的道德品质置入政治中，指代统治者由于关怀、爱惜被统治者而实施的政治方略。

在孟子与梁惠王的一段对话中我们可以看到，对于统治者来说，实行仁政的关键在于统治者能够清晰地认识仁义与利益的关系。

孟子见梁惠王。

王曰："叟不远千里而来，亦将有以利吾国乎？"

孟子对曰："王何必曰利？亦有仁义而已矣。王曰'何以利吾国？'大夫曰'何以利吾家？'士庶人曰'何以利吾身？'上下交征利，而国危矣。……"

梁惠王是魏国的第三代国君，即位后九年，他把国都迁至大梁，魏国也被称为梁国。梁惠王见到孟子的时候，问的第一个问题便是孟子的到来对梁国有什么益处。孟子却反问：为什么一定要谈利益？孟子认为，如果一个国家各个阶层想的都是怎么才能让自己获得利益，社会就会因为人人追逐私利而变得危险动荡。所以对于统治者来说，只讲仁义已经足够了。

这段对话被放在《孟子》第一篇的第一节，足见其重要程度。孟子的意思是，梁惠王作为统治者，不能盯着利益不放，而要怀着仁义之心来考虑百姓。探讨仁义与利益的关系，在中国哲学中有一个特有的称呼，叫"义利之辨"。宋代理学家程颢曾说："天下之事，惟义利而已。"朱熹也说过："义利之说，乃儒者第一义。"但值得注意的是，儒家讲义利关系，从来不是简单地让人们放弃利益而选择仁义，而是说，要通过正当（符合道德原则）的手段来获取利益。

孔子说过一句著名的话，叫"君子喻于义，小人喻于利"。不少人认为，这是孔子在赞扬君子以仁义行事的同时批评小人唯利是图。实际上，孔子只是在描述他心中理想政治阶层的各自特点：处于统治阶层的贵族讲求仁义，处于被统治阶层的庶民重视利益。在先秦时期，"君子"与"小人"首先指的是身份位阶上的区分，然后才是今人所理解的道德修养上的区分。从儒家的政治思想看，孔子并没有否定"喻于利"的庶民，他认为被统治者在遵纪守法且满足基本社会道德的前提下，守护自己的经济利益并没有什么问题。

儒门内的另一位大儒荀子也有一样的观点，他认为"虽尧舜不能去民之欲利，然而能使其欲利不克其好义也"。这就是说，即使像尧舜那样的圣人王，也不可能让百姓完全放弃利益，但是他们能够让百姓不因对利益的追求而损害对道德的恪守。荀子进一步补充说，后者的实现不是靠统治者空洞的宣传，而是需要"从士以上皆羞利而不与民争业"，即通过社会上位阶层不与百姓争利，从而让被统治者有充分的空间来实现自我利益。

在与梁惠王的对话中，孟子表达的也是同样的含义。在一个国家的政治结构中，统治者是极为特殊的角色，统治者所追求的仁义与蜘蛛侠那种"好邻居"式的热心肠不同，它必须指向所有被统治者的实际利益。换句话说，在儒家的政治哲学中，君王所追求的"义"其实就是百姓的"公利"，这也是孟子说"何必曰利"的原因所在。

从以上的说明来看，儒家的圣人王确实解决了柏拉图哲人王的问题。他没有因为追求一个孤悬于理论的完美秩序而忽视百姓的生活需求，反倒将百姓个人利益的普遍实现视作为政的目的。于是从世俗的角度看，似乎儒家的圣人之国比柏拉图的哲人之国更加理想，更加符合普通人对于美好生活的期许。唯一的问题是，儒家对于圣人之国的设计，仍然摆脱不了乌托邦的命运，在真实的世界中，作为仁义化身的圣人王似乎并不存在。

在中国历史上，能被称为圣人的人屈指可数。儒家公认的圣人，不过尧、舜、禹、汤、文、武、周公七位。在他们之后，尽管孔子一再声称自己达不到圣人的境界，仍然在去世之后被弟子树为圣人。而孔子之后，颜回、曾参和孟子也被皇帝封为"复圣""宗圣"和"亚圣"，但那已经是元代的事情了。即使怀着宽容的心态把三子算作"圣人俱乐部"的成员，我们也不难发现这样一个事实：在孟子之后，再也没有一个人被儒门共同认可为圣人了，而在儒家公认的圣人中，孔、颜、曾、孟四位并不是掌握权力的统治者，所以在整个中国历史中，儒家公认真正能称得上圣人王的最多只有七个人。

为什么在这七人之后，中国再没有出过圣人王呢？我们可以借助法家代表人物韩非子的一段议论来思考这个问题。在《五蠹》这篇文章中，韩非子谈道：尧统治天下的时候，住的是茅草房，吃的是粗粮野菜，其生活质量甚至比不上看门的仆人；禹统治天下的时候，亲自领着大家做农活，劳累不堪，其生活质量甚至比不上干活的奴仆。他因此得出结论，古代的君王把位置禅让给他人，这没什么值得赞扬的，因为这相当于让他们从繁重辛苦的工作中解脱出来了，现在就连一个小小的地方官员都拥有很多财富，所以一个人也许能够舍弃上古时代的天子身份，却无法舍弃今天的县官身份，究其原因，在于能够获得利益的多少不同罢了。

韩非子试图揭示的道理是，统治者能获得的利益越多，他追求仁义的可能性就越小。人类的发展过程本来就是物质财富不断积累的过程，按照韩非子的这个说法，越是后来的统治者，越不可能成为圣人王。一个更加悲观的观点是，在尧、舜、禹、汤执政的时代，人们的生活并不像韩非子描述的那么简陋，当时的物质水平已经足够统治者放弃仁义了。西晋时期曾在古墓中出土了一部古书《竹书纪年》，它是战国时期魏国史官所作的一部编年体通史。其中对尧、舜等古代君王的描写大大颠覆了后人对圣人王的想象，比如尧老迈之后，舜把他囚禁起来，使其父子不能相见。

无论《竹书纪年》的记载是否为信史，我们都可以沿着韩非子的思路得出这样一个结论：儒家所推崇的圣人王之所以难以在现实中出现，就是因为它把统治者想象成完全利他的角色。如果说柏拉图政治哲学的问题在于哲人王对自己的判断过于自信而牺牲了民众的实际幸福，儒家政治哲学的问题便在于把道德上的完美想象错误地放在了现实政治生活中。事实上，在儒家思想中，圣人是一种终极的存在，他在某种程度上已经接近于西方宗教里的弥赛亚，是人类最完美的形象。孔子虽然仰慕圣人，但自己也承认"圣人，吾不得而见之矣"。把这样的圣人和政治上的君王结合而成的圣人王，即使在理论上能够解决柏拉图的问题，但终究只是一种无法实现的空想。

如果说在柏拉图的理想国中，护卫阶层不能讲求个人幸福，已然被我们认为是一项残忍的规定，那么在儒家的政治构想中，统治者绝对不能为个人利益所动，这个要求显然更有悖人性。即使我们不否认圣人王的设想是意欲通过最好的人性打造最好的政治，但讽刺的是，我们在真实的历史上看到的却是皇帝君王有不少都穷理残虐、尽性荒淫。这时再去幻想有毫不利己、专门利人的圣人王，就多少显得有些幼稚了。

所以，如果想让政治哲学的思考多少对现实有些帮助，就必须走出对"完美君王"的执念。这便是人类政治哲学发展的第二个阶段。

■ 打造稳固的现实政治：公共权力与制约机制

就像婴儿会误以为妈妈的存在就是为了给他提供奶汁、不知道实际上妈妈除了照看他还有很多事情需要应对一样，人类在早期似乎也有一种思想倾向，认为君王的存在就是为了给人们提供生活的保障，而不知道实际上统治者还面临着另外一些重要的问题。

在儒家的政治学说中，权力被具体化为服务百姓的行动。这对于人类在早期阶段所形成的小型社群来说，也许确实如此。统治者需要身先士卒，甚至付出具体的劳动。但是对于拥有多层级结构的大型社会来说，统治者不可能投身于某项具体的事务中，而应把管理具体事务的职责委以专门的官吏。其结果便是，国家的最高统治者并不直接面对被统治的人民，而是面对被其赋予某项权力的公职人员。这就使得君王的统治从对百姓生活的照料转变为对各级官员的管理。

从战国时代开始，王纲解纽，礼崩乐坏，中国社会发生了重大的变化。《左传·昭公三十二年》中记载，晋国大夫史墨曾对赵氏领袖赵简子说："社稷无常奉，君臣无常位。"这说明当时的政治环境与西周时代那种建立在血缘宗法上的分封制有了很大不同，权力不再只在同姓宗亲中延续，而是有部分分化到不同层阶的权威集团。于是，天子的权力不断被诸侯国的国君削弱，诸侯国国君的权力又不断被宰政大夫削弱。这就是孟子所说的"万乘之国，弑其君者，必千乘之家；千乘之国，弑其君者，必百乘之家"。在这个过程中，君臣关系开始向雇佣关系转变，就像如今的企业中一个领导可能遭遇下属挑战他的权威一样。在战国时代，怀着"君臣无常位"的想法而试图夺取君主权力的情况也时有发生。所以对于当时的统治者们来说，首要任务就是利用一套政治上的驾驭之术来保证自己的权力能够持久。法家便在这样的政治需求下应运而生。

法家在最开始分为三个派别。第一派讲"法"，强调统治者必须利用严格且清晰的奖惩制度来维护自己的统治，其代表人物是商鞅。第二派讲"术"，强调统治者要学会操纵摆布官员，用隐秘的人际手法使臣下为其所用，其代表人物是申不害。第三派讲"势"，强调统治者要时刻注意树立自己人君之位的威严，努力扩大自身的实际掌控能力，其代表人物是慎道。

集此三派之大成的人，是前面提到的韩非子，韩非子的老师是荀子。从荀子开始，一部分儒者逐渐认识到"何必曰利"的儒家理想主义并不适用于利欲熏心的现实，于是他们便开始积极尝试，提出一些新的理论来回应和解答社会上的问题。事实上，在荀子的思想中，我们已经能发现他对"法"的重视，而这个重视亦源自他区别于其他儒者的那个著名观点：人生而好利，善不过是后天的伪装。好利的本性让人无法主动投身于孔孟所宣扬的礼乐秩序，统治者必须用法治来强制平息社会上的各种混乱。

荀子的这个思想被韩非子所继承，并发挥到极致。韩非子把人与人的关系，尤其是政治上统治者与被统治者的关系，完全解读成利益关系，这也是韩非子师承儒家而身属法家的根本原因：他拒绝任何对个人道德温情脉脉的幻想，而是冷酷地把社会的正常运转结穴于法律的震慑与约束上。

当然，韩非子所说的"法"，与现代法律还有着诸多不同，其中最值得注意的一点是，这个"法"首先是作为君王命令的法，然后才是作为社会规则的法。也就是说，在韩非子那里，法治是君王意志的体现，被统治者在社会活动中遵守法律就意味着对统治者权力的服从。包括韩非子在内的法家普遍认为，一个好的政治制度就是能够保障君王的权力顺利实施的制度。在法家的政治设计中，君王不需要借助形而上学方面的智慧或者关心他人的道德感来塑造理想国度；君王不是哲人也不是圣人，他就是纯粹运用权力的统治者，通过驾驭臣子、奖惩百姓这样的统治技艺，直接建立稳固的国家秩序。

与柏拉图和儒家的政治哲学相比，法家的政治哲学可以称得上是一种基于现实的功利式思考：如果有人做了坏事而破坏了公序良俗，那么出于对和谐社会秩序的维护，就必须打击或消灭这种负面的要素。所以法家所重视的法治在绝大多数时刻都表现为一种国家暴力。

这种基于现实的功利性思考并非中国独有，文艺复兴时期生活在佛罗伦萨的马基雅维利在他那本向来不被人喜欢的《君主论》中表达了类似的观点。马基雅维利和韩非子一样，都认为对于政治的解读，要从"应当如何"转化为"实际如何"。在他们心中，政治哲学不是《桃花源记》般的文学创作，而是能够解决问题的行动指南。

这种功效主义的立场让马基雅维利对于现实政治中的种种不堪，如僭越、篡权、动乱、革命等没有丝毫的回避，甚至把这些动荡与危机视作政治的常态。事实上，他的政治哲学正是基于这些极端情况而展开的。在《君主论》的开篇，他便声明，人类的一切政权都可以分为共和国和君主国两种，君主国又可以分为世袭君主国和新君主国两种，该书所讨论的对象是新君主国。

新君主国是指通过阴谋或武力推翻原有君主而出现新任君主的国家。马基雅维利说，这种国家中的统治者面临着更为复杂的形势：一方面，百姓会发现自己上当受骗了，新的统治并没有让他们的境遇变得更好，因而会变得更加充满戾气；另一方面，那些曾经帮助新君主夺取权力的贵族开始邀功索取，新君主既不能对他们保持长久的信任，也不能轻易地满足他们的要求。

基本上，《君主论》这本书就是写给谋夺了王位并打算保持权力的统治者的。1494年，统治佛罗伦萨的美第奇家族被推翻，佛罗伦萨共和国成立。从1498年开始，马基雅维利出任共和国国务厅长官。1512年，美第奇家族重新夺回了佛罗伦萨，共和国随之瓦解，马基雅维利被投入监狱。出狱后一贫如洗的他开始写作，其间完成的《君主论》就是专门献给重新获得权力的新君主、美第奇家族的洛伦佐二世的。

我们不知道，是什么原因使得马基雅维利决心为曾经让自己受到严刑拷打的美第奇家族献书，但从《君主论》所表达的观点看，在政治的角斗场上,从来没有正义的一方,只有胜利的一方成为君王、失败的一方沦为阶下囚。所以,对马基雅维利来说,他可以服务任何新君主,只要后者是满怀野心并努力保持胜利的统治者。

马基雅维利的这个观点让他的政治哲学散发着"非道德主义"的倾向——政治作为一种统治技艺,不需要被道德准则来评判,而新君主如果想稳固自己的政权,常常需要借助一些不道德的手段,比如暴力与欺骗,谋杀与陷害。在《君主论》中,马基雅维利明确提出,统治者的理想型是聪明与残忍的结合体:"君主必须是一头狐狸,以便认识陷阱,同时又必须是一头狮子,以便使豺狼惊骇。……但是君主必须深知怎样掩饰这种兽性,并且必须做一个伟大的伪装者和假好人。"

当然,在某些必要的时刻,君主也可以撕掉伪装:"当遵守信义反而对自己不利的时候,或者原来使自己做出诺言的理由现在不复存在的时候,一位英明的统治者绝不能够,也不应当遵守信义。"不仅如此,马基雅维利还为君主的背信弃义找到了一个"正当的"理由:"因为人们是恶劣的,而且对你并不是守信不渝的,因此你也同样地无须对他们守信。一位君主总是不乏正当的理由为其背信弃义涂脂抹粉。"

这些论调大概会让一个儒家主义者惊掉下巴,但不能否认的是,与书斋中的学者不同,马基雅维利是真正下场参与政治游戏的人,他一生中经历多次政权交替,见到和结识的政治领袖大多确实是狐狸加狮子般的人物。比如,当时被称为"毒药公爵"的政治人物切萨雷·波吉亚(据说他善用家传毒药杀害政敌),在世人眼中是一个狡诈且残忍的弄权者,但在马基雅维利眼中却是一位充满魅力、坚韧追求权力的领导者。在《君主论》中,马基雅维利为切萨雷·波吉亚那些骇人听闻的行为(比如割下在背后辱骂他的人的一只手和舌头并钉在一起）辩解道："他具有至大至刚的勇气和崇高的目的，他只能采取这种行动，舍此别无他途。"

这些政治思考使马基雅维利成为历代独裁者的老师，只不过很少有统治者对外宣称自己是马基雅维利主义者——别忘了，马基雅维利教给君主们的正是如何欺骗百姓的技术。这一点倒是和法家的"术"有异曲同工之妙，韩非子同样告诫君主"术不欲见"，那些驾驭臣下的手段一定不能被人察觉。

不过，我们必须为马基雅维利和法家说一句公道话：尽管在他们的理论中，百姓的幸福不是被考虑的因素，但他们的目的也并不是提供更多的条件让君王为恶或者满足自己的奢欲，而是通过充分保障君王的权力来实现国家的富强。他们认为，一位能拯救和保护国家的君王一定是拥有强力的人，为了这份强力，君王可以背信弃义，可以残虐无情。欺骗和暴力只是手段，其目的是成就一段非凡的伟业。

只是，即便做出这样的解释，马基雅维利和法家政治哲学恐怕仍然难以被普通人接受，因为实际上谁都无法保证，充分获得权力的君主真的会以国家富强为努力的目标（姑且不论国家富强是不是一定要以"弱民""愚民"甚至"虐民"为手段）。在马基雅维利和法家的设想中，君王都是极富才能、怀着巨大热情追求建功立业荣誉的领导者。但现实中，虽然没有任何一位君王希望自己的政权崩塌，但不是每一位君王都能殚精竭虑地治理国家，不少统治者一方面令人畏怖，另一方面又荒于国事，把权力用在实现个人的享乐或者变态嗜好上。比如，被《宋书》评价为"天性好杀，以此为欢"的后废帝刘昱就让随从随身带着针锥、凿子和锯等凶器，随时折磨看不顺眼的人。所以，马基雅维利或者法家政治理论的问题便在于，没有正确估计君王作为一个人会受到七情六欲诸多偏好的影响。即使一个君王只把百分之一的时间和精力用于满足自己的欲望，其他全部时间和精力都用来处理国务，他仍然可能造成巨大的负面影响。

如果获得权力的个人一定会出于个人利益考量而滥用这份权力的话，是否意味着不应该有任何人拥有权力呢？如果是这样，谁又来充当统治者的角色呢？我们可以过一种没有统治者的生活吗？在马基雅维利去世一百二十四年之后，英国哲学家托马斯·霍布斯在他的《利维坦》中对这些问题做出了回答。

《利维坦》开启了现代政治哲学的大门。"利维坦"原是《圣经·旧约》中记载的一种庞大的海怪，它的鳞片如铠甲一般，口能吐火，游在海中能令波涛逆流。霍布斯用这样的巨灵来比喻拥有强大权力的国家，这个国家中的领导者是这份强大权力的拥有者。在这个比喻中我们可以看到，霍布斯基本上重复了马基雅维利对于君主拥有绝对权力的立场：他同样认为，一个国家领导者的权力是不容置疑的，它是一切律法的来源，国家的领导者不可能做出不正义的行为，因为他就是为"正义"下定义的人。

仅从这些观点来看，你一定会以为霍布斯不过是马基雅维利的迷弟，但实际上，霍布斯对政治的思考与马基雅维利有着本质上的区别。这个区别就是，他把国家的领导者设计成一种公职人员，而不是一个有着各种偏好的自然人，从现代政治的角度说，我们可以把这样的国家领导者称为"主权者"。

"主权"是一个国家至高无上的自主管辖权，如今我们经常能在新闻中看到某国的发言人对其他国家侵犯其主权的行为做出谴责。相应地，"主权者"就是国家管辖权的拥有者。在古典政治哲学中，无论是西方还是东方，主权者都是一个高高在上的个别的人，但在霍布斯开创的现代政治哲学中，主权者首先是所有公民——只要你属于这个国家，你就有一份相应的权力来决定这个国家的事务。只不过在实际的政治操作中，我们不可能询问每一个公民的意见之后才做决定。于是，大家就委托一个人，代表他们行事，这个人便成了一个被创造出来的主权者。

这个被创造出来的主权者（以下简称为"主权者"）虽然是一个具体的人，但与古代的皇帝或者君主不同，他的行为不能出于自身喜好，只能出于人们的共同意愿。换句话说，在霍布斯设计的国家制度中，主权者是公民一致同意的产物，他更像是人们的代言人，而不是大家的主宰者。这意味着主权者与公民的关系是一种契约关系：只有人们授权给主权者，主权者才具有权威。这就好像你不会担心自己的牙医会故意刺激你的牙内神经使你疼痛一样，有了契约，人们也不用担心主权者会虐民，因为以他违背契约为由，大家完全可以收回授予他的权力。

从霍布斯开始，"社会契约"这个观念开始在政治哲学中流行，它表明政治秩序的建立不是依靠哲学家、圣人或者能力超群的人，而是依靠社会中的每一个人，大家共同制定规则，并严格遵守。社会契约观念的出现让人们的政治思考发生了转向，即从过去的"主权在王"转变为"主权在民"。要知道，在古典政治哲学中，即使对百姓怀有最深沉的爱的儒家思想，也没能提出"人民拥有权力"的主张。这个转向促成了后来一系列对"平等"的思考。

霍布斯设置了一个遵守契约的人造主权者，解决了马基雅维利或法家思想的遗留问题。为了深入说明这种设置的必要性，他在理论上提出了一个关于人类"自然状态"的假设。这个假设是通过对人类进入社会、建立国家之前的生存状态（从人类的发展史来说，必然会存在这个阶段）的拟构，来说明建立国家，特别是建立某种国家的必要性。

霍布斯认为，人类的自然状态是一种"一切人反对一切人的战争状态"。这个判断基于他对人性的分析。他认为道德感是相当靠不住的东西，因为人对善恶的判断归根到底都是情感欲望的好恶而已。所以像儒家那样试图从一个公认的道德准则入手建立政治秩序的想法并不可行，因为每个人的好恶都是不同的，公认的道德准则并不存在。真正支配人性的就是由好恶而产生的骄傲和恐惧，前者是一种战胜别人、凌驾于他人的冲动，后者则是对各种不幸遭遇以及死亡的感受。

自然状态之所以是战争状态，就是由于人的骄傲。每个人都想比别人获取得更多，在资源有限的情况下，一个人得到就意味着另一个人失去，谁都不愿意分享自己的东西，大家只能靠武力抢夺，力量强大的人抢到手的东西可能转眼又被更强大的人抢走。在自然状态中，每个人都是孤立无援的，虽然可以任意夺取他人的财产甚至伤害他人，但同时自己的财产与生命也没有任何保障可言。这就触发了支配人性的另一种动力——恐惧。由于害怕不期而至的悲惨境遇，人们决意要结束自然状态。

在霍布斯的政治哲学中，人们追求和平不是因为什么崇高的理想，也不是由于多么深刻的理性，而是出于对死亡的恐惧。在《利维坦》中，他不断重申，对死亡的恐惧才是社会存在的基础。正是这份恐惧，让人们决定放弃对彼此的管理，让渡出自己的权力，共同指定一个人或一个组织担任主权者，代表众人的意志，约束众人的行为，以此来抵制互相伤害的情况。被霍布斯称为"利维坦"的"国家"（共和国）便诞生了。这个巨灵吸纳了所有公民的力量，具备了无上的权威，因而被霍布斯称为"会死的上帝"——也许某一天缔结成国家的契约会被摧毁，但是当它还在的时候，我们就要全身心地服从。

这样的利维坦形象让霍布斯的政治理论分成了两个维度：在人民的维度上，他充分肯定个人对于主权者这一公职的权力授予；在国家的维度上，他又特别强调政府必须具有说一不二的绝对掌控力。虽然前者看上去避免了马基雅维利式的新君主的酷政，但后者也不免令人担心：我们真的有能力控制这头被创造出来的国家巨灵吗？我们在交出权力之后，会不会又重新回到类似的自然状态，只不过这次掠夺、压迫我们的成了国家呢？如果你读过英国女作家玛丽·雪莱的小说《科学怪人》，就知道这样的担心并不多余，一个好的创造动机并不必然会带来好的创造品。当然，在《科学怪人》问世的一百多年前，在《利维坦》出版的三十多年后，哲学家约翰·洛克就表达了对霍布斯的质疑。

我们在前面已经讨论过洛克的白板说，他的政治哲学也一样著名。他对政治的构想同样从"自然状态"这一观念出发，只不过与霍布斯相反，洛克认为人类的自然状态恰恰是受道德法则影响的存在阶段。大部分情况下，大家都在不侵犯他人自由的前提下享受着自己的自由。如果说霍布斯"自然状态"的关键词是"战争"的话，洛克"自然状态"的关键词则是"自由"，对于自由的追求也构成了洛克政治哲学的底色。

然而，洛克同样认为，自然状态不是完美的，因为总有害群之马会干出侵害别人自由的勾当，这时被侵害的人就可以用暴力的手段惩治不遵守道德法则的人。要确定这种手段确实符合以暴制暴的公平，而不是伪装成受害者，实则欲加害别人，就需要一个高于任何一方——确切地说是高于所有人——的裁定者。正如你所预料，这个裁定者就是国家。

第十章 | 政治中的哲学

在这里我们不难看到，尽管洛克费尽心思试图说明，他所认为的自然状态没有霍布斯说的那么残酷，但最后还是在某种程度上承认了人类生活在自然状态的危险。尽管他本人一定不会同意这个结论，因为在其著作《政府论》中他就强调，自然状态下的以暴制暴只是特殊的情况，人们需要成立国家，只是为了防止滥用自由给他人造成的不便。

当然，如果你真正了解洛克政治哲学的旨意，就会明白他的这种坚持并非刻意求异。在洛克对自然状态的说明中，我们可以明显看到，他在试图消解霍布斯式的国家绝对权威性——在自然状态中，人们可以根据道德法则来享受个人自由，国家的出现只是为了解决享受自由过程中出现的问题。所以，国家的角色绝不是利维坦般令人害怕的巨灵，而只是个人自由的保护者。也就是说，对自然状态的不同描述会推演出不同性质的国家，洛克之所以强调自然状态没那么糟糕，就是因为他想据此设计出一个能给人们充分自由的国家，而不是霍布斯所赞许的那种带有专制性格的国家。

现代自由主义的追随者总会在洛克的《政府论》中找到令他们激动的源头，同样激动的还有资本主义的信奉者——洛克强调自由，就是为了给他的财产理论奠基。他认为，人是自由的，就意味着人对自己的人身享有一种所有权，通过这副身体的劳动获得的所有物，仍然属于自己。建立政府的目的是保护个人的自由不受侵犯，其中亦包含对个人财产的保护。我们在孟子那里也看到了类似的强调，但在古代政治理论中，国家与个人财产的关系相当松散，君王只会保证人民生活的基本物质水平。真正把二者联系起来，并怀着巨大的热情赞扬创造财富行为的人，就是洛克。在洛克的设计中，国家是一个向往物质繁荣的商业共同体。

为了减少国家与民争利甚至欺民得利的情况，洛克提出要将国家的公权力分散，特别是要发展出一个监督权力本身的权力。六十多年后，法国启蒙思想家孟德斯鸠那本著名的《论法的精神》才在日内瓦偷偷出版，书中正式提出，立法、行政、司法三种国家权力应由三种不同职能的国家机关行使，以达到互相制约的目的。所以，现代政体中的权力制衡理论，最初的设想仍然来自洛克。

在洛克之后，同样提出国家应该保护个人私有财产的人，是法国哲学家让-雅克·卢梭，只不过后者的政治哲学恰恰以对洛克的批判开始。卢梭认为，洛克把自然状态想象为人人遵守一定的道德法则、通过身体劳动获取财产，这种设想是不对的，因为这些情况是人类进入社会之后才可能发生的事。他认为，自然状态是一种相当原始的生存阶段，在这个阶段，人类甚至没有发明语言，因为那也是进入社会之后的事情了。基本上，卢梭把"自然状态"诠释成一种遥远到我们无法了解的远古阶段。

虽然自然状态难以了解，但卢梭认为人性是可以分析的。他认为"同情"是人最初的本性（这一点倒是能和儒家达成某种共识），所以人类最初的自然状态是一个相当感性且美好的阶段。直到人们拥有了理性这种能力，生活中就开始出现唯利是图的活动和尔虞我诈的人际关系，社会亦随之产生。

与霍布斯和洛克怀着昂扬的论调赞美人们从自然状态进入社会状态不同，卢梭对人类走出自然状态怀有的是深深的惋惜与哀叹。在他看来，结成社会并不意味着发展，而是意味着人类向自私的深渊坠落。在这个过程中，私有财产就像诱惑人的魔鬼一样，让我们变得更加贪婪。在《论人类不平等的起源和基础》中，卢梭站在相当老派的立场，认为国家的角色不是像洛克所说的那样，是为人民积累财产提供最大帮助的商业顾问，而是人民合理追求财产的监督者。任何时候，财产都有可能败坏我们本有的同情心，所以国家有责任控制人民的欲望。

对自然状态的向往与对私有财产的谨慎，使得卢梭看上去像是一位道家自然主义和马克思主义的混合者（事实上，马克思确实是卢梭部分思想的继承人），但正如你已经知道的那样，他的真正身份和洛克一样，是西方民主政治的奠基者。卢梭虽然赞美自然状态的淳朴，但他和老庄不同，并不试图恢复远古的生活状态。因为他认为，让人们回到过去是一件不可能的事情，真正需要做的，是防止人们因为愈加堕落而对他人造成伤害。于是，签订一份社会契约就十分必要。

这个社会契约的内容仍然是每个人让渡出自我管理的权力而形成公共权力，然后国家产生，代表人民的意愿——用卢梭自己的话叫"公意"——来保护每个成员的自由和财产。这些内容被卢梭写在了《社会契约论》中。正如它的名字一样，这本书深刻发挥了从霍布斯开始、经洛克而形成的契约理论，它的核心思想仍然是在表达：国家的权力来自被统治者的认可。

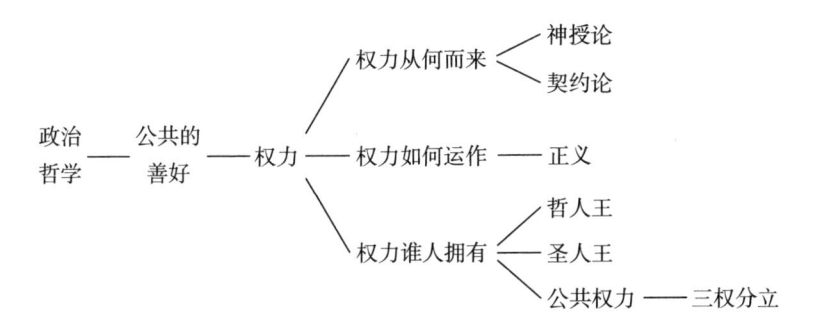

图示32　政治哲学的思考脉络

可以说，整个近代哲学的政治思考都是围绕这个观点展开的，即使它在如今的世界中已经像常识一样，但这并不意味着我们完全实现了卢梭或者洛克的政治理想。倒不是因为今天的政治家不够努力，而是因为在那些宝贵的思想资源中，本来就隐藏着充满张力的面向。

比如，卢梭重视的公意虽然是集体意愿的表达，但落实在现实中，不过是少数服从多数的游戏，这就会造成对个人意愿的碾压。这也是为什么卢梭的追随者，同样是法国人的托克维尔在《论美国的民主》中会谈到"多数人的暴政"这一问题。再比如，极力主张限制政府权力的洛克也谈到，在某些必要的时刻，要赋予国家特殊的权力。为了阻止一场大火的燃烧，国家有权力拆掉某户人家的房子。这些例子都说明，卢梭、洛克与霍布斯，甚至马基雅维利的距离，也许并没有他们自己认为的那么远。就像美剧《权力的游戏》中"龙妈"卡丽熙的黑化一样，"镣铐的破除者"也许在眨眼间就会变成"镣铐的制作者"。

即使在21世纪的今天，我们仍可以扪心自问，那尊冷酷的铁王座真的被摧毁了吗？但至少，我们能为建设一个稍微更好的政治秩序付出努力。

只要我们还与他人生活在一起，这种努力就是必要的。

小结

在这一章，我们把对善的思考从个人转向社群，从而进入政治哲学的领域。在对政治哲学的考察中，我们知道了确定公共善好的标准这件事并不比定义个人道德之善更加容易。即使在当代，越来越多的人不再相信权力的产生是来自某个超越人间的神祇的赋予，而是把政治规则的制定与运行看成是一场大型的人类自治游戏，我们仍然对这个游戏规则充满疑问与不满。因为无论是让哲人王、圣人王这样的少数精英根据自己的能力或德性来拟定规则，还是让公众通过缔结契约的方式约定规则，似乎都无法保证这个游戏具有一种普遍的正义。

造成这一问题的原因，不仅由于"正义"概念内部所包含着公平与权力的抵牾，更由于政治哲学本身的存在就基于一种没有那么普遍的社群体验，就好像赤道几内亚的民众不会在意他们的政治理念能否通行于北欧国家一样。从目前人类的生存样态来看，世界主义的政治哲学建构尚是一个遥不可及的理想，我们接下来仍然会在相当长的一段时间内处于民族主义的政治思考中。

在这样的情形之下，当代学界的政治哲学设计开始同时向两个方向发展：在理念上重新返回对"善"的理解，希望重新提出更完满的公共善好的标准；在现实上提倡对社群多元主义的尊重，希望寻求对不同国家、不同地域的多维认同。比如，当代自由主义最有力的批评者、哈佛大学的迈克尔·桑德尔教授便认为，多元化是社群主义伦理得以实现的重要条件。其实当我们放下对统一的政治模型的执念时，一个关于公共善好的新视角自然就出现了。在今天，多元化不仅不会破坏过去千百年来我们已经形成的政治文明，反而会让人类的命运比以往任何时刻都联系得更加紧密。

结　语

哲学的追问永无止境

　　1962年，在非洲东部坦桑尼亚一所女子中学的课堂里，三名女学生没有任何原因突然开始大笑，过了一会儿，周围的学生受到传染，也陆续大笑起来，直到老师意识到这不是一场群体恶作剧时，学校中已经有近一百名学生出现了大笑不止的症状，甚至有人笑到昏厥。后来，笑声像传染病一般传播到了周围的村庄，据说有近一千人被感染。

　　这不是人类在历史上第一次遭遇奇怪的流行病。在更早的1518年夏天，法国的斯特拉斯堡有一个表面看上去十分普通的女人突然开始在大街上跳起舞来，不协调的扭曲动作和奇怪的表情让目睹这一幕的路人在错愕的同时感到了一丝恐惧。人们的害怕不无道理，因为没过多久，围观的人群中就有人不由自主地加入了跳舞的行列。在接下来的一周中，越来越多的人就像受到了某种神秘力量的召唤一样，纷纷走上街头手舞足蹈，或是飞快地转圈，或是用力地跳跃和踢腿。根据事后的统计，这场"舞蹈瘟疫"感染了几百人，很多人由于连续不停地跳舞而导致心脏病发作或饿死。斯特拉斯堡当地的医生认为抑制不住的舞蹈行为是血液过热的表现，而神父则认为这是愤怒的神灵对人们的惩罚。

现代文明把人类历史上这种诡异的行为传染理解为心理病症，并称之为"群体癔症"，即人与人通过相互暗示和感应，在群体中引发一致性的精神障碍和行为错乱。然而正像福柯在《疯癫与文明》中试图指出的那样，我们对于他者疯癫的认定，是自居理性之人傲慢的共谋。这些人认为疯癫会使人类更接近魔鬼或野兽，于是把举止异常的邻人送上驱逐之船或关到禁闭之所。在那本书的前言中，福柯引用了同样是法国哲学家的帕斯卡的话："人类必然会疯癫到这种地步，即不疯癫也只是另一种形式的疯癫。"从这个角度看，比大笑不止和跳舞不停更具有感染性与传播力的群体癔症，就是人们口中的"正常"。

在一个正常的世界中，"习以为常"当然是最流行的品质，确定性也成为人们普遍追求的目标。在这种追求之下，人们正在共同塑造一个"答案社会"。无论是育儿专家的建议还是理财顾问的指导，所有服务的要义都是为你提供一个确定的答案。在今天，我们杀死疑问的速度比任何时代都快，各种搜索引擎随时准备着为我们提供远远超过实际需要的信息。与此同时，我们也正在失去一种起源于惊奇的古老智慧：哲学思考。

本书用十章的篇幅来展现哲学思考的独特之处。这个独特之处便是，哲学没有确定的答案。对于导论中提出的"哲学是什么"这一问题，我们在前三章首先考察了"哲学"概念第一次被使用时作为"灵魂真理"的本义，又厘清了哲学作为一门学科在东亚世界的建制历程，最后又在人对世界的双重认识模式中明白了哲学会不断产生新内容的原因。这些讨论虽然让我们对哲学产生了一定程度的了解，但对于哲学不同于其他领域的理论言说还没有涉及。

于是，在第四章和第五章，我们看到了哲学的新内容首先体现在对世界本原与本质的探寻上。在第六章和第七章中，我们又发现探寻世界的认知能力本身也是哲学所考察的对象。在第八章和第九章中，我们看到哲学关心的问题不断从外部世界转向自身，并试图从道德层面探索人的本质，并且这种探索在第十章中从个人之善过渡到了公共善好，从而进入了对社群正义的讨论。

从"哲学是什么"这一问题出发，每当我们对让思考得以成立的前提进行审查时，哲学就会出现新的问题与新的领域，于是形而上学、认识论、伦理学、政治哲学的内容依次在本书中展开。可以说，正是我们对哲学的追问，才形成了哲学本身。

在这个意义上，哲学作为一种智慧，强调的是怀疑与反思，而不是接受与满足。对哲学家最好的尊重，是去批判和发展他们的观点，而不是把他们的话奉若真理——正如历史上每一个成为哲学家的人对先哲的态度一样。所以哲学家试图给出的是更好的回答，而不是确定的答案。答案只存在于被简单化理解的正常世界中，而在哲学家看来，"正常"亦是被建构出来的。法国哲学家伯格森在《笑》中曾经提到，如果我们在舞厅里把耳朵堵住不去听音乐，那么就会觉得跳舞的人有些滑稽可笑。这个例子给我们的启发是，所谓的正常与疯癫，也许并没有想象中那么界限分明。是因为哲学总是试图打破人们对"正常"的迷恋，因此也总是使人成为人群中的他者。不过，自我的出现，恰恰是从认识他者开始的。就像城邦审判之于苏格拉底，周游列国之于孔子一样，哲人只有走出洞穴，才能遇到真正的自己。我们也同样面临着《黑客帝国》中红蓝药丸的经典选择：你是要在真实的世界里寻找答案，还是要在虚构的世界里接受答案？

哲学没有答案，没有答案当然就意味着没有结束。我们对哲学的讨论虽然到这里要暂时告一段落，但是在哲学中遇见你自己的旅程才刚刚开始。

后 记

在任何追求确定性的时代，哲学都是一种风险。

苏格拉底的审判像是一个古老的预言，它不断地提醒着每一个爱智之人，成为哲学家就意味着随时有可能成为一个被城邦遗弃的没落之人。因为哲学会使你熟悉的生活变得陌生，会使你坚定的信念发生动摇。从这个意义上来说，哲学是勇敢者的游戏。

我创作这本书，当然是希望更多的人能来参与这个游戏。因为我发现哲学思考的奖励——朝着更美好的世界清醒而活——是如此充满诱惑，以至于过程中的风险，似乎都带着一种散发着英雄光芒的荣耀。当然，成为哲学家，不必是每一个游戏参与者的命运。

遗憾的是，在学者们刻意的装扮之下，哲学在今天不再是普罗米修斯撒向人间的火种，而愈发被视为专业人士的小众爱好。作为哲学研究者，我一直有个顽固的想法，那就是哲学不应该只成为"术语"，更应该成为"大众话语"。因为不管真理是否掌握在少数人手中，至少每一个人都有权利去追求真理、谈论真理、反思真理。哲学的超越性不应该成为其脱离公众生活的借口，实际上恰恰相反，这种超越性为哲学成为公众生活的普遍关涉提供了可能。在这个意义上，哲学与其他学科相比，更具有成为公共对话议题的优势。而哲学普及，就是哲学成为大众话语中的公共议题的重要一环。

但是在多年的关注之下，我发现到目前为止哲学普及这项工作存在着两个显著的问题。第一个问题是我们自己的问题——国内的哲学普及做得还远远不够。我特别留意过韩国和日本的书店，在哲学书籍的陈列区域，总会有一个书架摆放着各种哲学普及读物，虽然翻译本居多，但也不乏本土作者的优秀作品。相较而言，国内最近几年在海外哲学普及读物的译介上虽然有了些起色，但在原创作品上则始终处于不尽如人意的状况，因为我发现国内的哲学普及读物首先在数量上极为稀少，其次在写作模式上十分固定，一般就是按照时间顺序罗列哲学家及其代表性的思想观念。但这种知识性的整理工作，在我看来始终差了点味道——好的哲学普及，关注的应该是哲学自身的发展逻辑，而不是直接将时间作为逻辑。一个好的哲学普及者，不会直接告诉你，柏拉图之后出现了亚里士多德，而是会为你分析，柏拉图的理型论如何启发了亚里士多德的形而上学，二者的思想有怎样的关联和差异。换句话说，哲学普及不应是松散的观念拼盘，而应该充满作者个人加工的思想评论。当一本哲学普及读物只能"介绍"而不能"评论"的时候，它就丧失了哲学的味道。所以我希望读者们不仅能在本书中感受到一个完整且连续的逻辑框架，更能看到我个人的思考与评论。

当然，哲学读物的评论性与作者的专业性息息相关。探讨而不只是介绍哲学，需要作者本人专业从事哲学研究工作，且能有所见地。海外的哲学普及著作有相当一部分是由业内的顶级学者亲自出马为哲学爱好者撰写的，相比之下，国内的哲学系教授们则显得保守许多。

除了两三位研究西方哲学的学者做了吃螃蟹的人,我的大部分同行没有表现出足够的与大众交流的兴趣。而这个现象也关系到我想谈的关于哲学普及工作的第二个问题——在哲学普及作品中,中国哲学以及东方哲学的缺席是一种常态。这个问题是全世界的哲学普及作品存在的共同问题。

作为中国哲学的研究者,我一直无法与这个问题和解。在中国和韩国的求学经历,不仅让我对东方哲学产生了特殊的感情,也让我认识到在哲学的框架内讨论东方思想的可行性。如果说海外学者因没有足够的了解而遗漏了东方哲学在一定程度上可以被理解的话,那么国内居然也没有人可以写出一本兼顾中西、比较中西的哲学普及读物,则会令人感到莫大的遗憾与沮丧。而这种无法平息的失落感正是我创作本书的原始动力——我要写一本中国哲学在场的哲学入门书。

我清楚地记得,2016年我在台湾大学太子学舍十二层那间有些孤独的宿舍中做出了这个决定。2017年我返回韩国首尔大学,修读完了所有课程并通过了各种毕业论文资格考试。待到本书正式开始创作之时,已是2018年。其时,我的博士论文撰写工作已经进入尾声,开始了答辩的各种流程。首尔大学对毕业论文的审核之严苛,让我在那段时间很容易感到焦虑。后来我找到了一个可以消解焦虑的方法,那就是写这本书。无论准备博士论文答辩的过程有多么烦琐和紧张,只要我开始动笔写作这本书,心中就会充满快乐与激情。所以,这本书对我而言有着超越学术的意义,它字里行间总会映照出那段时光的纯粹。

2019年回国之后,我开始在中央民族大学执教。在空闲时,我把本书的最后三章写完了,就像一场盛大仪式的落幕。对我来说,写作本书更像是一场无法抑制的自我回应，以至于在写作完成之后，我甚至没有考虑过出版的问题。似乎一本书的存在，和人一样，也自有其运命所在。2021年，天喜文化社科中心负责人李博先生和前任编辑李栋先生联系到我，表达了出版此书的意愿。在经过了几次见面交流之后，我相信把本书的刊行交给天喜文化和天地出版社是一个正确的选择。本书的责任编辑后来由孙裕先生担任，他细致的审校与中肯的建议使得本书能够在此刻顺利地和大家见面。

从我决定要写一本心中理想的哲学入门书，到这本书真正问世，七年多的时间过去了。我从一个在海外求学的哲学系学生，成长为一位在高校哲学系任教的副教授，这本书就像是我生命的见证。它昭示着无论明昼与晦夜，我都将与哲学为伴，因之安顿，为之昂扬。当然，我也希望这本书能够成为所有读者生命中一场特别的相遇。

最后，我想把这本书献给我的妻子。她的爱与陪伴使我的在世之在永远保持着一种向上的开敞。我在仰望星空之时看到了我们故事的每一个结局，我们的每一个结局，都是携手走入星辰。

2024年1月于京西寓所

可以为哲学下一个定义吗？

（请阅读 导论《哲学无法概论》）

哲学因何得名？

（请阅读 第一编《哲学：追问智慧之名》）

如何认识外在世界？

（请阅读 第二编《世界：最初的思考》）

如何认识自我？

（请阅读 第三编《意识：自我的认知过程》）

如何认识人的价值？

（请阅读 第四编《道德：人之为人的关键》）

全书导读

庄子：机心存于胸中，则纯白不备。

苏格拉底：追求普遍真理。

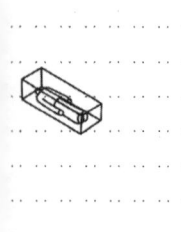

荀子：凡人之患，蔽于一曲，而暗于大理。

毕达哥拉斯：观看生活、打破奴性、追求真理，这就是哲学。

傅斯年：拿诸子名家理学各题目与希腊和西洋近代哲学各题目比，不相干者如彼之多，相干者如此之少……

冯友兰：就中国历史上各种学问中，将其可以西洋所谓哲学名之者，选出而叙述之。

管子：水者，何也？万物之本原也……

泰勒斯：水生万物，万物复归于水。

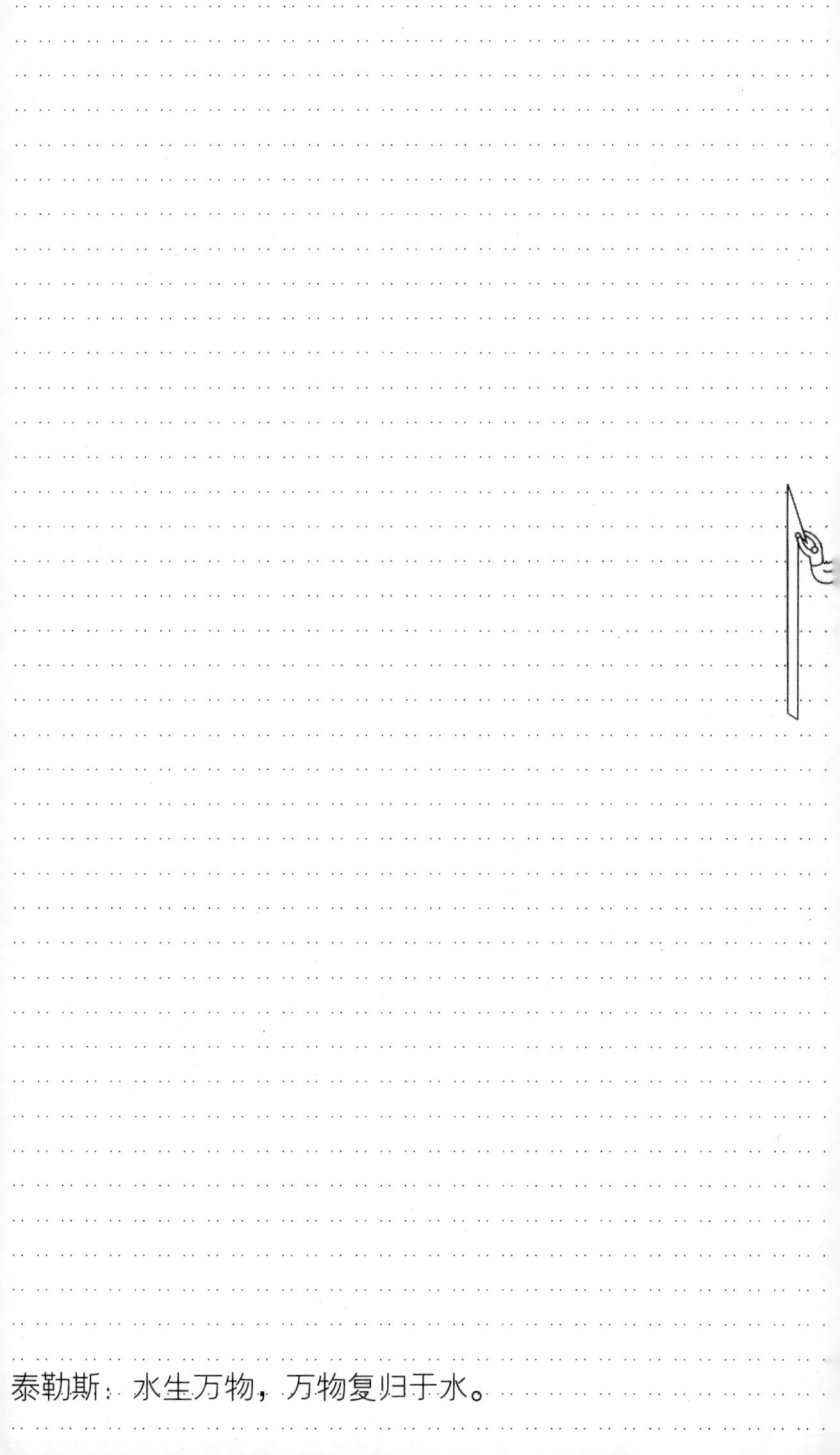

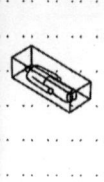

朱熹：天地之间，有理有气。

柏拉图：理型就是万物的本质。

孔子：我非生而知之者，好古，敏以求之者也。

柏拉图：认识的过程是一种回忆。

张载：人本无心，因物为心。

伊壁鸠鲁：认识的过程是感知的累积。

老子：为学日益，为道日损。损之又损，以至于无为。

洛克：人类的知识来源于经验。

康德：人是目的，不是手段。

边沁：多数人的幸福就是道德。

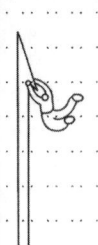

亚里士多德：美德，是能让我们增加幸福的东西；幸福，是对德性终其一生地实践。

木谟：同情，是一种能够让我们区分善恶的最基本的情感。

孔子：政者，正也。

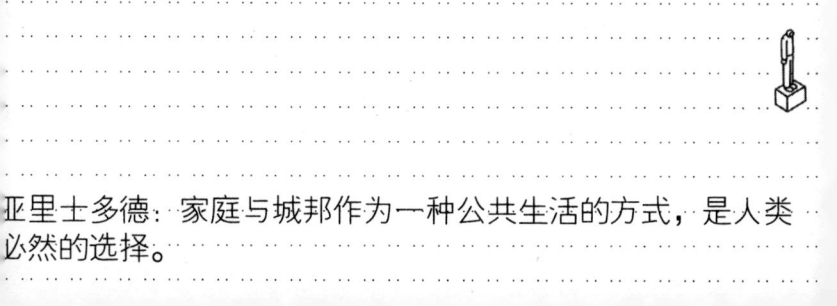

亚里士多德：家庭与城邦作为一种公共生活的方式，是人类必然的选择。

荀子：人有气，有生，有知，亦且有义，故最为天下贵也。

梭：当一个群体的适宜性法则与人性中的美好不相符合，群体生活就成了堕落的温床。

孟子：王何必曰利？亦有仁义而已矣。

柏拉图：哲学家应当成为城邦的统治者。

《尚书》：道洽政治，泽润生民，四夷左衽，罔不咸赖。

马基雅维利：在政治的角斗场上，从来没有正义的一方，只有胜利的一方。

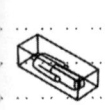

韩非子：事在四方，要在中央；圣人执要，四方来效。

霍布斯：只有人们授权给主权者，主权者才具有权威。

毕达哥拉斯：人类不仅要对可理解的世界进行思考，还要对不可理解的世界进行探寻；其探寻的结果是，不断地把不可理解的世界转化为可理解的世界，然后再发现更加难懂的新的不可理解的世界。

以上當列文字，勿要入站閱讀

天喜文化